KB259888

교통사고 현장대처에서 협의, 보상까지 해결할 수 있는

교통사고
대응방법과 정설

편저 : 이 상 범

대한민국 법률지식의 중심
법문 북스

머 리 말

자동차의 보급이 확대되면서 그에 따른 부작용으로 교통사고도 크게 증가하는 추세입니다. 교통사고가 발생하지 않는 것이 제일 좋겠지만, 혹시라도 교통사고의 가해자나 피해자가 되었을 경우, 상황에 대처하는 기본적인 처리 요령을 미리 알고 있다면 당황해서 크게 손해를 보는 경우는 크게 줄어들 것입니다.

본서는 이러한 취지에서 기획된 도서로, 누구나 마주칠 수 있는 가능성이 있는 교통사고의 처리요령을 사례중심으로 기술하여 알기 쉽게 서술하였습니다. 특히 이 책에는 교통사고 관련 법조문과 판례, 사례들을 유기적으로 편집, 수록하여 틈틈이 읽어두면 실제 유사한 상황이 벌어졌을 경우에 당황하지 않고 대처해 나갈 수 있을 것입니다. 이 책이 법률상식을 알지 못해 당할 수 있는 피해를 예방하는데 도움이 되고 권리를 찾는데 보탬이 되었으면 하는 바람입니다.

본서가 출간되기까지 수고한 여러 편집진의 노고에 깊은 감사를 표하고 또 출판시장의 어려운 현실에서도 집필을 도와주신 법문북스 김현호 대표에게도 감사드립니다.

2013. 5

편저자 드림

차　례

제1편 교통사고 사건의 개략적 이해

제1장 교통사고의 이해

제4절 보험회사와의 합의 ······· 33

제2장 사망사고

제1절 사망사고의 처벌 ······· 45

제2절 뺑소니사고 사망 ······· 49

제3절 사망사고의 배상 ······· 53

제3장 유형별 사고

제1절 뺑소니(도주) 교통사고 ······· 58

제4장 보상금의 계산

제2편 교통사고 관련법령 및 판례

◎ 판례

[1] 교통사고처리 특례법 제3조 제2항 제1호, 제4조 제1항 제1호에서 보험 또는 공제에 가입한 경우에도 교통사고를 일으킨 차의 운전자에 대하여 공소를 제기할 수 있도록 규정한 '신호기에 의한 신호에 위반하여 운전한 경우'의 의미

[2] 택시 운전자인 피고인이 교통신호를 위반하여 진행한 과실로 교차로 내에서 갑이 운전하는 승용차와 충돌하여 갑 등으로 하여금 상해를 입게 하였다고 하여 교통사고처리 특례법 위반으로 기소된 사안에서, 제반 사정을 종합할 때 피고인의 신호위반행위가 교통사고 발생의 직접적인 원인이 되었다고 보아야 하는데도, 이와 달리 보아 공소를 기각한 원심판결에 인과관계에 관한 법리오해의 위법이 있다고 한 사례

◎ 판례

[1] 교차로 직전의 횡단보도에 따로 차량보조등이 설치되어 있지 아니한 경우, 교차로 차량신호등이 적색이고 횡단보도 보행등이 녹색인 상태에서 횡단보도를 지나 우회전하다가 업무상과실치상의 결과가 발생하면 교통사고처리 특례법 제3조 제1항, 제2항 단서 제1호의 '신호위반'에 해당하는지 여부(적극)

◎ 판례

[1] 교통사고처리 특례법 제2조 제2호에 정한 '교통'을 자동차손해배상 보장법 제2조 제2호에 정한 '운행'보다 제한적으로 해석하여야 하는지 여부(적극)

◎ 판례

[1] 사고운전자가 피해자가 사상을 당한 사실을 인식하고도 구호조치를 취하지 않은 채 사고현장을 이탈하면서 피해자에게 자신의 신원을 확인할 수 있는 자료를 제공하여 준 경우, 특정범죄 가중처벌 등에 관한 법률 제5조의3 제1항의 ‘도주한 때’에 해당하는지 여부(적극)
[2] 구 도로교통법 제54조 제1항에서 정한 ‘교통사고 후 운전자 등이 즉시 정차하여 사상자를 구호하는 등 필요한 조치를 하여야 할 의무’의 의미
[3] 혈중 알코올 농도 0.197%의 음주상태에서 차량을 운전하다가 교통사고를 일으켜 피해자에게 상해를 입힌 운전자가, 피해자 병원 이송과 경찰관 사고현장 도착 전에 견인차량 기사를 통해 피해자에게 신분증을 교부한 후 피해자의 동의 없이 일방적으로 현장을 이탈하였다가 약 20분 후 되돌아온 사안에서, 위 운전자의 행위가 구 특정범죄 가중처벌 등에 관한 법률 제5조의3 제1항의 ‘피해자를 구호하는 등 조치를 취하지 아니하고 도주한 때’에 해당한다고 한 사례 ··181

◎ 판례

[1] 특정범죄가중처벌 등에 관한 법률 제5조의3 제1항에서 정한 ‘피해자를 구호하는 등 도로교통법 제54조 제1항의 규정에 의한 조치를 취하지 아니하고 도주한 때’의 의미 및 이에 해당하는지 여부의 판단 방법
[2] 사고 운전자가 교통사고 현장에서 동승자로 하여금 사고차량의 운전자라고 허위 신고하도록 하였더라도 사고 직후 사고 장소를 이탈하지 아니한 채 보험회사에 사고접수를 하고, 경찰관에게 위 차량이 가해차량임을 밝히며 경찰관의 요구에 따라 동승자와 함께 조사를 받은 후 이틀 후 자진하여

◆ 판례

[1] 피의자의 동의 또는 영장 없이 채취한 혈액을 이용한 감정결과보고서
등의 증거능력 유무

[2] 피고인이 음주운전 중에 교통사고를 당하여 의식불명 상태에서 병원
응급실로 호송되었는데, 출동한 경찰관이 영장 없이 간호사로 하여금 채혈
을 하도록 한 사안에서, 위 혈액을 이용한 혈중알코올농도에 관한 감정서
등의 증거능력을 부정하고 증거부족을 이유로 피고인에 대한 구 도로교통
법 위반(음주운전)의 주위적 공소사실을 무죄로 인정한 원심판단을 수긍한

◆ 판례

[1] 차의 운전자가 도로교통법 제27조 제1항에 따른 횡단보도에서의 보행자
보호의무를 위반하여 운전하는 행위로 상해의 결과가 발생한 경우, 위 상
해가 횡단보도 보행자 아닌 제3자에게 발생하였더라도 교통사고처리 특례
법 제3조 제2항 단서 제6호의 사유에 해당하는지 여부(한정 적극)

[2] 피고인이 자동차를 운전하다 횡단보도를 걷던 보행자 갑을 들이받아
그 충격으로 횡단보도 밖에서 갑과 동행하던 피해자 을이 밀려 넘어져 상
해를 입은 사안에서, 위 행위가 구 교통사고처리 특례법 제3조 제2항 단서

◎ 판례

[1] 사고운전자가 피해자가 사상을 당한 사실을 인식하고도 구호조치를 취하지 않은 채 사고현장을 이탈하면서 피해자에게 자신의 신원을 확인할 수 있는 자료를 제공하여 준 경우, 특정범죄 가중처벌 등에 관한 법률 제5조의3 제1항의 '도주한 때'에 해당하는지 여부(적극)

[2] 구 도로교통법 제54조 제1항에서 정한 '교통사고 후 운전자 등이 즉시 정차하여 사상자를 구호하는 등 필요한 조치를 하여야 할 의무'의 의미

[3] 혈중 알코올 농도 0.197%의 음주상태에서 차량을 운전하다가 교통사고를 일으켜 피해자에게 상해를 입힌 운전자가, 피해자 병원 이송과 경찰관 사고현장 도착 전에 견인차량 기사를 통해 피해자에게 신분증을 교부한 후 피해자의 동의 없이 일방적으로 현장을 이탈하였다가 약 20분 후 되돌아온 사안에서, 위 운전자의 행위가 구 특정범죄 가중처벌 등에 관한 법률 제5조의3 제1항의 '피해자를 구호하는 등 조치를 취하지 아니하고 도주한 때'에 해당한다고 한 사례 ·······216

◎ 판례

[1] 사고 운전자가 교통사고 현장에서 경찰관에게 동승자가 사고차량의 운전자라고 진술하거나 그에게 같은 내용의 허위신고를 하도록 하였더라도, 사고 직후 피해자가 병원으로 후송될 때까지 사고장소를 이탈하지 아니한 채 경찰관에게 위 차량이 가해차량임을 밝히고 경찰관의 요구에 따라 동승자와 함께 조사를 받기 위해 경찰 지구대로 동행한 경우, 구 특정범죄 가중처벌 등에 관한 법률 제5조의3의 '도주'에 해당하지 않는다고 한 사례

[2] 사고 운전자가 사고로 손괴된 피해자의 오토바이에 대한 조치를 직접 취하지 않았더라도 사고현장을 떠나기 전에 이미 구조대원 등 다른 사람이 위 오토바이를 치워 교통상 위해가 될 만한 다른 사정이 없었던 경우, 구 도로교통법 제106조 위반죄로 처벌할 수 없다고 한 사례 ·················218

◈ 판례

만취 운전자가 교통사고 직후 취중상태에서 사고현장으로부터 수십 미터까지 혼자 걸어가다 수색자에 의해 현장으로 붙잡혀 온 사안에서, 제반 사정상 적어도 위 운전자가 사고발생 사실과 그 현장을 이탈한다는 점을 인식하고 있었다고 보이므로 만취 등 사유만으로 도주의 범의를 부인할 수 없다고 한 사례 ·····223

◈ 판례

[1] 구 특정범죄가중처벌 등에 관한 법률 제5조의3 제1항의 '피해자를 구호하는 등 도로교통법 제50조 제1항의 규정에 의한 조치를 취하지 아니하고 도주한 때' 및 구 도로교통법 제50조 제1항의 교통사고 후 운전자 등이 즉시 정차하여야 할 의무의 의미
[2] 피고인이 교통사고 후 비록 가해차량을 운전하여 사고 현장으로부터 약 400m 이동하여 정차하였고, 그로 인하여 피고인이 구 도로교통법 제50조 제1항의 규정에 의한 조치를 제대로 이행하지 못한 사안에서, 교통사고의 발생 경위, 도로여건 등에 비추어 피고인에게 도주의 범의가 있었다고 보기 어렵다고 한 사례
·····226

◈ 판례

[1] 구 도로교통법 제50조 제1항의 취지 및 사고운전자가 취하여야 할 조치의 정도
[2] 교통사고로 인하여 피해차량이 경미한 물적 피해만을 입었고 파편물이 도로상에 비산되지는 않았다고 하더라도 가해차량이 즉시 정차하는 등 필요한 조치를 취하지 아니한 채 그대로 도주한 경우에는 교통사고 발생시의 필요한 조치를 다하였다고 볼 수 없다고 한 사례 ·····227

◈ 판례

제3편 교통사고 관련사례

제1편

교통사고 사건의
개략적 이해

제1장 교통사고의 이해

제1절 교통사고

1. 교통사고의 정의

교통사고란 차의 교통으로 말미암아 사람이 사망 또는 상해를 입거나 물건이 손괴되는 것을 말합니다(도로교통법 제54조 1항, 교통사고처리특례법 제2조제2호).

(1) 차

「차」란 도로교통법 제2조제16호의 규정에 의한 차와 건설기계관리법 제26조제1항의 규정에 의한 건설기계를 말합니다. 즉 「차」란 인력이나 가축의 힘 기타 동력으로 도로에서 운행되는 물체를 총칭합니다.

먼저 자동차·원동기장치자전거·경운기뿐만 아니라 자전거·우마차 등 도로에서 운행되는 물체는 교통사고의 「차」에 해당됩니다. 다만 유모차나 신체장애자용 의자차 등은 이에 해당되지 않습니다. 다만 철길이나 가설된 선에 의하여 운전되는 것, 유모차와 행정안전부령이 정하는 보행보조용 의자차는 이에 해당되지 않는다고 봅니다(도로교통법 제2조제16호). 다음으로 건설기계가 교통사고의 「차」에 해당됩니다(건설기계관리법 제26조제1항).

(2) 교통

「교통」이란 사람의 왕래 또는 화물의 운반을 위한 차의 운행을 말합니다. 운행이란 사람 또는 물건의 운송여부를 불문하고 자동차를 당해 장치의 용법에 따라 사용하는 것을 말합니다(자동차손해배상보장법 제2조제2호). 대법원 판례에 의하면 「자동차손해배상보장법의 자동차를 당해 장치의 용법에 따라 사용하는 것이라 함은 자동차의 용도에 따라 구조상 설비되어 있는 각종의 장치를 각각의 장치목적에 따라 사용하는 것을 의미한다(대판 1988.9.27, 86다카2270)」라고 하고 있습니다.

2. 교통사고의 범위

교통사고에는 차의 운전 및 이에 수반되는 행위로 인한 사고가 모두 포함됩니다. 따라서 차가 달리고 있는 동안에 발생한 사고뿐만 아니라 운전을 위하여 일시적으로 정지하고 있는 중에 사고가 발생한 경우도 교통사고에 포함됩니다. 예를 들면 정차중의 버스나 택시 등에서 승하차하면서 발생한 사고, 내리막길에 세워둔 차의 핸드 브레이크가 풀려 발생한 사고 등도 모두 교통사고가 됩니다. 다만 화물을 내리기 위하여 차를 세워놓고 작업하던 도중 인부가 짐을 잘못 던져 다른 인부가 상해를 입은 것은 교통사고가 아닙니다.

제2절 교통사고 현장대처

1. 사고현장에서의 조치사항

(1) 현장을 그대로

유지하거나 그 흔적대로 스프레이를 뿌려 사고현장을 찍어둡니다(사고지점과 사고 후 최종위치).

(2) 가능하면 경찰관이나

목격자가 온 후 가해 운전자로부터 사고 경위서를 받고 사고차량을 옮기는 것이 좋습니다.

(3) 경찰서에서 사고조서를

받을 때 가해자가 사고내용과 다르게 진술하였을 경우즉시 시정을 요구하고, 이 때 목격자나 현장에서 받은 가해운전자의 사고 경위서를 제출합니다.

(4) 가해차량이 종합보험

등에 가입되었는지 여부에 따라 보상청구 방법이 달라지므로 잘 파악해두어야 합니다.

1) 사고차량이 종합보험 등에 가입이 되어 있는 경우

사고차량이 자동차 종합보험에 가입되어 있어 피해자의 모든 손해를 보상하게 된다면 가해자로부터는 별도의 보상을 받을 것이 없으므로(가해자가 민사 합의금과는 별도로 단순히 그의 처벌을 가볍게 할 목적으로 형사합의라는 것을 하면서 주는 형사합의금은 법률적으로 보장된 당연한 보상금이 아닌 가해자가 임의로 주는 돈으로서 차후 보험회사가 보상할 금액에서 공제되는 경우도 있다) 가해자의 재산상태에 대해 알아야 할 이유가 없습니다.

2) 사고차량이 무보험인 경우

교통사고 피해자는 사고로 인한 손해배상금을 가해자 등의 손해배상 의무자로부터 보상받아야 하므로 그들의 재산상태에 대하여 알아두어야 할 실익이 있습니다. 만약 가해자 등이 자진해서 피해자에게 보상을 해주지 않을 때에는 피해자는 우선 자기 돈으로 치료비 등의 지출을 하고, 나중에 가해자 등에게 손해배상을 청구하여야 하므로, 추후 가해자가 재산회피 및 무자력이 될 수도 있음을 막기 위함입니다.

3) 보험에는 들었으나 보상이 안 되는 경우

이런 경우로는 고의에 의한 사고나 무면허운전사고 등을 들 수 있는데, 이 경우는 보험회사의 보상이 가능하지 않으므로 무보험인 경우와 같이 가해자나 그 외 손해배상 의무자로부터 보상을 받을 수밖에 없습니다.

4) 피해자의 손해를 전부보상 할 수 없는 책임보험만 가입하였을 경우

책임보험에만 가입한 후 교통사고를 야기한 교통사고를 야기한 경우에는 인사사고(사람을 다치게 한 경우)가 있는 경우에만 청구 가능하고 피해물은 해당되지 않음에 유의하여야 합니다. 또한 책임보험에만 가입된 상태에서 대인사고를 내면 가해자는 형사처벌의 대상이 됩니다. 그러나 합의유예기간 동안(14일) 피해자측에 손해배상금을 지급하고 합의를 하면 형사처벌을 면할 수 있게 되는데 합의시에는 보험금을 누가(가해자 또는 피해자측) 수령할 것인지를 결정하여 보험회사에 보험금지급청구 서류를 제출합니다.

(5) 사고내용을 확인합니다.

피해자는 경찰서 또는 보험회사에 신고된 교통사고내용을 확인해볼 필요가 있습니다. 확인할 때는 경찰서에서 교통사고 사실확인원을 떼어보거나 보험회사에 접수된 사고내용을 물어보면 됩니다. 만약 사고내용이 사실과 다르게 된 경우 이를 확인하고 시정하는 노력을 기울여야 합니다.

왜냐하면 사고내용에 따라 피해자과실이 적용되어 경우에 따라서는 보상금을 적게 받거나 치료비조차 본인이 부담하게 되는 경우도 생길 수 있기 때문입니다.

만약 사실과 다르게 조사가 되어 있다면, 사고현장의 교통여건이나 교통상황, 사고의 여러 흔적이 사고경위의 기억과 함께 사고내용을 조합해내는데 중요한 역할을 하므로 사고현장에서의 중요한 사항은 메모를 하고, 필요한 경우에는 사진촬영도 해둡니다. 또한 사고장소 주변을 탐문하여 사고광경이나 사고 후의 광경을 목격한 사람이 있을 경우에는 그의 애기를 들어보고, 필요하다고 판단될 경우에는 나중을 위해 확인서를 받아두거나 연락처 및 인적사항을 메모해 둡니다. 이렇게 해서 여러 증거와 증인이 확보되면 올바르게 시정되도록 재조사를 의뢰합니다.

2. 민사배상 여부

교통사고가 나면 가해자와 피해자 모두 우왕좌왕하게 마련입니다. 법률적 지식도 없고 경험도 없는데다 주위에서 자칭 전문가들이 나타나 이러쿵저러쿵 코치를 하기 마련인데 이 사람들 이야기를 들어보면 명쾌하기는커녕 더 아리송하기만 합니다. 민사 문제가 어떻고 형사 문제가 따로 있다고 하고, 어떤 때는 종합보험에만 가입돼 있으면 형사합의는 필요 없다고 하고, 또 어떤 때는 형사합의를 하지 않았다고 구속된다고 합니다. 어떤 사람 말을 들어야 할지 난감한 경우가 적지 않습니다. 여기에서 교통사고에 대한 법률적 문제중 가해자의 민사배상관계를 알기 쉽게 정리하니 참고하기 바랍니다.

(1) 종합보험에 가입되어 있는 경우

1) 가해자의 차량이

종합보험에 가입된 경우에는 가해자 대신 보험회사가 직접 나서서 민사배상을 해주게 됩니다. 종합보험은 보험회사뿐만 아니라, 공제조합에 가입된 경우도 같습니다.

2) 피해자가 소송을

걸어올 때도 가해 차량이 가입된 보험회사를 상대로 하게 되므로 가해자는 피고가 되지 않습니다.

3) 또한 사망,

뺑소니,10대 중과실사고시에도 종합보험에 가입되어 있으면 보험처리가 됩니다. 예컨대 음주 사고시에도 보험처리가 됩니다.

4) 주의할 사항

무면허 사고만은 가해차량이 보험에 가입되어 있어도 보험처리가 되지 않습니다. 따라서 가해자가 피해자에게 직접 배상해 주어야 합니다. 여기서 무면허라는 것은 가해자가 처음부터 면허를 취득하지 못한 경우뿐만 아니라, 면허 취득자가 면허정지, 취소된 상태에서 운전한 경우도 포함합니다.

(2) 종합보험에 가입되어 있지 않는 경우

개인적으로 배상해 주어야 합니다. 배상내용은 피해자의 병원 입원비, 치료비, 후유 장해에 따른 장래 일실 소득, 위자료 등인데, 피해자의 직업, 나이, 피해정도에 따라 수백만원에서 수억원까지 배상해 주어야 합니다. 자칫 전 재산을 날릴 수도 있으므로 운전자는 반드시 보험에 가입해야 합니다.

3. 피해자의 대처방법

(1) 현장대처

피해자란 교통사고로 인해 생명이나 신체에 상해를 입거나 재산을 손괴당한 자를 말합니다. 즉 사고로 피해를 입은 자입니다.

1) 증거의 수집·확보

교통사고 발생시에 민·형사 재판의 증거가 되는 것은 당사자 또는 목격자의 진술 및 현장상황 등입니다. 사고 이후의 손해배상 합의나 재판에서 유리하려면 사고 당시의 상황조사와 증거수집 및 손해정도를 정확하게 파악하여야 합니다. 현장상황이 보존되어 있지 않고 피해자가 사건경위나 상황을 불확실하게 기억한다면 가해자의 주장만이 받아들여질 것입니다. 실제로 손해배상의 합의나 소송에서는 손해배상액을 결정하는 요인은 가해자와 피해자가 주장하는 내용을 뒷받침할 증거에 의해 좌우됩니다. 특히 사고 당시에는 자신의 과실을 인정하던 가해자도 배상금의 합의나 소송에서 그 사실을 부인하는 경우가 많습니다. 이때 가해자가 피해자의 과실을 주장하고 피해자의 증거가 확보되지 못한 상황이라면, 예컨대 「피해자가 신호를 위반하였다」라고 하는 주장이 받아들여지게 되고 과실상계가 인정될 것입니다. 그렇게 되면 실제로 피해자가 과실이 없다고 할지라고 손해배상을 받지 못하는 부당한 결과가 발생하기도 합니다.

① 정확한 사건상황의 기억

피해자는 사건의 상황을 명확하게 기억해 두어야 합니다. 예컨대 당시의 신호등이 무슨 색이었는지, 상대방의 과실이 있었는지 등입니다. 특히 자신에게 유리한 사실은 일일이 기억하였다가 기록하여 두는 것이 필요합니다.

② 사고현장의 보존

사고현장은 교통사고가 누구에 의한 과실로 발생하였는지를 알려주는 최고의 증거가 됩니다. 따라서 사고현장의 보존은 가장 중요한 일 가운데 하나로. 사고상황의 보존을 위해서는 사진·도면 등을 이용하는 것이 바람직합니다. 피해자가 교통사고에서 확인할 사항으로는

가. 차량의 최종위치, 차가 부서진 위치와 정도, 사고차량의 종류·등록번호·소유자

나. 사고장소가 예컨대 교차로 혹은 횡단보도인지와 도로의 광협

다. 스키드 마크 등 사고발생시 미끄러진 타이어의 자국과 그 거리

라. 피해자에게 유리한 목격자의 진술

마. 가해자의 음주 여부와 그 정도 혹은 무면허인지 여부

바. 신호의 유무

사. 사고지점 부근의 지형이나 사고발생시의 기상

위의 사항들을 파악, 보존하여야 합니다. 물론 교통혼잡지역에서 사고현장을 보존하기는 매우 어렵습니다. 그렇다고 해서 아무런 조치도 취하지 않고 상대편 가해운전자의 위협에 주눅이 들어 사고현장을 정리하거나 사고차량을 이동할 경우 피해자는 예측치 못한 불이익을 받을 우려가 있습니다. 특히 영업용차량이나 회사차량의 경우 교통사고담당자인 전문가가 교통사고를 전담하기 때문에 피해자에게 과실을 뒤집어씌우는 일이 발생하기 쉽습니다. 때문에 가급적 사고현장을 그대로 보존하는 것이 바람직하며 그것이 어렵다면 최소한의 조치를 취한 후에 사고현장을 정리하여야 합니다. 즉 가해자가 자신에게 불리한 증거를 인멸시킬 염려가 있기 때문에 피해자는 장소를 이동하더라도 유리한 증거를 유지할 수 있도록 표시를 해 두어야 합니다. 최소한의 조치로는 사고를 목격한

2~3인 이상의 증인을 확보하거나, 인근의 경찰관에 즉각적인 현장조사를 요청해야 합니다. 그리고 스프레이 등으로 사고현장의 유류품·피해자·가해차량·차량파편 등의 위치를 표시하여야 합니다. 카메라 등으로 현장을 촬영해 놓는다면 가장 좋을 것입니다. 카메라에 의한 현장촬영은 그 어떤 증거보다 강력한 입증자료가 됩니다. 속도위반·신호위반·차선위반 등은 그 증거를 쉽게 찾을 수 없으므로 사고지점에서의 정황이 가장 유력한 증거가 될 것입니다.

③ 목격자의 확보

현장상황만으로 누구의 과실인지를 파악하기 어려울 때 피해자는 자신의 기억을 주장할 것입니다. 그러나 혼자의 주장은 받아들여지기 어렵기 때문에 2~3인 이상의 목격자를 확보해 두는 것이 유리합니다. 목격자가 많을수록 경찰이나 재판에서 신빙성을 용이하게 인정받을 수 있습니다. 또한 목격자가 경찰·검찰 등 수사기관이나 법정에 증인이나 참고인으로 나오기 이전에 진술서를 받아둔다면 피해자에게 유리한 자료가 될 것입니다.

2) 병원 후송

사고로 인해 피해자가 부상을 당했을 경우 신속하게 병원에 옮겨지는 것이 중요합니다.

사고 현장을 보존하는 것이 아무리 중요하다고 해도 내 목숨을 잃으면서 보존하면 무슨 소용이 있겠습니까? 다행히 피해자와 함께한 탑승자가 있다면 현장보존은 그 사람에게 맡기고 병원으로 가야 합니다. 병원에 빨리 옮겨져 그 곳에서 정밀한 검진과 응급조치를 받도록 합니다.

3) 가해자의 신원확보와 가해차량의 확인

교통사고가 발생하였을 때에 가해자를 형사처벌하기도 하지만 그것보다 중요한 것은 피해를 배상받는 일입니다. 따라서 손해배상을 누구에게서 받을 것인가를 명확히 해야 합니다. 손해배상의 배상자로는

① 가해자인 운전자

② 가해운전자의 사용인

③ 사용자를 대신하여 고용인인 운전자를 감독하는자

④ 가해차량의 소유자

⑤ 운전자가 공무원인 경우 국가 또는 지방자치단체

등을 들 수 있습니다. 일반적으로 피해자는 가해자인 운전자에게 손해배상을 청구합니다. 그렇지만 피해자는 위의 모든 책임자들에 대하여 함께 소송을 제기할 수 있기 때문에, 운행자에게 재력이 없다면 그 배후의 자에게 손해배상을 받을 수 있습니다. 특히 가해 운전자를 고용한 사용자로서의 회사나 국가·지방자치단체로부터 손해배상을 받는 것이 보다 쉽고 확실합니다. 피해자는 이를 위하여 먼저 가해자인 운전자의 주소·성명·직업·근무처 등 가해자의 신원을 확보해 두어야 합니다. 동시에 운전면허증·차량번호·차량검사증 등을 알아둠으로써 차량소유자 등을 파악할 수 있습니다. 즉 피해자는 사고발생시에 이의 제시를 요구할 수 있습니다. 상대방이 제시를 거

부하면 자동차번호를 통하여 등록청에 조회하여 그 소속회사
의 소유번호를 알 수 있습니다.

　4) 보험증서의 확인

사고발생시에 피해자는 가해자에게 보험가입증명서를 제시하
도록 요구해야 합니다. 보험증명서를 통하여 어떤 사람의 명
의로 어떠한 보험에 가입하였는지를 알 수 있기 때문입니다.
보험여부를 확인할 때에는 보험의 종류와 기간 등을 정확히
파악하여야 합니다. 왜냐하면 종합보험인지 자가운전보험인지
에 따라 치료비 보상 등에 차이가 있기 때문입니다. 보험 여
부를 제대로 파악하지 않고 보험료로 치료비를 보험회사로부
터 지급받을 수 있다고 착각하여 일단 합의한다면, 후에 치료
비지급을 받지 못한 것을 이유로 다시 합의를 취소하기 어렵
습니다. 이와 함께 임의보험의 가입여부도 상세하게 알아둔다
면 유리합니다.

　5) 사고신고

교통사고의 신고는 가해 운전자의 의무입니다. 그러나 대부분
의 사고차량의 운전자는 경찰의 개입 없이 사고를 처리하려
들 것입니다. 특히 운전자인 가해자는 피해자에게 손해배상을
해야 하는 민사상의 책임 이외에 형사책임과 운전면허의 정
지·취소 등 행정처분을 받을 수 있기 때문에 보통 사고가 발
생하면 손해배상을 약속하면서 경찰에 알리지 말 것을 부탁
합니다. 이때 피해자가 가해자의 요청에 응하면 가해자가 후
에 태도를 바꿈으로써 현장보존 불능 및 증거인멸 등으로 인
하여 불이익을 입게 됩니다. 이럴 경우 피해자 스스로 경찰에

사고신고를 하는 것이 더 유리할 것입니다.

부상을 당했다면 반드시 경찰에 신고해야 합니다. 외상이 없어도 머리에 강한 충격을 받았을 때(뇌진탕)에는 의사의 진단을 받아두어야 나중에 후유증이 생겼을 때 손해배상을 청구할 수 있습니다.

경찰은 사고 당사자의 설명과 사고상황, 그리고 현장의 지형이나 기상 등을 조사하여 정확한 실황 조사서를 작성합니다. 이는 후에 재판에서 결정적인 증거가 될 공문서가 됩니다.

(2) 민사배상

교통사고를 당한 피해자는 여러 가지로 손해가 많습니다. 사고가 경미하면 그래도 괜찮지만 중하면 병원 신세를 져야 하고 자칫 불구가 될 수도 있으며 생업에 지장을 받을 수도 있습니다. 무서운 것은 후유증입니다. 전문적인 용어로는 후유장해라고 하는데 늙어 죽을 때까지 장해가 귀신처럼 붙어 다닙니다. 피해자는 후유증에 따른 재산상 손해, 병원비, 위자료 등을 청구하게 됩니다.

청구의 상대방은 가해자입니다. 가해자가 종합보험에 가입되어 있으면 상대방은 보험회사가 됩니다. 사고가 나면 보험회사 보상과 직원이 합의하려고 나타납니다. 그러나 성급하게 합의할 일은 아닙니다. 보험회사는 소송에 의한 법원 판결 선고 금액보다 훨씬 못 미치는 금액으로 합의를 시도하려하기 때문입니다. 보험금을 적게 주어야 보험회사가 이익이 많이 남으므로 최대한으로 낮은 금액으로 합의하려합니다. 후유 장해는 평생을 따라다니므로 섣불리 합의하면 평생 후회하게 됩니다. 따라서 변호사와 상의한 뒤 합의여부를 결정하는 것이 가장 좋습니다. 보험회사와의 합의는 신속히 배상금을 수령할 수 있어 좋기는 하지만 승소시 받아낼 수 있는 금액의 반도 못되는 금액으로 합의를 하게 되니 엄청난 손해입니다. 실제로 지급해야 할 금액의 10%도 안되는 금액에 합의하는 당사자도 있습니다. 몸이 다 망가질 정도로 다쳤는데 보험회사 직원의 말만 듣고 1000만원에 합의를 한 것입니다.

실제로 이런 일은 비일비재합니다. 사람들이 소송을 귀찮아하고 두려워하는 점을 악용하여 보험회사가 엄청난 부당이득을 취하고 있는 것입니다. 보험료는 사고율과 보험금을 기초로 하여 정해진 것인데 자기들 멋대로 10~40% 만 지급하는 것은 무슨 경우인지 따져봐야 할 일입니다. 따라서 소송이 두렵다하여 100% 승소 가능한 교통사고 소송까지 포기하여 보험회사를 살찌울 이유가 없습니다. 다른 사건이야 소송이 최후 수단이지만 교통사고에 있어서만은 적극적으로 소송을 해야 합니다. 적어도 보험회사가 법원 판결금액을 합의금으로 지급할 때까지 계속해야 됩니다. 특히 교통사고 소송은 변호사가 비용을 모두 부담하고 소송해주므로 소송 3년에 변호사가 망하면 망했지 피해자가 망할 일은 없습니다.

가해자가 종합보험에 가입하지 않았으면 어떻게 될까? 이때는 피해자에게는 상당히 심각한 상황이 펼쳐지게 됩니다. 가해자가 경제적인 능력이 있다면 별문제가 없지만 능력이 없다면 치료비나 후유 장해에 따른 손해배상금 어느 것 하나 제대로 받아낼 길이 없습니다. 오늘날 돌아다니는 차량의 20%가 무보험 차량이라 하는데 보험가입 차량만을 골라 사고를 당할 수도 없고 그저 운수소관에 맡길 수밖에 없습니다. 또한 상대가 경제적 능력이 있다해도 재산을 빼돌리는 경우가 있으므로 우선 가압류부터 하고 볼일입니다.

(3) 민·형사상합의

1) 민사합의

소송과 보험회사와의 합의 중 어느 쪽을 선택하는 것이 좋을까?

보험회사의 보상기준, 즉 보험 약관에 정한 보상기준은 현실을 반영하지 못한 지나치게 적은 액수입니다. 보험회사도 하나의 장사꾼이고 한푼이라도 적게 보험금을 내주어 회사의 이익을 챙기려 한다는 사실에 유의해야할 것입니다. 다시 말하면 소송을 통해서 1억원을 지급 받을 수 있는 사고도 보험회사와 합의를 하면 3.000˜5.000만원에 그친다는 사실입니다. 특히 중간이자 공제(왜 중간이자 공제를 하는가. 교통사고는 장래에 받을 수입을 청구 시점에서 일시금으로 수령하므로 현재가로 계산하는 것입니다. 따라서 장래의 이자를 미리 공제해야 한다)를 보험회사는 '라이프니츠식'이라는 복리계산에 의해서 깎아대므로 피해자에게는 대단히 불리합니다. 이에 비해서 법원은 '호프만식'이라는 단리 계산법에 의합니다.

법원과 보험회사의 배상액이 어느 정도 차이가 있는지 위자료 하나만 가지고 예를 들어보겠습니다.

【사망사고의 경우】

◾ 법원에서 판결하고 있는 위자료는 4,000만원

◾ 보험회사는

• 본인에게 1,000만원(20세~60세) 또는 500만원(20세미만 60세 이상)

• 배우자 500만원

• 자녀(1인당) 200만원

예를 들어 30세 처와 자녀 2명인 남자가 사망한 경우

◾ 법원의 위자료는 4,000만원인데 비하여

◾ 보험회사는 본인 1,000 + 처 500 + 자녀 400 = 1,900만원에 불과함.

만일 65세 남자가 죽었다면 보험회사 지급 위자료는 1,000만원에 불과하니 법원 판결금과의 차액은 무려 3,000만원이나 되는 것입니다.

　2) 형사합의

가해자가 무보험이거나, 보험에 가입했어도 사망, 뺑소니,10대 중과실 사고에 해당되면 가해자는 형사처벌을 받게 됩니다. 사고에 따라서는 가해자가 당장 구속될 수도 있습니다.

가해자가 구속 상태에서 보석 등으로 풀려 나오거나, 재판에서 집행유예를 받기 위해서는 형사합의가 반드시 필요합니다. 피해자는 경우를 나누어서 합의를 검토해야 합니다. 가해차량이 보험에 가입했을 경우에는 나중에 민사합의를 충분히 받

을 수 있으므로 적정한 선에서 합의를 해주면 될 것입니다. 또 형사합의금은 민사배상시 공제되므로 과도하게 받을 필요도 없습니다.

그런데 가해자가 무보험 차량이고, 재산도 없는 경우에는 형사합의금으로 돈을 받지 못하면 나중에 배상받기가 불가능하므로 형사합의에 매달릴 수밖에 없습니다.

(4) 참고인 진술시 조사받는 요령

병원에 후송되어 있건 현장에 남아 있건 간에 경찰로부터 참고인 진술을 받게 됩니다. 이 조사는 뒤에 손해배상 청구시 중요한 증거로 남게 됩니다. 특히 이때 진술한 본인의 직업이나 현장 상황은 뒤에 손해액 산정이나 과실 상계에 있어서 귀중한 자료가 되는 것입니다. 따라서 직업이나 현장 상황은 있는 그대로 진술하는 것이 좋습니다. 기능공의 경우 철근공이나 목공이라고 정확하게 진술해야지 일용직이라 하여 자신을 낮춰 무직이라고 말하면 손해배상 산정시 철근공이나 목공보다 수입이 크게 낮은 일용노임으로 판단하게 됩니다.

안전벨트 착용여부는 사고 조사시 잘 조사가 안되고 빠뜨려지는 단골 항목입니다. 안전벨트 착용여부는 나중에 과실 상계 10%쯤 되는 항목인 만큼 안전벨트를 했을 경우 조서에 반드시 기재되도록 하는 것이 좋습니다. 그리고 조사를 하는 경찰관이 자기가 한 말과 다르게 기재하는 경우 즉석에서 지적하고 정정해야지 나중에 이를 뒤집는 것은 불가능에 가깝습니다.

4. 가해자의 대처방법

(1) 가해자의 현장대처

가해자란 교통사고를 발생시켜 다른 사람의 생명을 사상시키거나 재산을 손상시킨 자를 말합니다. 즉 사고를 발생시킨 운전자입니다.

1) 가해자의 의무

① 응급조치

응급조치란 교통사고 발생시에 피해자 또는 피해차량의 상황을 확인하고 부상자 및 피해자에 대한 구호조치를 말합니다.

교통사고를 발생시키면, 즉시 차를 세우고 피해자 또는 피해차량의 상황을 확인해야 합니다. 그리고 피해자에 대한 구호조치를 취해야 합니다. 예컨대 차량에 깔린 부상자의 구출, 현장에서의 응급치료, 구급차의 요청, 병원으로의 이송 등 부상자를 위한 적절한 조치를 해야 합니다. 또한 교통사고로 인하여 당해 도로에서 다른 통행차량 등에게 미칠 연쇄사고의 위험을 방지해야 합니다. 사고로 어지럽혀진 현장을 정리하고 피해차량을 노면으로 옮기는 등 도로상의 위험방지를 위한 조치를 취해야 합니다. 다만, 현장은 누구의 과실인지를 결정해 주는 최고의 증거가 되므로 현장을 정리할 때에는 사고를 목격한 2~3인 이상의 증인을 확보하거나, 인근 경찰관에게 즉각적인 현장조사를 요청해야 합니다. 또한 스프레이 등으로 사고현장의 유류품·피해자의 위치·차량파편 등의 위치를 표시해야 합니다. 카메라 등으로 현장을 촬영해 놓는다면 가장 좋을 것입니다. 이러한 의무를 위반하게 되면 5년 이하의 징역 또는 300만원 이하의 벌금을 물게 됩니다. 사고를 발생시킨 후에 응급조치도 없이 뺑소니를 치면 특정범죄가중처벌등에 관한법률의 위반으로 최고 사형 등의 엄한 처벌을 받게 됩니다.

② 교통사고의 신고

사고를 낸 운전자는 즉시 경찰에 신고를 해야 합니다. 물론 교통사고 후 제3자에 의하여 신고되어 경찰이 현장에 출동했다면 그럴 필요는 없습니다. 사고발생 신고 후 사고차량의 운전자는 경찰이 현장에 도착할 때까지 대기하면서 부상자 구호와 교통안전상 필요한 조치를 취해야 합니다.

교통사고가 발생했을 때 가해자인 운전자는 자신의 과실유무에 관계없이 부상자 구호 등의 응급조치를 하고 경찰공무원에게 사고를 신고하여야 할 의무가 있습니다(도로교통법 제54조).

사고신고는 위의 응급조치가 끝난 후에 현장에 있는 경찰공무원이나 가까운 경찰지서·지구대·출장소 등 경찰관서에 다음의 법정사항을 보고하는 것입니다.

가. 사고발생 일시와 장소

나. 사상자의 수와 부상의 정도

다. 손괴된 물건과 그 손괴정도

라. 사고 후 취한 그 밖의 조치사항

등입니다.

피해자 구호 등으로 경황이 없을 때에는 다른 사람에게 신고를 부탁할 수도 있습니다. 또한 신고를 받은 경찰공무원이 가해자에게 현장을 떠나지 말라고 요구할 경우 가해자는 이에 따라야 합니다.

교통사고는 대인사고든 대물사고든, 경미한 접촉사고든 대형사고든 사고의 경중을 불문하고 모두 신고해야 합니다. 신고의무를 잊어버리고 신고하지 않았다가 나중에 발각되면 신고불이행에 따른 30만원 이하의 벌금 또는 구류형에 처해지게 됩니다(도로교통법 제154조).

한편 가해자는 경찰에게 피의자 조사를 받게 됩니다.

사고 경위와 상황을 분명하고 정확하게 진술하여 사실과 달리 조사되어 불리한 처벌을 받는 일이 없도록 해야 합니다. 그리고 조사를 하는 경찰관이 자기가 한 말과 다르게 기재하는 경우 즉석에서 지적하고 정정해야 합니다. 진술내용을 나중에 뒤집는 것은 경험상 불가능에 가깝습니다. 예를 들어, 가해자가 처음 조사를 받을 때 뺑소니친 사실이 없다고 진술한 후 조서를 읽어보지도 않고 지장을 찍었는데, 나중에 재판을 받으면서 조서를 복사해보니 "뺑소니쳤습니다"고 기록되어 있는 경우에는 무죄 변론에 애를 먹게 되는 것입니다.

　　2) 가해자의 책임

일반적으로 자살의 경우를 제외하고는 교통사고시에 운전자의 과실이 인정됩니다. 예컨대 과속으로 달리거나 핸들을 잘

못 틀어 사고가 발생한 경우 등은 명백하게 가해자인 운전자 측에 일방적인 과실책임이 있습니다. 따라서 가해자는 피해자에게 민사상의 손해배상책임을 부담하며, 과실의 경중에 따라 형사처벌을 받게 되고, 동시에 운전면허의 취소·정지 등 행정상의 처분을 받게 됩니다. 형사상 불가항력적인 사고일 경우에는 통상 가해자가 불구속 입건으로 됩니다. 그러나 사고로 인하여 사람이 사망한 경우에 가해자는 원칙적으로 구속됩니다. 그밖에 교통사고처리특례법 제3조의 11개 예외조항에 해당되고 상해의 정도가 약 3~4주 이상이면 가해자가 구속됩니다. 피해자가 여러 사람이면 그 피해자 전원에 대한 진단기간을 합하여 처리합니다. 뺑소니 운전자의 경우 검거되면 당연히 구속됩니다. 민사상 가해자는 피해자에게 손해배상을 해야 합니다. 이때에는 당사자의 합의가 중요합니다. 사망사고의 경우에도 사고운전자의 과실이 경미하고 합의가 이루어진다면 검찰에서 벌금 300만원 내지 500만원 정도의 구약식으로 처리될 수 있습니다.

3) 가해자의 자기방어

운전자인 가해자도 후술하는 피해자의 경우와 마찬가지로 사고 후의 현장보존과 목격증인을 확보하여야 합니다.

4) 운전자인 가해자가 취할 기타 조치

① 사용자 등에 대한 연락

사고 운전자가 특정 회사의 종업원인 경우에 사용자인 회사가 책임을 부담하는 경우가 많기 때문에 가해자인 운전자는 반드시 회사에 연락하여 지시에 따라야 합니다.

② 보험회사에 대한 통지

가해자가 대물배상보험이나 차량보험 등 자동차보험에 가입하고 있다면, 사고 즉시 보험회사에 통지하여야 합니다. 이에 따라 보험회사는 조사원을 즉각 사고현장이나 수리공장에 보내어 사고상황을 조사하고 수리비의 협정을 하게 도비니다.

현재 대부분의 손해보험 회사에서는 연중무휴로 사고접수 및 보상처리 상담을 위한 '24시간 접수창구'를 운용하고 있습니다.

(2) 민·형사상 합의

형사합의는 통상 상대방에게 형사합의금을 주는 방법으로 하지만 꼭 돈을 건네야하는 것은 아닙니다. 말 한마디에 천냥 빚을 갚는다고 돈 수수 없이 합의되는 경우도 많습니다.

이 형사합의 여부에 따라서 가해자는 구속여부, 재판에서의 형량, 집행유예, 구속적부심, 보석 등에서 엄청난 차이가 납니다.

합의금을 피해자에게 건네주고 나중에 보험회사에서 돌려받으려면 합의서에 합의금을 정확하게 기재하고 이 합의서를 첨부하여 보험회사에 내용증명으로 보내는 것이 좋습니다. 이렇게 하는 것이 나중에 보험회사와의 분쟁 없이 돈을 받아내는 지름길입니다.

(3) 형사처벌

교통사고의 가해자는 원칙적으로 형사처벌됩니다. 그러나 교통사고를 일으킨 자가 '보험업법', '여객자동차 운수사업법', 또는 '화물자동차 운수사업법' 등에 따라 보험 또는 공제에 가입된 경우에는 교통사고처리 특례법 제3조제2항 본문에 규정된 죄에 해당한다면 그 운전자에 대하여 공소를 제기할 수 없습니다. 단, 교통사고처리특례법 제3조제2항의 단서에 해당되거나, 피해자가 신체의 상해로 인하여 생명에 대한 위험이 발생하거나 불구 또는 불치나 난치의 질병에 이르게 된 경우, 보험계약 또는 공제계약이 무효 또는 해지되거나 계약상의 면책규정 등으로 인하여 보험회사, 공제조합 또는 공제사업자의 보험금 또는 공제금 지급의무가 없게 된 경우에는 공소를 제기할 수 있습니다(교통사고처리특례법 제4조).

5. 가해자와 피해자가 불분명한 경우의 현장대처

자동차 추돌사고가 발생하였을 때 가해자와 피해자가 명백하다면 별문제가 없겠으나 대부분 누구의 과실에 의한 사고인지가 불분명합니다. 따라서 교통사고가 발생하면 사고 당사자들 사이에 사고 원인에 대한 다툼으로 고성이 오가는 모습을 흔히 보게 됩니다.

사고가 발생하면 일단 침착, 신속하게 상황을 판단하여 냉정히 원인을 분석해보고, 자신에게 과실이 없는 경우에는 처음부터 상대방을 제압해야 합니다. 상대방에게 주도권을 빼앗겨 과실이 이쪽에 있는 것과 같이 뒤집어쓰는 일을 막아야 합니다. 다음으로는 상대방의 차량번호를 알아둠으로써 상대

방이 도주하더라도 찾을 수 있도록 합니다. 상대방의 운전면
허증을 확인하고 본인인지의 여부도 확인해야 합니다. 동시에
차량검사증이나 등록증 등도 확인하고, 상대방의 전화번호나
명함 등을 받고 자신의 주소와 연락처를 알려줍니다. 또한 증
인이 있다면 사고의 규명이 더욱 확실해지기 때문에 증인의
주소나 성명 및 연락처 등을 기록해 두는 것이 바람직합니다.

자신에게 과실이 있을 경우에는 사고가 오직 과실에 의한
것이었음을 인식시키며 사과한 후에 합의를 보는 것이 좋습
니다. 격한 감정으로 싸우다 보면 오히려 더 나쁜 결과를 가
져올 염려가 있기 때문입니다. 상대방에게 과실이 있을 경우
에는 그 사실을 분명히 인식할 수 있도록 하며, 상대방이 이
성을 잃고 거칠게 나온다면 경찰관을 불러 해결해야 합니다.
다만 상대방을 진정시켜 잘못을 시인하도록 할 수 있다면 경
찰관이 오기 전에 처리하는 것이 가장 좋습니다. 실제로 사고
시에 경찰관에게 보고할 법률상의 의무가 있지만, 사안이 경
미한 경우에 일반적으로 서로 합의로써 해결합니다.

일단 잘잘못이 가려진 후에는 합의에 들어가게 되는데, 먼
저 차량파손에 대해서는 자동차 수리공장에서 견적을 뽑는
것이 정확하며, 인체에 상해를 입혔을 때에는 치료비와 위자
료 등을 계산에 포함시켜야 할 것입니다. 특히 위자료에는 수
리기간 동안에 자동차를 운행하지 못함으로써 입는 손해도
합산할 수 있습니다.

합의금이 많을 때에는 그 지불을 보장받기 위하여 상대방
의 근무처나 차량보유자 등의 승낙을 받아두면 좋고, 어떠한

방법으로 합의금을 지급받을지도 정해두어야 합니다. 만약 합의금이 소액이라면 당일에 해결하는 것이 이후까지 질질 끄는 것보다 바람직합니다.

일단 합의서를 교환하면 그 이후에는 변경할 수 없는 것이 원칙입니다.

6. 차량보유자의 현장대처

(1) 손해배상의 청구에 대한 대비

차량을 보유하는 회사는 대부분 보유차량을 운행하는 종업원이 교통사고를 발생시켰을 때 책임을 부담하는 것이 보통이므로 손해배상의 청구에 대비하기 위한 조치를 취하여야 합니다.

1) 철저한 사고원인규명

교통사고가 발생하면 운전자는 차량보유자인 회사에 사고에 대하여 연락하도록 되어 있습니다. 따라서 차량보유자는 곧 교통사고 처리담당자를 현장에 파견해야 합니다. 처리담당자는 운전자와 함께 사고당사자 가운데 누구의 과실에 의하여 사고가 발생했는지 등 사고의 원인을 철저히 규명해야 합니다. 이에 따라 배상책임을 부담할 것인지를 결정하게 되며 과실상계를 할 때에 유리한 근거가 됩니다.

2) 재판자료에 필요한 증거수집

사고원인의 규명에 의하여 사고가 처리된다면 다행이지만 만일의 경우 재판에까지 이르게 될 수 있습니다. 재판에서 가장 중요한 사항은 사고에 관련된 증거이기 때문에 차량보유자인 회사는 증거수집에 노력해야 합니다. 가장 확실한 증거는 사고 직후에 수집하는 것이 좋기 때문에 차량보유자는 운전자에게 미리 다음의 사항을 숙지시켜 두는 것이 바람직합니다.

① 사고현장의 확인 등 증거수집 :

사고현장은 시간이 지남에 따라 그 원래의 상태를 유지하기 어렵습니다. 때문에 운전자는 사고 당시에 가해자와 피해자 등 당사자의 위치와 피해정도 등을 확인해야 합니다. 사소한 흔적까지도 파악하여 표시해 두는 것이 좋습니다.

② 사고조서의 작성 :

경찰에서 작성하는 사고조서는 차후 재판에서 가장 중요한 증거가 됩니다. 따라서 정확하게 조서를 작성하도록 하며, 그 내용에 틀린 부분이 있거나 올바로 정정되지 않을 경우에 운전자는 서명·날인을 거부해도 됩니다. 사고조서로는 현장에서 경찰공무원이 작성하는 '실황조사서'와 '사고현장약도'가 있으며, 경찰관서에서 작성하는 '진술서' 등이 있습니다.

③ 목격자의 확보 :

교통사고에서 증거가 충분치 않을 경우에 목격자의 증언은 결정적인 증거가 될 수 있습니다. 따라서 사건현장을 목격한 목격자가 있다면 그의 주소와 성명을 확인해 두어야 합니다.

④ 사고 상대방의 확인 :

교통사고의 상대방이 누구인지를 확인해 두는 것이 꼭 필요합니다. 즉 상대방의 성명과 주소 및 근무처를 알아두어야 하며, 차량의 보험증서번호와 가입 연월일 등을 확인해 두어야 합니다. 동시에 사후의 협상을 위하여 상대방이 어떠한 주장을 하는지도 파악해 두는 것이 유리합니다.

(2) 보험회사에 대한 통지

사고차량이 보험에 가입되어 있다면, 사고발생 즉시 보험회사에 통지해 주어야 합니다. 이를 소홀히 할 경우 보험금을 받지 못하는 불이익이 발생할 수도 있습니다.

7. 가벼운 접촉사고 대처방법

(1) 현장 합의

하루에도 전국적으로 수만 건의 교통사고가 발생합니다. 그런데 그들 대부분은 가벼운 접촉 사고입니다. 즉 부상자 없이 차끼리 살짝 부딪치는 경우가 대부분인 것입니다. 이런 접촉사고를 당했을 때는 어떻게 해야 할까?

피해 정도가 가벼운 접촉사고는 보험처리를 하는 것보다 현장에서 곧바로 합의를 보는 것이 여러모로 이익입니다. 사고처리 비용뿐만 아니라 시간도 절약할 수 있기 때문입니다. 피해액의 산정은 부근 카센터에 가서 문의하거나 즉석에서 서로 가격제시를 하여 합의하면 됩니다.

(2) 보험처리를 할 것인가

운전자가 상대방에게 합의금으로 지급한 비용은 보험처리를 해야 할까?

이때는 보험 처리를 하지 않는 것이 좋습니다. 무턱대고 사고를 보험처리하게 되면 사고내용이나 피해 금액에 따라 보험계약 갱신시 보험료를 할증하기 때문에, 할증 또는 할인받을 금액보다 보험처리 금액이 적을 경우에는 결과적으로 손해를 보게 되는 것입니다.

그러면 어느 정도 금액까지 보험처리가 적당할까?

전문가들은 보통 50만원을 손익분기점이라고 보고 있습니다. 따라서 수리비용이 50만원 이내라면 50만원을 내 주머니에서 내주는 것이 유리하고, 그 이상이면 보험처리하는 것이 유리합니다.

제3절 병원에서의 조치

1. 치료와 진단서

피해자는 입원을 하게 되면 무엇보다 치료를 잘 받아야겠지만, 더욱 양질의 치료 및 충분한 보상을 받기 위해서는 병원에서 발부하는 진단서 병명을 알아볼 필요가 있습니다. 즉,

(1) 피해자의 다친 부위가

진단서에 빠짐없이 기재되어 있는가 확인하여 누락되어 있으면 주치의에게 증상을 이야기하여 전문 검사를 통해 진단서에 기재될 수 있도록 합니다(추후 보상금 산정때 아주 중요한 요소가 될 수 있음).

(2) 해당 병명에 대해

해당 전문의에게 제대로 치료를 받고 있는지 알아보아야 합니다. 특히 머리(뇌)부분은 매우 중요하고 알지 못하는 사이에 장해가 발생하는 경우도 있으므로 상태에 따라 신경외과 및 정신과치료를 받아야 합니다.

(3) 사고로 인한

응급처치비 및 치료비 기타의 관련영수증을 잘 보관하여 나중에 청구를 하도록 합니다.

2. 비용

(1) 치아에 대한 보철비

치아에 대한 보철비는 기존의 보철물이 파손되었을 때에는 원상회복에 소요되는 비용을 지급하며, 당해 사고로 본인의 영구치가 파손되어 보철이 필요한 경우에는 우선 초회의 보철에 소요되는 치아보철비와 10년 단위로 보철을 새로 하는 데 필요한 비용을 지급합니다. 따라서 피해자의 성별과 연령을 기준하여 한국인의 평균여명표에 의해 여명을 구한 후 잔여기간을 10년 단위로 나누어 해당기간 동안의 중간이자 공제방식인 라이프니츠계수를 적용하여 산출된 향후 치아보철비를 지급합니다.

(2) 특수촬영에 소요되는 비용

근래에 들어 검사기기의 발달로 컴퓨터 단층촬영(CT)이나 자기공면촬영(MRI)과 같은 특수검사기기에 의한 고가의 검사를 시행하는 경우가 있습니다. 의료보험과 마찬가지로 자동차

보험에서도 치료를 담당한 주치의가 치료목적상 필요하다고 인정하여 촬영의뢰서를 발급한 경우에 한하여 해당 검사비를 지급하고 있습니다. 따라서 의사의 지시없이 피해자나 가족의 원에 의해 촬영하는 경우에는 해당 검사비를 보상받지 못하는 문제가 발생할 수 있습니다. 또한 이러한 고가의 검사비용은 의료법에 의거하여 촬영을 시행한 병원과 보험회사 간에 정산할 부분이기 때문에 피해자가 임의로 자비를 들여 촬영하는 것은 바람직하지 못합니다.

(3) 일반 대중병실과 상급병실의 차액 보상

병원의 사정상 병실이 부족하여 부득이하게 상급병실을 사용한 경우에는 7일 이내를 한도로 하여 보험회사에서 병실차액을 부담합니다. 그리고 남에게 전염 될 우려가 있거나 혐오감을 줄 수 있어 격리수용이 불가피하다고 의사가 판단할 때에 병실차액을 보험회사에서 부담하는 경우가 있습니다. 그러나 보험회사에서 부담하는 치료비는 손해배상의 법리에 의거, 사회통념상 보편적이고 일반적인 치료에 소요되는 비용을 부담하는 것이 원칙이므로 피해자나 가족의 원에 의해 상급병실을 사용한 경우에는 보상책임을 지지 않습니다. 또한 이 차액에 대하여는 가해자도 법률적으로 배상할 책임이 없다고 보는 것이 우리나라 법원의 입장이므로 피해자의 주장에 의해 상급병실을 사용한 때에는 본인이 부담하게 됨에 유의해야 합니다.

제4절 보험회사와의 합의

1. 주의할 점

교통사고로 인한 부상이 어느 정도 치유되면 보험회사로부터 합의를 위한 여러 가지 제안을 듣게 됩니다. 이를테면 앞으로 남은 치료기간에 해당하는 치료비를 피해자에게 직접 지급할 테니 퇴원하고 집에서 자가물리치료나 통원치료를 받으라든가, 혹은 과실이 많아 오랫동안 입원하면 보상금이 적어지니 빨리 퇴원하여 보상금이라도 조금 더 받으라든가 하는 등의 제안입니다.

원칙적으로 보험회사는 영리를 목적으로 하기 때문에 될 수 있으면 보상금을 조금만 주려고 하는 것이 당연합니다. 그러므로 감정적으로 보험회사와 상대할 것이 아니라 냉정하게 피해자를 위한 상황판단을 해야 합니다. 즉, 치료가 다 되었는지, 현재 치료는 다 되었지만 향후 치료를 받을 부분이 남아 있는지 여부, 또 후유증은 남지 않았는지, 남았다면 해당 전문의에게 충분히 치료를 받고 그에 따른 장해진단을 보험회사의 개입없이 공정하게 받았는지 여부, 경찰서의 사고조서는 제대로 되어 있는지 여부, 소득조사가 제대로 되었는지 여부 등 입니다. 할 수 있으면 합의를 하기 전 전문가(손해사정인,변호사)를 찾아 상담을 받아 보는 것도 권장할 만합니다.

2. 피해자의 과실과 과실상계

(1) 피해자 과실산정의 근거

교통사고를 일으킨 가해자에게는 물론 보행인에게도 스스로 자기자신의 안전을 지키기 위해서 주의를 기울여야 할 '주의의무'가 있습니다. 이 의무는 아주 일반적인 주의의무를 말하는 것으로 도로교통법에도 그 근거가 있습니다. 이러한 주의의무를 게을리한 과실이 경합되어 사고가 발생했다면 발생된 손해에 대해서 피해자의 잘못만큼 보험금 지급시 참작합니다. 따라서 무단횡단한 사람, 우측통행한 사람, 야간에 운전자의 눈에 잘 띠지 않는 검은색 계통의 옷을 입고 길을 건넌 사람 등 주의의무를 다하지 못한 사람에 대하여는 과실상계를 하게 됩니다.

(2) 과실상계

1) 필요한 참작

법원은 손해배상의 책임 및 그 금액을 정함에 있어서 피해자에게 과실이 있는 때에는 직권으로 이를 참작하여야 합니다. 과실이 있는지의 여부에 대하여 자료가 부족하여 법관이 심증을 얻을 수 없는 때에는 그 불이익은 과실상계의 주장을 하는 피고에게 돌아갈 수밖에 없습니다. 실무상으로도 피해자는 당시 좌석 안전벨트를 매지 않았다든가, 안전모를 쓰지 않았다고 피고가 주장한 경우라도 이를 인정할 증거가 없다하여 과실상계를 배척한 예가 많습니다. 과실상계의 적용비율은 법원의 자유재량에 속합니다. 법원은 당사자의 주장에 구애받지 않으므로 피해자가 자인하는 비율보다 적게 과실상계하여도 당사자 처분권주의에 반하는 것은 아니지만, 과실의 정도를 비교교량함에 있어서 지나치게 피해자에게 유리하거나 또는 불리하게 판단하는 것은 재량의 범위를 벗어난 처사로서 위법하게 됩니다.

2) 과실의 의미

① 자신에 대한 부주의 과실상계의

과실은 가해자의 과실과 같이 의무위반이라는 강력한 과실이 아니고 사회통념상, 신의성실의 원칙상, 공동생활상 요구되는 약한 부주의로서 피해자 자신의 불이익을 방지할 주의를 게을리한 것을 말합니다. 피해자의 행위와 손해의 발생 또는 확대 사이에 책임원인으로서의 과실이 요구하는 정도의 인과관계가 없는 경우에도 그 결과발생에 대하여 관련성이 있으면 상당인과관계가 있다고 하여 그 과실을 참작합니다.

② 사고에 기여가 없는 경우 가해차량의

일방적 과실이 사고의 직접적인 원인이 되는 경우에 사고와 인과관계 없는 과실은 참작할 수 없습니다. 비록 피해자가 차량에 설치된 좌석 안전벨트를 매지 않거나 안전모를 쓰지 않았다 할지라도 그것과 사상의 결과발생 또는 확대와의 관련이 없는 경우에는 과실상계의 주장은 배척되는 것입니다.

3) 피해자측의 범위

① 일반론

불법행위의 피해자 본인은 아니더라도 피해자가 동일시할 수 있는 제3자의 과실이 있는 경우에는 그 제3자의 과실은 이를 피해자측의 과실이라 하여 과실상계의 참작사유로 삼는 것이 일반적입니다. 즉 그 제3자의 과실을 피해자 본인의 과실과 동일하게 평가하여 과실상계비율을 정합니다. 이러한 이론은 전통적인 개인책임법리에 대한 중대한 수정입니다. 또한 피해자측의 과실을 언제나 피해자 본인의 과실과 동일하게 평가하는 것이 오히려 피해자 본인에게 가혹한 결과가 될 수 있습니다. 그렇다고 피해자 자신이 과실이 없다는 이유만으로 가해자에게 전적으로 책임을 지우는 것도 공평하지 않습니다. 따라서 그 중간영역을 인정하여 동 이론을 탄력적으로 적용하는 것이 바람직합니다.

이와 같이 볼 때에 피해자 본인과 피해자측에 해당하는 제3자 사이의 인적관계의 친밀도, 손익계산 귀속상의 실체적 일체성 등을 종합, 고려하여 판단해야 합니다. 다만 그 일반적 기준에 대하여는 아직 대법원은 이를 제시한 바 없으나 대체로 공동생활관계와 신분관계상의 일체성을 고려합니다. 원래 피해자측이라는 개념은 불명확한 것이므로 그 범위는 손해의 공평분담이라는 불법행위의 지도 원리에 따라 구체적으로 결정해야 할 문제입니다. 그 친밀도 내지 일체성이 강한 경우, 예컨대 감독의무자의 과실이나 사자의 과실의 경우에는 피해자측의 과실을 피해자 본인의 과실과 동일하게 평가하여 그 비율을 참작하되, 그렇지 않은 경우에도 그 친밀도에 따라 참작되는 피해자측의 과실비율을 감경하는 것이 합리적입니다. 다만 구상관계의 혼란을 방지하기 위하여 판결이유 중에 피해자측의 과실비율과 그 중 피해자의 과실로 참작되는 비율을 구별하는 것이 바람직합니다.

② 구체적 유형

가. 감독의무자의 과실

감독의무관계에 있어서 감독의무자의 과실은 피해자측의 과실로 참작됩니다.

판례는 책임능력이 없는 어린이에게는 과실상계할 수 없다고 합니다. 다만 일정한 연령에 의하여 획일적으로 결정하지는 않고, 구체적인 경우에 본인의 지능발달의 정도를 검토하여 개별적으로 결정합니다. 판례와 학설은 사리변별능력설의 입장에서, 즉 불법행위의 책임을 질 때 필요한 행위의 책임변식능력은 필요없으나 그보다 낮은 단계인, 위험의 발생을 피하는데 필요한 주의를 할 능력인 사리변별능력만 있으면 된다고 봅니다. 구체적으로 보면 8세된 어린이, 초등학교 5학년생에 대해서는 각각 과실능력 내지 위험변별능력이 있다고 판시하였습니다. 일반적으로 7~8세 정도면 과실상계를 적용할 수 있다고 합니다.

사리변별의 능력이 없다고 인정되는 6세 이하의 어린이들 혹은 정신질환자로서 책임능력이 없는 경우에는 교통사고를 당한 피해자 자신에게는 과실상계의 능력을 인정하지 않지만, 다음 단계로 그들에 대한 법정 감독의무자에게 구체적인 과실이 있는지의 여부를 살펴 과실상계하게 됩니다. 예컨대 감독책임이 있는 부모는 위험성이 있는 도로에서 아이를 놀지 못하도록 할 감독의무가 있으므로 과실이 인정됩니다.

나. 피용자의 과실

사용자관계에 있어서 피용자의 과실은 피해자의 과실에 포함됩니다. 즉 피해자가 사용자 본인인 경우 피용자의 과실을 피해자측의 과실로 참작합니다. 예컨대 피해자가 타인으로부터 오토바이를 빌려 친구에게 운전하게 하고 자신은 그 뒷자석에 동승하고 가다 오토바이 운전자 및 상대방차량 운전자의 과실이 경합하여 사고가 발생한 경우, 피해자는 오토바이를 직접 운전한 자의 사실상의 사용자로서 오토바이 운전자의 과실을 피해자측의 과실로 참작한 바 있습니다.

다. 가족관계에 있는 자의 과실

(ㄱ) 사자의 과실

불법행위로 인하여 직접의 피해자가 사망하고 그 부모, 배우자 등의 근친자가 자기의 손해(위자료, 장례비 등)에 관하여 고유의 권리로서 손해배상을 청구하는 경우에는 직접의 피해자인 사자의 과실을 참작하는 것이 일반적입니다.

(ㄴ) 배우자의 과실

부부는 상호독립의 인격관계에 있는 것으로서 아동 등과 같은 책임무능력자와 감독의무자의 관계와는 동시할 수 없습니다. 특히 부부별산제라는 민법의 원칙에 비추어 배우자의 과실을 당연히 피해자측의 과실로 볼 수 있는지에 대하여 의문이 있으나 부부는 어느 관계보다 신분상, 생활관계상 일체성이 강하므로 그 쌍방의 과실은 각 그 상대방의 손해액 산정에 있어 마땅히 참작되어야 합니다.

(ㄷ) 기타 친족의 과실

오빠가 운전하는 오토바이 뒷자석에 편승한 피해자에 대하여 오빠의 운전상의 과실, 조카가 운전하는 삼촌 소유의 차량에 피해자들인 그 삼촌과 숙모 및 그들의 자녀가 동승하여 설탕을 팔러 가다가 일어난 사고에서 피해자들에 대하여 조카의 과실, 아버지가 운전하는 차량에 아들이 동승하고 가다 일어난 사고에 대해 아버지의 운전상의 과실 등을 피해자측의 과실로 인정합니다.

㈃ 우호, 동료관계에 있는자의 과실-특히 무임(호의)동승의 경우

단순한 동료, 친구 등의 관계에 있다는 사정만으로는 그 중 1인의 과실을 피해자측의 과실로 참작할 수 없습니다. 이는 주로 무상동승의 경우에 문제가 되는데, 무상동승 자체를 과실상계에서의 과실개념으로는 다루지 않고 있습니다. 무상동승차량의 운전자의 과실과 또 다른 차량의 운전자의 과실이 경합하여 사고가 발생되고 그로 인하여 동승자가 사상하여 상대방 차량의 보유자를 상대로 손해배상을 청구하는 경우에, 동승차량 운전자의 과실을 피해자인 동승자의 과실로 간주하여 피해자측이 과실로서 상계할 수 있느냐에 관하여 일반적으로 이를 인정하는 견해는 없습니다. 따라서 현단계로서는 자동차손해배상보장법 제4조에 의하여 적용되는 민법상의 제 규정에 의하여 개별적으로 해결할 수밖에 없을 것입니다.

한편, 동승피해자와 운전자 사이에 가족관계, 사용자관계, 일정한 우호관계 등이 있는 경우에는 피해자측의 과실이론에 의하여, 동승자에게 과실상계의 사유가 있는 경우에는 과실상

계에 의하여, 그 밖의 경우에는 위자료 산정에 있어 이를 참작함으로써 손해액을 조정할 수 있을 것입니다. 무상동승의 경우에 가해자에게 일반의 교통사고와 같은 책임을 지우는 것이 신의칙, 형평의 원칙에 비추어 매우 불합리한 것으로 인정되는 경우에는 그 배상액의 감경사유로 삼을 수 있습니다. 이는 일정한 범위 내의 책임제한을 인정한 것입니다. 무상동승 자체를 상계하여야 할 과실의 하나로 본 것이 아니고, 무상동승자에게 그 운행에 의하여 얻는 이익과 그 운행에 미치는 지배의 정도에 따라 비율적인 운행자성취득을 인정한 취지로 보여집니다. 이 때문에 무상동승의 경우에도 피해자 본인의 과실을 찾아내어 과실상계의 법리에 따라 그 손해액을 감경하고 있습니다. 그 인정여부는 양자의 신분관계나 친밀도 등의 인적관계와 운행목적, 운행경위 등을 종합 판단하여 신중히 결정해야 할 것입니다. 자동차종합보험약관에 의하면 동승한 자에 대하여 약관소정의 동승자 유형별 감액비율표에 따라 감액하게 됩니다.

4) 공동불법행위와 과실상계

가해자들의 과실이 경합되어 불법행위가 발생한 경우, 그 가해자 1명에 대한 관계에 있어서만 피해자의 과실이 있다거나 각 가해자에 대한 피해자의 과실 비율이 다른 경우, 피해자가 1개의 청구로 각 가해자에 대하여 공동불법행위책임을 구하는 경우, 그 공동불법행위자가 부담하여야 할 책임의 범위가 문제됩니다.

먼저 가해자 1명에 대해서만 과실이 있는 경우에 관하여 판레는 공동불법행위자 1명에 대해 피해자의 과실이 있을 때에는 그 공동불법행위자 전원에 대한 관계에 있어 일률적으로 참작되어야 한다고 합니다. 다음으로 각 공동불법행위자에 대한 피해자의 과실비율이 다른 경우에 관하여도 공동불법행위책임은 가해자 각 개인의 행위에 대하여 개별적으로 그로 인한 손해를 청구하는 것이 아니고 그 가해자들이 공동으로 가한 불법행위에 대하여 그 책임을 추궁하는 것으로서, 피해자의 과실은 그들 전원에 대한 과실로 전체적으로 평가하여야 한다는 위 판례이론에 따르는 한, 각 공동불법행위에 대한 피해자의 과실 중 보다 무거운 과실비율, 예컨대 피해자의 공동불법행위자 갑, 을에 대한 과실비율인 10% 및 20%를 전체적으로 적용하여야 할 것입니다.

(3) 과실상계의 기준

손해배상사건의 처리를 합리화하기 위하여, 재판에 대한 국민들의 신뢰유지 및 교통사고 당사자들 사이의 분쟁에 대한 지침을 마련해 준다는 의미에서 과실상계 비율을 정형화해 둘 필요가 있습니다. 사고의 유형은 크게 열차사고, 차대차 사고, 차대인 사고로 세분됩니다.

1) 피해자에게 적용되는 과실상계비율의 산정기준

피해자의 과실은 사고 당시의 상황을 종합적으로 판단하여 적용하며, 사고유형별로 기본과실을 우선 산정한 후 사고장소, 사고시간, 피해자의 형태, 가해자의 과실정도에 따라 가감산요소를 적용, 수정하게 됩니다.

2) 동승자감액이란 무엇인가?

타인의 자동차에 동승하여 가던 중 부상한 동승자의 경우에
는 아무런 대가도 지급하지 않고 편의와 이익을 제공받은 점
에 비추어 일반보행자 등이 부상한 것과 동등하게 손해배상
금을 지급하는 것은 공평하지 않기 때문에 동승자의 동승유
형과 동승하게 된 경위 등을 종합적으로 참작하여 최저 5%
에서 최고 100%까지 손해배상금을 감액합니다. 그러나 전국
의 카풀 실시차량에 대해서는 승용차 함께 타기 운동의 활성
화 차원에서 승용차량을 이용한 출퇴근 중에 한하여 동승자
에 대한 호의동승감액을 하지 않습니다.

<동승자의 과실 상계율표>

동승의 유형		운행의 목적	과 실 상계율
운전자(운행자)의 승낙이 없는 경우	강요동승 무단동승		100%
운전자의 승낙이 있는 경우	동승자의 요청	거의 대부분 동승자의 운행목적임	50%
		동승자의 주된 목적이며 운전자는 종됨	40%
		동승자와 운전자가 균등한 운행목적임	30%
		운전자의 주된 운행목적임	20%
	상호의논 합의	동승자의 주된 목적이며 운전자는 종됨	30%
		동승자와 운전자가 균등한 운행목적임	20%
		운전자가 주된 목적이며 동승자는 종됨	10%

운전자의 승낙이 있는 경우	운전자의 권유	동승자가 주된 목적이며 운전 자는 종됨	20%
		동승자와 운전자가 균등한 운 행목적임	10%
		운전자가 주된 목적이며 동승 자는 종됨	5%
		거의 대부분 운전자의 운행목 적임	0%
동승자의 동승과정에 과실이 있는 경우에는 수정요소로서 10~20%의 수정비율 적용			

위의 표에 따라 과실상계율은 0%~100%로 이루어지며 동승과정의 과실유무에 따라 10~20%의 수정요소가 적용됩니다. 특히 대도시 교통란 완화대책의 일환인 승용차 함께 타기를 실시하는 차량의 운행중 사고의 경우에는 감액비율의 최고한도를 5%로 하고 있습니다.

3) 차대차 사고에서의 과실상계비율

차대차 사고의 경우에도 사고 당시의 상황을 종합적으로 판단하여 차량별 기본 과실을 정하게 되며, 사고장소, 사고시간, 사고 당시 양차량 운전자의 운행형태 등이 종합적으로 검토된 후 가감산 요소를 적용하게 됩니다.

4) 쌍방과실 사고의 경우

손해액 분담방법에는 각각 상대방에게 과실비율에 따라 상호 교차로 배상하는 방법인 교차책임주의와 쌍방의 손해액을 합산한 금액에 쌍방의 과실비율을 곱하여 각각 자기부담금을 산출한 후 자기손해액을 공제하고 차액만을 배상하는 방법인 단일책임주의가 있습니다.

【교차책임주의 사례】

사고관련차량

	A차	B차
과실비율	70%	30%
손 해 액	300,000원	500,000원

주) A차의 부담액은

B차에 대한 배상책임액 : $500,000 \times 70\% = 350,000$

자차손해에 대한 자기부담액 : $300,000 \times 70\% = 210,000$

B차의 부담액은

A차에 대한 배상책임액 : $300,000 \times 30\% = 90,000$

자차손해에 대한 자기부담액 : $500,000 \times 30\% = 150,000$

제2장 사망사고

제1절 사망사고의 처벌

1. 사망사고

교통사고로 사람을 죽게 했다. 남 이야기면 몰라도 막상 나에게 그런 일이 닥치게 되면 심각한 일이 아닐 수 없습니다. 자동차가 1,000만대를 돌파한 현재, 자동차가 넘쳐나는 거리에 처음 면허를 따고 왕초보 운전자로 나설 때만 해도 사고를 우려하여 거북이 걸음을 한 기억은 누구나 갖고 있을 것입니다. 그러나 운전 경력이 붙으면서 초보때의 조심스런 운전습관은 간데 없고 교통 위반을 밥먹듯이 하고 있는 자신을 발견할 것입니다. 아마도 나만은 사고와는 무관하다라는 생각을 가지고 있기 때문에 그럴 것입니다.

그러나 사고는 갑자기 발생하는 것이다. 불과 1초도 안되는 짧은 시간에 사고가 나고 그리고 사람이 죽는 상상치도 못한 사태가 벌어지는 것입니다.

이런 사망사고시 처벌은 어떻게 될까? 사람이 죽었는데 과연 얼마나 복역을 해야 하는 것인가?

2. 법률규정과 양형기준

교통사고처리특례법에 의하면 차의 운전자가 교통사고로

인하여 사람을 사망하게 하면 5년 이하의 금고 또는 2천만원 이하의 벌금에 처하도록 되어 있습니다. 형의 공소시효는 5년인데, 이러한 것을 법정형이라고 합니다.

법원에서 내리는 사망사고에 대한 선고 형량은 법원마다, 그리고 판사마다 조금씩 다릅니다.

사망사고의 경우 양형의 기준으로 가장 중요시하는 것이 피해자와의 합의 여부입니다. 그 밖에 중요한 양형 인자로는 무면허사고, 음주운전, 중앙선 침범, 신호위반 등입니다. 사고로 사망한 사람의 숫자 등도 중요한 인자입니다.

3. 선고사례

(1) 합의한 경우

교통사고 사망사고에서는 망인 유가족과의 합의 여부가 무엇보다도 중요합니다.

합의가 된 경우에는 금고 10월에 집행유예 2년이 선고되는 경우가 가장 많습니다(집행유예는 문자 그대로 형을 선고는 하되 교도소에서의 복역을 유예하는 것입니다. 집행유예가 선고되면 구속된 피고인은 그날 석방됩니다). 다음으로 많이 선고되는 것이 금고 1년에 집행유예 2년입니다. 이렇듯 교통사고 사망사고의 경우 망인과의 합의만 이루어지면 집행유예로 석방되는 것이 보통입니다. 그래도 사람이 죽었는데 몇 년은 복역해야 하는 것이 아닌가 하고 생각하는 사람도 많을 것입니다. 그러나 교통사고는 과실로 인한 것이어서 고의에 의한 살인과는 그 죄질이 전혀 다릅니다.

그렇다고 항상 집행유예가 선고되는 것은 아닙니다. 실형인 금고형이 선고되는 경우도 적지 않습니다. 보통 금고 10월에서 1년쯤 선고되는데, 집행유예 결격자(집행유예 기간중이거나 전에 다른 죄로 교도소에 복역 후 출소한 지 5년이 안된 경우)는 예외 없이 실형이 선고됩니다. 또한 집행유예 결격자가 아니더라도 실형이 선고되는 경우가 있는데, 가해자의 과실이 심한 경우가 대부분입니다. 음주나 무면허, 중앙선 침범 사고 같은 중대한 과실이 하나 또는 둘 이상 경합된 경우가 그것입니다. 또 피해가 심한 경우, 예컨대 여럿이 사망했거나 일가족이 모두 사망한 경우 등입니다.

한편 벌금형이 선고되는 경우도 있습니다.

망인에게 과실이 큰 경우입니다. 적색 신호등에서 횡단하거나 도로 중앙을 술에 취하여 걸어가다가 사고를 당한 경우 등 가해자보다 피해자에게 과실이 큰 경우에는 벌금형이 많이 선고됩니다. 또 가해자가 공무원이나 회사원 등으로서 집행유예가 그 직장에서 퇴직 등의 불리한 상황을 초래하는 경우에는 법원에서 달리 취급하여 벌금형을 선고하는 경우가 있습니다(특히 피해자와 합의되고 탄원까지 하는 경우).

(2) 공탁한 경우

합의와 공탁은 망인의 유족 입장에서는 큰 차이가 있습니다. 합의는 망인의 유가족과 가해자가 서로 처벌을 원하지 않는 의사표시의 합치가 이루어진 것인데 비하여 공탁은 망인

유가족의 의사와 관계없이 가해자 쪽에서 일방적으로 일정한 금전을 공탁하고 용서를 바라는 일방향 의사표시에 불과한 것입니다. 법원에서도 공탁은 합의와 달리 취급하고 있습니다. 따라서 합의가 되지 않고 공탁을 하게 되면 실형이 선고되는 것이 보통입니다. 보통 금고는 8월~1년6월 정도 선고되고 있습니다.

자료에 의하면, 운전 중 사망사고를 낸 경우 금 1,000만원을 공탁하였는데 벌금이 선고된 사례도 있습니다. 그러나 이것은 지극히 예외적인 경우이며 특히 집행유예 결격자들에게 실형이 선고되는 것은 거의 필연적입니다.

(3) 합의나 공탁이 안 된 경우

합의도 공탁도 안된 경우는 피해자의 과실 여하에 따라 달라지겠지만 실형 1년~1년 6개월 정도 선고되는 것이 보통입니다.

4. 항소

1심 선고에 대하여 7일 이내에 항소할 수 있습니다.

1심에서 집행유예나 벌금형이 선고된 경우에는 항소하는 것이 큰 실익은 없지만 1심에서 실형이 선고된 경우에는 항소심에서 집행유예가 선고될 가능성이 있으므로 항소의 실익이 크다 하겠습니다.

특히 1심에서 합의가 안됐거나 공탁한 것에 불과하여 실형이 선고된 경우에는 항소심 선고시까지는 합의할 수 있는 기간이 충분히 있고 그렇게 합의되면 집행유예 가능성이 크므로 자포자기하여 항소를 포기할 일이 아닙니다.

또 공무원이나 직장인의 경우도 1심에서 집행유예가 선고된 경우에 항소심에서 벌금형이 선고될 가능성이 있으므로 적극적으로 항소하는 것이 좋습니다.

제2절 뺑소니사고 사망

1. 특가법에 의하여 무겁게 처벌

자동차 등의 교통사고로 인하여 사람을 사망에 이르게 하고 구호조치를 취하지 아니하고 도주하거나, 도주 후에 피해자가 사망한 때에는 법정형이 무기 또는 5년 이상의 징역에 처하도록 되어 있습니다(상해의 경우는 1년 이상의 징역). 뺑소니사고의 감경 하한선은 징역 2년 6월이고, 공소시효는 10년입니다. 집행유예는 법률상 가능합니다.

2. 실제 형의 선고

법정형에서 볼 때 단순 사망사고와 뺑소니사고는 그 형량에서 엄청난 차이가 있습니다. 실제 법원에서도 뺑소니 사망사고는 단순 사망사고보다 엄하게 처벌하고 있습니다. 그러나 뺑소니사고도 역시 망인 유가족과의 합의가 대단히 중요하여 피해자 쪽에서 처벌을 원하지 않으면 법원에서도 그 점을 참작하게 됩니다. 즉 합의가 된 경우 집행유예가 선고되기도 합니다. 그러나 뺑소니가 아무래도 죄질이 좋지 않은 만큼 단순 사망사고에 비하여 집행유예 가능성은 훨씬 적습니다. 합의가 됐어도 실형이 선고되는 경우가 많은 것입니다. 합의가 되지 않았을 경우에는 징역 2년 6월에서 3년형이 선고되는 것이 보통입니다. 공탁의 경우에도 합의된 것은 아니므로 실형이 선고되는 경우가 대부분입니다. 형은 역시 2년 6월에서 3년형이 선고됩니다.

3. 법원 선고사례

실제 뺑소니사고에 대한 선고사례를 하나 소개해 보도록 하겠습니다.

홍길동(가명)은 20대 후반의 남자인데 면허정지된 상태에서 친구의 차(책임보험만 가입)를 음주상태로 운전하던 중 횡단보도를 건너던 행인을 치여 사망케 하고는 그대로 도주하다 이를 추격하던 택시와 2차 충돌하여 체포되었습니다.

단순해 보이지만, 사망사고, 뺑소니(2회), 횡단보도사고, 음주사고, 중앙선 침범사고, 무면허·무보험사고 등 여러개의 과실이 경합된 사건입니다.

떡장사를 하는 피고인의 어머니는 어렵게 살고 있어 합의도 보지 못하고 금 1,000만원을 공탁하였습니다. 1심에서 징역 3년이 선고되었으나 항소하면서 가족들이 피해자와 다시 접촉하여 합의를 하였고, 그 점이 참작되어 2심 법원에서는 집행유예가 선고되어 그날 풀려났습니다.

이 건을 놓고 볼 때 뺑소니 사망사고가 형량이 높다하여 미리 실형이 선고되리라 지레 겁을 먹고 포기할 일이 아닙니다. 끝까지 최선을 다하면 좋은 결과가 나올 것입니다.

4. 뺑소니 상해사고의 형량

특가법에 의하면, 자동차 등의 교통 사고로 인하여 형법 제268조의 죄(업무상과실 치사상)를 범한 당해 차량의 운전자(이하 '사고운전자'라 한다)가 피해자 구호조치를 취하지 아니하고 도주한 때에는 다음의 구분에 따라 처벌합니다.

(1) 피해자를 치상한 때에는 1년 이상의 유기징역

(2) 사고운전자가 피해자를 사고 장소로부터 옮겨 유기하고 도주하여 피해자를 치상한 때에는 3년 이상의 유기징역

한편 위 두 경우 모두 집행유예가 가능합니다.

5. 뺑소니로 몰리지 않으려면

(1) 사고 직후의 조치

교통사고가 나면 운전자가 가장 신경써야 할 것은 뺑소니로 몰리지 않는 일입니다. 만일 교통사고를 내 사람이 다쳤다면 모든 일 중 우선 순위로 둘 일이

1) 첫째는 피해자 구호조치와

2) 자신의 연락처를 피해자에게

알려주는 것입니다. 이 두 가지 조치로 운전자는 뺑소니로 몰

리지는 않습니다. 결코 어려운 일이 아니지만, 그러나 막상 사고에 닥치면 당황하고 겁이 나서 이러한 조치를 잊게 되고 그러다 보니 제대로 처리했으면 별것도 아닌 사건이 크게 확대되는 것입니다.

(2) 구호조치

사고가 나면 보통은 사람이 다치게 마련입니다. 이때는 당황하지 말고 구호조치를 하면 됩니다. 구호조치란 피해자의 상태를 살펴보고 인근 병원에 옮기는 일입니다.

그런데 사고가 나고 피해 정도가 심하다 싶으면 보통은 당황하게 마련입니다. 그래서 무의식중에 그냥 차를 몰고 가 버립니다. 양심적인 사람은 도망치다가도 후회하고 다시 돌아오기도 하는데 이 경우도 역시 뺑소니에 해당합니다.

영업용 택시 운전사들은 뺑소니를 잡으면 상으로 개인택시 운영권을 받으므로 눈에 불을 켜고 뺑소니 검거에 나서는데 실제로 이런 운전자에 추격을 당하여 붙잡히는 경우가 많습니다.

사고발생 후 부모나 친구로부터 도움을 받기 위하여 사고 장소에서 벗어나는 경우는 어떻게 될까? 특히 여성 운전자에게 이런 경우가 많아 남편이나 오빠에게 도움을 청하려고 집으로 가는 경우가 많습니다. 이에 대해 대법원 판례는 "운전자가 사고발생을 부모에게 알려 사후조치를 취하려고 사고현장을 떠난 것이지 도주한 것이 아니라고 변명하더라도, 사상자 구호 등 필요한 조치 없이 사고현장을 떠난 이상 위 사유만으로 도주한 것이 아니라고 볼 수 없다"고 판결하였습니다 (대법원 84도144).

따라서 함부로 자리를 이탈해서는 안됩니다. 만일 주위에 도움을 청할 필요가 있는 경우에는 현장에서 휴대폰 등으로 즉시 연락을 취하는 것이 좋습니다. 설사 공중전화를 찾아 전화를 하러 간다 하더라도 사고 현장이 시야에서 벗어나지 않는 거리에서 현장에 교통경찰이 나타나거나 피해자가 도움을 요청하면 즉시 달려올 수 있는 준비를 하고 있어야 합니다. 만일 이를 게을리 했다가는 돌이킬 수 없는 상황이 되고 맙니다.

(3) 운전자의 신분을 밝혀둔다.

구호조치 이외에 또 하나 중요한 것이 운전자가 자신의 신분을 분명히 밝혀두는 일입니다.

제3절 사망사고의 배상

1. 일반적인 배상액

사망사고시 손해배상 금액은 망인의 소득과 과실에 따라 다르지만 요즘에는 보통 1억원을 넘습니다.

과거에는 보험회사가 합의금으로 제시한 금액이 실손해액에 비하여 터무니없이 낮은 금액이어서 망인 유가족들이 소송제기를 많이 하였습니다. 너나없이 소송을 제기하다보니 보험회사에서도 합의금으로 제시하는 금액이 높아졌고, 그로 인해 다시 소송은 크게 줄고 대부분 합의로 되었습니다.

그러나 보험회사가 제시하는 합의금액은 여전히 실손해액에는 못미치는 금액입니다.

대개 보험회사들은 합의 제시할 때 변호사 보수와 소송에 걸리는 시간을 이야기하며 합의하는 것이 더 유리하다고 합의를 유도하고 있습니다.

요즘은 배상액이 실손해액의 40~60%, 때로는 70% 수준에 이르러서 소송시 변호사 성공사례금을 떼어주고 나면 합의 제시금액이나 큰 차이가 없어 소송을 제기하여 받아낼 실익이 크지 않습니다.

그래도 망인 유가족의 입장에서는 여전히 실손해액에 못미치는 합의금을 받게되는 것이어서 불만이 없을 수 없습니다. 실손해액을 전부 받을 수 있는 방법은 없을까?

2. 실손해액을 받을 수 있는 방법

변호사를 잘 활용하면 길이 있습니다.

이런 사건의 경우 보통은 변호사가 비용을 부담하고 나중에 성공사례금 식으로 받다보니 이 성공사례금 비율이 높아져 유족입장에서는 변호사 비용이 부담이 되는 것입니다. 차라리 일반 사건처럼 착수금을 주고 변호사를 선임, 소송하여 조정보다는 판결로 간다면 지연이자까지 100% 실손해액을 보상받을 수 있습니다. 거기에다 보험회사로부터 소송비용까지 받아버리면 변호사 보수로 들어간 비용은 상당부분은 회수할 수 있는 것입니다. 승소시 피고 보험회사로부터 변호사 보수로 인정받는 금액은 1억원이면 금 255만원이고 2억원이면 755만원입니다.

이렇게 하면 승소금액에 따라 변호사 비용전액 또는 상당한 금액까지 돌려받을 수 있는 것입니다.

3. 후유장해의 금전환산

교통사고를 당하면 이른바 후유증 또는 후유장해가 남는 경우가 많습니다.

후유장해에는 눈이 한쪽 실명되거나 다리가 한쪽 잘려나가는 것과 같이 눈에 띄는 장해의 경우도 있지만 "속으로 곪는다"는 말과 같이 평생 통증으로 고생하는 눈에 띄지 않는 장해도 있습니다.

일반적으로 눈에 띄는 장해에 대해서는 팔을 걷어부치고 나서서 배상을 받으려 하지만 그렇지 않은 경우 의외로 소극적입니다.

보험회사에서 제시하는 돈에는 이 후유증(후유장해)에 대한 보상이 포함되어 있습니다. 사실 후유장해에 대하여는 장해가 없는 상태로 원위치해 주는 것이 최상의 보상방법이지만, 현대의학으로는 불가능한 경우가 대부분입니다. 그래서 후유장해를 금전으로 환산하여 보상하는 것이 오늘날 일반적인 보상방법이 됩니다.

후유장해를 어떻게 금전으로 환산할까? 우리나라 법원에서 시행되고 있는 방법은 이렇습니다. 피해자가 사고 이후 벌어들일 수 있는 총수입에 중간이자를 공제하여 현재가로 계산하고 거기에 장해율을 곱합니다.

예컨대 연 수입 2,000만원인 40세인 사람이 사고를 당한 경우,

▣ 일실수익 : 이후 20년간(보통은 60세까지) 벌어들일 수 있는 수입은 4억원입니다. 이것을 호프만계수에 의하여 현재가로 계산하면 대충 2억원(호프만계수 계산 방식은 뒤에 자세히 설명할 것이다)입니다. 여기에 허리통증으로 영구적으로 25%의 후유장해가 예상된다면 2억원 ×25% = 5,000만원이 됩니다.

▣ 위자료 : 여기에 신체장해로 인한 정신적 고통이 심할 것이므로 장해비율에 따라 위자료를 책정하면 법원이 인정하고 있는 위자료 최대치 4,000만원×25% = 1,000만원입니다.

⇒ 따라서 이 경우 일실수익5,000+위자료1,000 = 6,000만원이 손해배상금이 되는 것입니다.

그런데 여기에서 공제되어야할 것이 있습니다. 피해자의 과실입니다. 100% 가해자의 과실로 사고가 발생 하는 경우도 있지만 피해자에게도 어느 정도의 잘못이 있기 마련입니다. 이를테면 빨간 신호등인데도 횡단하다 사고를 당했을 경우 이 사람이 신호를 위반하지 않았다면 사고가 발생하지 않았을 것입니다. 이런 경우 피해자의 과실도 있으므로 그만큼 공

제되어야 합니다. 과실비율은 사고 상황에 따라 조금씩 차이가 납니다.

대표적으로 안전벨트를 매지 않았을 경우 10% 정도쯤 과실상계를 하게 됩니다.

▣ **최종 손해배상금** : 위 6,000만원에서 과실을 공제한 나머지금액 6,000만원×0.9(1-0.1) = 5,400만원이 이 피해자가 받을 수 있는 손해배상금인 것입니다.

제3장 유형별 사고

제1절 뺑소니(도주) 교통사고

1. 뺑소니사고

교통사고로 사람을 다치게 하거나 사망케 한 경우에 운전자가 이를 방치하고 그대로 도주하는 경우를 뺑소니사고라 합니다. 우리나라에서는 이에 대해 특정범죄가중처벌등에관한 법률(이후 특가법이라 한다) 위반으로 엄하게 처벌하고 있습니다. 보통의 교통사고(음주나 중앙선 침범 등)는 5년 이하의 금고나 금 2,000만원 이하의 벌금인데 비하여 특가법상 도주는 1년 이상(상해) 또는 5년 이상(사망)의 징역형에 처하게 되어 있습니다.

따라서 교통사고가 나면 운전자는 즉시 구호조치를 취해야 합니다.

즉시 구호조치를 하게 되면 사망까지 가지 않고 부상으로 끝날 수 있는 경우가 많습니다. 그러나 그대로 방치함으로써 피해자의 상태가 악화되어 바로 병원에 후송하면 치유될 수 있는데도 사망에 이르는 경우가 적지 않아 나라마다 뺑소니사고를 엄하게 처벌하고 있는 것입니다.

그러면 뺑소니사고는 왜 일어날까? 운전자에게 사고에 대한 형사처벌의 두려움이나 윤리적인 문제가 있어 사고를 은

폐하기 위해 도주하는 경우도 있지만 원인적인 관계 때문에 도주를 하게 되는 것이 대부분입니다. 즉, 음주사실이나 무면허, 무보험 차량 등의 원인관계가 드러나는 것이 두려워 도주하는 경우가 많습니다. 그러나 알고 보면 이와 같은 행동은 참으로 미련한 짓입니다.

음주나 무면허나 무보험의 경우 처벌되기는 하지만 뺑소니처럼 가혹한 처벌을 받지는 않습니다. 합의가 되면 벌금형이나 집행유예로 풀려나는 것이 보통인 것입니다.

2. 뺑소니사고의 요건

(1) 뺑소니사고 차량

뺑소니는 자동차와 오토바이를 타고 가다 사고를 내고 도주했을 때 성립되는 범죄입니다. 자전거·우마차·경운기 등을 타고 가다 사고를 내고 도망간 경우는 차에 해당하지 않으므로 특가법상의 뺑소니에 해당되지 않습니다.

(2) 대인사고

뺑소니는 인명 피해사고가 발생했을 때에 한하여 성립합니다. 대물사고의 경우는 이에 해당하지 않으므로, 접촉사고시 차만 손상되고 운전자나 탑승객은 전혀 다치지 않은 경우에는 사고운전자가 도주해도 뺑소니가 되지 않습니다.

(3) 도주한 것이어야 한다.

사고로 인해 사람이 다친 사실을 알고도 구호조치나 신분을 밝힘이 없이 그냥 도주한 경우이어야 뺑소니가 됩니다.

운전자가 사고 난 사실을 전혀 몰랐다면 어떻게 될까? 예컨대 음주 만취하여 사고를 모르는 경우도 있을 수 있습니다. 이런 경우는 물론 뺑소니라고 할 수 없습니다. 그러나 실제로는 이런 경우 뺑소니를 모면하는 것은 사실상 불가능합니다. 사고 난 사실을 몰랐다고 주장해도 이는 거의 받아들여지지 않습니다. 최근 대법원 판례도 음주 만취된 상태에서 사고 후 모르고 구호조치를 하지 않은 경우 하급심에서 무죄 선고한 것을 뒤집고 유죄판결을 내려 뺑소니를 인정하였습니다.

제2절 음주운전사고

1. 음주운전이란

흔히 음주운전을 음주한 뒤 운전하는 것으로 생각하고 있으나 이는 정확한 답이 아닙니다. 음주운전이란 음주에서 한 걸음 더 나아가 술에 취하여 운전하는 것입니다. 주취 기준은 법에 정해져 있습니다.

우리나라의 최소 주취 기준은 혈중 알콜농도 0.05%입니다.

이 정도 이내로 술을 마시고 운전했다면 음주운전이 아닙니다. 물론 구체적으로 얼마를 마셔야 0.05%에 해당하는지는 사람에 따라 다릅니다. 그러나 보통사람을 기준으로 알아보면 아래의 표와 같습니다.

(1) 혈중 알콜농도 0.5mg/ml에 이르는

주종별 음주량(체중량) - widmark에 의한 산출치

주 종	체중 (kg)	음	주	량		문헌상의 한계 음 주 량
		㎖	合	컵(200㎖)	잔(60㎖)	
소 주 (25°)	55	98	0.54	0.50	1.63	0.4합 (72.2㎖) (35°기준)
	60	106	0.59	0.53	1.77	
	65	115	0.64	0.57	1.92	
	70	124	0.69	0.62	2.07	
맥 주 (6°)	55	406	2.25	2.03		3합 (541㎖) (4°기준)
	60	443	2.46	2.22		
	65	480	2.66	2.40		
	70	517	2.87	2.59		

주 종	체중 (kg)	음	주	량		문헌상의 한계 음 주 량
위스키 (41°)	55	59	0.32	0.30	0.98	0.3합 (54㎖) (43°위스키기준)
	60	65	0.36	0.33	1.08	
	65	70	0.39	0.35	1.17	
	70	76	0.42	0.38	1.27	
청 주 (16°)	55	152	0.84	0.76	2.53	1.5합 (271㎖) (일본주기준)
	60	166	0.92	0.83	2.77	
	65	180	1.00	0.90	3.00	
	70	194	1.08	0.97	3.23	
막걸리 (6°)	55	406	2.25	2.03		
	60	443	2.46	2.22		
	65	480	2.60	2.40		
	70	517	2.87	2.59		

예)

남 자		여 자	
─체중 70kg 남자		─체중 55kg인 여자	
60㎖ 잔으로 소주	2잔	60㎖ 잔으로 소주	1.6잔
위스키(41°)		위스키(41°)	
	1.2잔		0.9잔
청주	3.2잔		
200㎖ 잔으로 병맥주	2.5잔	200㎖ 잔으로 병맥주	2잔

(2) 혈중 알콜농도에 따른 주취 증상

구분	혈중농도 (%)	혈중농도 (mg/mℓ)	호흡농도 (mg/ℓ)	증 상
1°	0.05~0.15	0.5~1.5	0.25~0.75	억제력이 풀려 기분이 좋아지고 판단력이 빨라진다. 따라서 착오가 일어나고, 피부 특히 안면, 경부의 피부가 충혈되고 홍조를 띠고, 말이 많아지고, 운동과다로 침착성을 잃게 된다. 이 정도의 주취에서 본인은 오히려 능력이 증가되는 것같이 느끼게 된다. 그러나 엄밀하게 말하기 테스트를 해보면 운동실조가 나타나고 작업능력도 감퇴하고 있음을 알 수 있다. 즉 혈액중 알콜농도가 0.05%일 때의 반응 시간은 정상시의 2배이고 0.1%일 때는 4배가 된다고 한다.
2°	0.16~0.25	1.6~2.5	0.76~1.25	자기 자신도 술이 취했음을 인식할 수 있으며 대개 불쾌감을 수반하지 않는 현기증이 나타나고 매우 쾌활하고 기분이 좋은 상태가 되어 운동실조임을 주위의 사람이 알 수 있을 정도로 비틀거린다. 언어는 어느 정도 불명료하고 생각을 제멋대로 하게 되어 화제가 차차 달라진다. 감각 특히 통증에 둔감하고 손에 쥔 것을 놓치기 쉽고 상처 입은 것을 모른다. 또한 주위가 산만하여 판단능력이 둔해진다.

3°	0.26~ 0.35	2.6~3.5	1.26~ 1.75	운동실조가 높아 보행이 곤란하게 되고 언어는 완전히 불명료하고 제반 반사능력이 현저하게 저하된다. 즉 마비상태가 되며 의식은 차차 불명료하게 된다.
4°	0.36~ 0.45	3.6~4.5	1.76~ 2.25	주위가 빙빙 도는 것같이 느끼게 되어 넘어지기 쉬운 상태가 된다. 근육의 힘은 전혀 없고 대·소변도 가릴 수 없게 된다. 호흡은 완만하고 체온도 저하되고 호흡곤란 또는 입술의 말단 부분에 피가 맺혀 검푸르게 보이고 방치해 두면 사망하게 된다.

2. 음주운전사고시 형사처리

음주운전은 면허 정지나 취소 사유만으로 흔히 알고 있으나 이는 잘못입니다. 도로교통법상 음주운전은 3년 이하의 징역이나 1,000만원 이하의 벌금형에 처해집니다. 음주운전은 엄연히 범죄인 것입니다. 그러나 이런 사실을 아는지 모르는지 음주운전이 끊이지 않고 있습니다. 교통사고시 형사처리는 어떻게 진행될까?

(1) 사건 발생

교통사고가 발생하면 경찰서에 지체없이 신고해야 합니다. 다만 차량이 손괴된 것이 분명한 경우에는 도로에서 위험 방지와 다른 차량의 원활한 소통을 위하여 필요한 경우 신고의무가 면제되기도 합니다.

(2) 현장조사 등

경찰관은 사고 현장에서의 상황을 조사하고 목격자, 가해 운전자, 피해자 등의 진술을 듣고 교통사고에 대한 조사를 하고 교통사고 실황조사서를 작성합니다. 이 실황조사서는 향후 수사나 재판 그리고 민사배상에서 대단히 중요한 증거가 되는 것입니다.

그리고 관련자에 대한 조사가 시작되고 조서작성을 하게 됩니다. 사고를 낸 가해 운전자는 피의자라고 불리며(뒤에 기소되면 피고인이라고 합니다) 경찰에 의하여 피의자신문조서가 작성됩니다. 피해자·참고인 등은 참고인 진술조서를 작성합니다.

(3) 음주측정 거부운전자에 대한 수사·처리

음주운전자와 동일하게 형벌을 부과할 수 있습니다.

음주운전자가 혈중 알콜농도 0.5mg/㎖ 이상의 주취 상태에서 운전을 하고서도 경찰관의 음주측정 요구를 거부한 경우에는 음주측정 거부의 실제적 경험범으로 형사처벌됩니다.

(4) 구속 여부

사고가 교통사고처리특례법상의 11개 예외와 그 밖에 피해자 사망. 뺑소니 등을 추가하여 모두 13항목에 해당되느냐에 따라서 또 13개 예외의 경우도 상해 정도, 하의 여부 등에 따라 피의자의 구속·불구속이 결정됩니다. 대체로 13개 예외 조항에 해당되고 다친 정도가 전치 약 5주 이상 또는 사망한 경우나 도주한 경우에는 구속되는 것이 보통입니다.

구속영장은 검사의 청구에 의하여 판사가 발부합니다. 이때 구속적부심을 받는 것으로, 수사기관이 영장 청구를 한다하여 모두 구속되는 것이 아닙니다.

피의자가 경찰에 구속된 경우는 10일 이내에, 불구속된 경우는 약 1개월 이내에 검찰에 사건을 송치해야 합니다. 실무에서는 구속일로부터 5~7일 정도면 검찰에 송치되며, 불구속의 경우는 1개월 이상 걸리는 것이 보통입니다.

구속 피의자의 경우 신병은 경찰 수사단계에서는 경찰서 유치장에 수감되며, 검찰에 송치되면 구치소로 넘어갑니다.

(5) 검찰수사 및 결정

1) 결정

검사는 경찰에서 송치된 사건에 대하여 다시 수사를 하고 그 사건에 대하여 수사가 종결되면 결정을 합니다. 검사는 기소·구 약식·불기소의 결정을 내리게 됩니다. 이러한 결정을 내리는데는 사망 또는 상해의 정도, 종합보험가입 여부와 합의 여부가 가장 중요하고 그 밖에 피의자와 피해자의 과실정도 등이 참작됩니다.

2) 기소

기소란 검사가 재판에 회부하는 것입니다.

11개 예외조항과 사망, 뺑소니사고에 해당되고, 합의되지 않은 경우는 대부분 기소됩니다.

3) 불기소

11개 예외조항과 사망, 뺑소니사고에 해당되지 않고, 합의된 경우에는 공소권 없음 결정을 내리게 됩니다.

그렇지 않은 경우라도 피의자 과실이 크지 않고, 피해자가 크게 다치지 않은 경우는 기소 유예나 벌금형인 구 약식 기소를 하게 됩니다.

   4) 기소 후 판결선고까지

기소된 지 15~30일 정도 지나면 첫 번째 재판 기일이 열리게 됩니다.

   5) 보석 및 재판

기소되면 구속 피고인의 경우 보석신청을 할 수 있습니다.

보석신청시 합의가 되었거나 기타 정상참작 사유가 생겼을 때는 판사는 보석을 허가하는 경우가 많습니다. 이때는 대개 보석보증금 공탁을 조건으로 보석을 허가하게 됩니다. 보석이 허가되면 일단 석방되고 그 뒤에는 불구속상태에서 재판을 받게 됩니다.

보통 첫 재판 기일에 법정에서 피고인의 공소사실에 대하여 다툼이 없으면 심리가 종결되고, 약 2주 후에 형이 선고됩니다. 형의 선고에는 금고형(실형), 집행유예, 벌금형 등이 있습니다. 과실이 크지 않고 형사합의가 이루어진 경우는 집행유예가 선고되는 것이 보통입니다.

   6) 항소

1심 재판에 불복하는 경우 선고일로부터 1주일 이내에 항소를 제기할 수 있습니다.

3. 보험처리

음주운전 사고시 보험처리는 어떻게 될까?

보험처리 여부는 운전자의 운명을 좌우할 정도로 중요합니다. 만일 보험처리가 되지 않으면 어떻게 될까? 피해자의 상해 정도에 따라 달라지겠지만 자칫 집을 팔아 배상금을 마련해야 될 형편이 될수도 있습니다. 사실 피해자가 허리나 목부위 염좌 정도로 상해가 가볍다면 몇십만원에서 몇백만원으로 합의가 되겠지만 뇌를 다쳐 식물인간이 되면 물어 주어야 할 돈이 거의 무한대에 가깝습니다. 이쯤 되면 보통의 재력가가 아닌한 그 인생은 앞 길이 어둡기만 할 것입니다. 그러나 보험처리가 되면 보험회사에서 피해자의 배상금이 얼마가 되든지 다 물어주니 집을 팔 일은 물론 없을 것입니다.

음주사고에 대한 보험 약관에는 보험처리가 되지 않는 것으로 되어 있습니다. 그러나 법원에서 이 면책약관은 무효라는 판결이 선고되면서 이 음주 면책약관은 빛을 바래고 있습니다. 현재 보험회사는 음주운전 사고에 대하여 음주량이 얼마이든 관계없이 피해자에게 배상을 해 줍니다. 따라서 음주운전 가해자는 형사처벌은 받지만 민사상으로는 보험회사에서 피해자에게 배상을 해주고 있습니다.

다만 음주운전으로 일어난 사고 중 자손·자차, 사고 즉 내 자신이나 가족이 다치거나 내 차가 망가진 경우에는 보험회사에서 배상하지 않는 것이 보험회사의 약관 내용이고 실제로 배상해 주지도 않습니다.

그러나 이러한 약관도 최근에 들어서는 약관을 무효라 판시하고 이런 경우도 배상해주어야한다는 하급심 판결이 나오고 있습니다. 이것은 보험 제도의 취지상 당연한 판결입니다. 앞으로도 상급법원에서 이런 판결이 계속 쏟아져 나올 것으로 생각됩니다.

4. 음주운전 사고와 자손 보험

앞에서도 살폈듯 음주운전사고시 제3자에 대한 피해는 물론 보험처리가 됩니다.

그런데 문제는 자기손해 사고입니다. 예컨대 음주운전을 하다 전신주를 들이받아 운전하던 운전자나 그 가족이 다친 경우, 이를 자손 사고라 합니다. 이런 자손 사고에 대하여는 보상을 하지 않는다는 것이 자동차보험의 약관입니다.

그런데 최근에 음주운전사고시 운전자에게 보험금을 주게 되어 있는 현행 상법 조항이 합헌이라는 결정이 나왔습니다. 이에 따라 음주운전 사고를 내 자신이나 그 가족이 다치거나 차량이 망가진 경우 보험사로부터 보상받을 수 있게 된 것입니다. 그 자세한 내용은 다음과 같습니다.

헌법재판소는 "자동차 사고의 경우 중과실과 경과실의 구별이 모호한 데다 보험계약자가 현저하게 약자의 지위에 있는 점에 비춰볼 때 해당 상법 조항이 입법재량을 벗어났거나 보험사의 영업자유를 침해했다고 볼 수 없다"라고 결정문에서 밝히고, 또 "해당 상법조항의 취지는 유족의 생활보장을 도모하는 데 있는 만큼 그 정당성이 인정된다"고 덧붙였습니다(헌재 1999.12.23, 98헌가12).

D보험사는 지난 97년 8월 음주운전으로 도로 옹벽을 들이받아 중상을 입은 피보험자 허모씨를 상대로 "약관상 보험금 지급채무가 없다"며 채무부존재 청구소송과 위헌제청 신청을 냈었습니다. 담당재판부도 이를 받아들여 상법 조항 위헌여부가 재판의 전제가 된다며 위헌제청을 했던 것입니다.

또한 헌법재판소 전원재판부는 지난 99년 12월 26일 "음주운전자의 신체사고에도 보험금을 지급하라는 상법조항은 보험사의 영업자유 등을 침해하고 있다"며 수원지법이 낸 위헌제청과 보험사가 낸 헌법소원 병합사건에 대해 합헌 결정을 내렸습니다.

보험사들은 이제까지 음주운전으로 자손 사고를 낸 경우 면책약관을 적용, 보험금을 지급하지 않았습니다. 소송을 내 판결에서 패소해야 마지 못해 보험금을 지급해 왔습니다. 그동안 대법원 판결에서도 음주운전자의 피해를 보상하라는 판결이 몇 차례 있었습니다. 그러나 보험사들은 소송을 하지 않는 한 보험금을 내주지 않은 것입니다.

위와 같은 판결이 났어도 보험회사는 약관을 핑계로 자손 사고시 보험금 지급을 거부하는 경우가 많을 것입니다. 이런 경우 판결을 앞세우고 소송을 제기해야 비로소 보험금을 지급받을 수 있습니다.

5. 합의가 안될 때 공탁하는 요령

(1) 합의와 공탁

합의와 관련하여 피의자나 그 가족이 변호사를 만나면 의
레 이야기하는 것이 "합의가 안되니 빨리 공탁합시다"입니다.
보통 교통사고나 폭행사고가 발생하면 가해자나 그 가족이
나름대로 합의를 시도하게 됩니다. 그러나 사고 직후 피해자
와 합의하는 것은 쉽지 않은 일입니다.

피해자로부터 좋지 않은 말을 들으며 거절당하고 와서는
"상대방은 도저히 상종 못할 자"라면서 그 다음부터는 아예
합의를 하지 않으려고 듭니다. 그리고는 공탁하자고 하는 것
입니다.

그러나 합의와 공탁은 엄연히 다릅니다. "합의금 만큼 법원
에 공탁했는데 뭐!"라고 자신만만해 하는 가해자도 많지만,
피해자가 공탁금을 조건 없이 찾아가 버리면 몰라도 피해자
가 공탁금을 찾아가지 않는 한 그것은 가해자의 일방적인 생
각입니다. 합의는 피해자가 가해자와 이야기가 되어 용서해
주겠다는 의사표시인데 비하여 공탁은 가해자가 법원에 돈을
공탁하면서 피해자에게 합의할 생각이 있으면 돈을 찾아가라
고 하는 의사표시에 불과합니다.

검찰이나 법원에서도 공탁은 합의와는 다르게 취급합니다.
따라서 섣불리 조급하게 공탁해 버리면 공탁하지 않느니만
못한 결과가 발생하는 수가 많습니다.

공탁은 합의의 마지막 단계로 사용되는 것입니다. 즉 가해

자가 계속적으로 피해자와 접촉하였으나 피해자가 과도한 요구를 해 어쩔 수 없을 때에는 공탁을 하는 것이고 그래야 어느 정도 효과를 볼 수 있는 것입니다.

(2) 공탁요령

가해자(이때는 채무자가 됨)가 손해금을 공탁하려면 먼저 피해자(채권자)를 방문하여 현금, 수표를 제시하여야 합니다. 이것을 변제의 현실제공이라고 합니다. '변제의 현실제공'은 공탁의 유효 요건입니다. 뒤에 변제 공탁의 효력이 문제될 때 공탁 전에 채권자에게 채무자가 채무(손해금)를 현실적으로 제공했느냐 여부는 대단히 중요합니다.

물론 피해자(피공탁자) 측에서 아무런 이의없이 공탁금을 찾아가 버리면 이런것 저런것 따질 것 없이 그 공탁은 유효하게 됩니다.

공탁은, 채권자의 주민등록등본을 첨부하여 채권자(피해자) 주소지 관할법원에 하는데, 법원 소정의 공탁서, 공탁통지서를 작성하고 지정 은행에 공탁금을 입금시킵니다.

(3) 공탁금 회수제한신고

가해자가 변제공탁을 하고 공탁서를 형사법원에 제출한 뒤 곧바로 그 공탁금을 다시 회수해 버린다면 그 회수 사실을 모르고 형사법원에서 공탁 사실을 참작하여 가해자의 형을 감경하는 판결을 하게 됩니다. 이러한 일을 방지하기 위해 형사사건의 변제공탁에 있어서는 형사사건에서 무죄, 무혐의 처분을 받는 경우가 아니면 공탁금을 회수하지 않겠다는 신고서를 첨부하여 공탁하도록 하고 있습니다. 공탁시 공탁금 회수제한신고서를 내게 하는 이유는 바로 여기에 있습니다.

한편 가해자가 형사사건에서 무죄판결이 확정되거나, 무혐의 처리된 경우에는 그 증명서를 첨부하여 공탁금을 회수하게 됩니다. 유죄 판결이 나면 회수할 수 없음은 물론입니다.

(4) 공탁서 등 수사기관이나 법원 제출

가해자가 공탁금을 법원 공탁계에 제출했다고 그것으로 모든 절차가 끝난 것이 아닙니다. 공탁서와 공탁금 회수제한신고서를 담당 재판부에 제출해야 합니다.

(5) 교통사고에서 공탁이 합의로 간주되는 경우

검찰청의 <교통사고 신병처리 기준>에 의하면 종합보험에 가입한 운전자가 10대 처벌특례를 위반하여 사고를 낸 후 피해자와 합의를 하지 못했을 경우에도 일정액을 공탁하면 피해자와 합의를 본 것으로 간주, 가해자를 불구속 수사하도록 하고 있습니다.

서울지방 검찰청의 공탁금액은 50˜70만원이 기준입니다. 다만 가해자와 피해자의 과실상계 정도, 피해자의 직업과 피해부위 등을 종합하여 공탁금액을 가감할 수 있습니다. 그러나 사망, 전치 10주 이상, 0.2% 이상의 음주사고, 뺑소니사고는 적용대상에서 제외됩니다.

(6) 교통사고 피해자의 공탁금 수령요령

가해자가 피해자에게 손해배상조로 돈을 현금공탁했을 경우 피해자 입장에서는 어떻게 해야 할까? 공탁 금원을 찾아

쓰고는 싶지만 피해자가 생각하는 금원에 비해서 공탁금이 턱없이 낮을 경우 무조건 공탁금을 찾게 되면 가해자에게 더 이상 청구할 길이 없어 낭패를 보게 됩니다.

그렇지만 방법은 있습니다. 돈을 찾는 사람이 "손해배상 채권의 일부조로 찾는다"는 취지를 기재하고 찾으면 됩니다.

'일부조'로 찾는다는 것은 이건 사고와 관련하여 공탁원인 사실을 수락하고 피해자가 가해자에 대한 손해배상채권 중 일부조로 수령한다는 조건부 수령입니다.

법원에 가면 법원에 비치된 양식중 '공탁금(출금) 청구서' 양식이 있습니다. 이 양식 빈칸을 모두 기재하고 특히 '청구 및 이의 유보사유'란에 "손해배상 채권의 일부조로 수령한다"고 기재합니다. 그리고 공탁출금 청구서의 비고란에 '일부조 청구임' 이라고 기재하는 것입니다.

공탁금을 찾을 때에는 법원 소정의 공탁물 출급 청구서 3통과 공탁통지서를 구비합니다.

제3절 무면허운전 사고

1. 무면허운전

무면허운전이란 운전자가 자동차 운전면허 없이 운전하는 것입니다.

무면허란 처음부터 면허를 취득하지 못하는 경우뿐만 아니

라 면허 효력이 일시적으로 정지중이거나 취소된 경우도 포
함됩니다. 예컨대 1종 면허의 경우, 적성검사를 기간 내에 받
지 아니하고 1년이 지나면 운전면허가 취소됩니다. 이런 경
우 당사자는 그런 사실을 알지 못하고 차를 몰고 다니는 경
우가 많은데, 이때 사고를 내면 역시 무면허사고가 되는 것입
니다.

2. 보험처리

무면허운전 사고시 보험처리는 어떻게 될까?

보험처리 여부는 운전자의 운명을 좌우할 정도로 중요합니
다. 만일 보험처리가 되지 않으면 어떻게 될까? 피해자의 상
해 정도에 따라 달라지겠지만 자칫 집을 팔아 배상금을 마련
해야 될 판이 되는 것입니다. 사실 피해자가 허리나 목부위
염좌 정도로 상해가 가볍다면 몇십만원에서 몇백만원으로 합
의가 되겠지만 뇌를 다쳐 식물인간이 되면 물어 주어야할 돈
이 거의 무한대에 가깝습니다. 이쯤 되면 보통의 재력가가 아
니한 그 인생은 앞길이 어둡기만 할 것입니다. 그러나 보험
처리가 되면 보험회사에서 피해자의 배상금이 얼마가 되든지
다 물어주니 집을 팔 일은 물론 없을 것입니다.

자동차 보험약관을 살펴보도록 하겠습니다.

약관에 의하면 운전자가 무면허인 상태로 운전하다가 사고
를 내면 보험회사에서 배상을 하지 않아도 되도록 되어 있습
니다. 이를 면책 약관이라고 합니다. 이와 같이 무면허운전을
보험회사의 면책사유로 규정한 것은 무면허운전이라는 법규

위반상태를 막고자 하는 사회정책적 고려에 따른 것입니다. 그러나 보험제도의 취지상 무면허사고라고 해서 면책될 이유가 없고, 또 대부분의 운전자가 이런 사실을 모르고 있는 것이 현실이기도 합니다. 따라서 이런 경우도 보험 처리를 하는 것이 사회 정의에도 가깝습니다. 피해자 입장에서는 알지도 못하는 가해운전자의 면허보유 여부에 따라 배상 여부가 결정되므로 불합리합니다.

3. 무면허운전시 보험처리가 되는 경우

무면허 사고에 대해 보험회사는 원칙적으로 책임을 지지 않습니다. 그러나 항상 보험처리가 안된다면 불합리한 경우가 생길 여지가 많습니다. 예컨대 다른 사람이 차주의 허락없이 무단 운전하거나 도둑이 차를 절도하여 운전하다 사고를 낸 경우 절취 운전자의 면허소지 여부에 따라 보험회사의 배상이 결정되는 아주 불합리한 결과가 발생하기고 합니다.

이러한 불합리한 점을 해소하고자 보험약관은 차량 절도범이 무면허인 상태로 운전하다가 교통사고를 낸 경우 피해자에게 손해배상을 하도록 하고 있습니다. 이와 같이 보험약관은 절취 운전만을 규정하고 있으나 법원은 절취 운전뿐만 아니라 무단운전의 경우에도 보험회사에서 배상해야 한다고 판시하고 있습니다(대법원 1992.2.15, 선고90다카23899 판결).

4. 손해보험과 상해(생명)보험에서의 보험처리

(1) 손해보험과 무면허 교통사고

"무면허 교통사고는 자동차 종합보험(손해보험)에 가입했어도 사고시 피해자에게 보험회사가 보험금을 지급할 의무가 없다"

이것이 무면허 교통사고에 대한 우리나라 대법원 판례의 취지입니다. 따라서 무면허(처음부터 면허가 없는 경우와 면허를 취득했어도 그 뒤 면허가 정지나 취소된 경우 포함)로 교통사고를 낸 경우 운전자가 자동차 종합보험에 가입했어도 보험회사에서 피해자에게 보험금을 내주지 않습니다. 이때는 운전자가 자기 재산을 처분해서라도 피해자의 손해를 배상해 주어야 합니다.

(2) 상해(생명)보험과 무면허 교통사고

우리나라 보험은 2원적 구조로 손해보험과 생명보험이 있습니다. 생명보험은 상해, 사망보험과 같은 인보험입니다.

앞서 본 바와 같이 무면허사고시 손해보험은 보험회사가 면책입니다. 그러면 생명보험은 어떨까? 다시 말하면 생명보험회사에 상품에 가입하고서 무면허로 자동차를 운전하다 교통사고를 내서 자신이 다치거나 사망했을 때 생명보험회사로부터 보상을 받을 수 있을까?

생명보험 회사의 보험 약관에는 무면허시 면책한다는 면책 규정이 있습니다.

이에 대해 대법원은 "가사 보험약관에 '무면허 면책' 규정이 있다 하여도 손해보험과 꼭 같이 해석할 필요가 없고, 생명보험에서 무면허 사고시에도 손해배상을 해준다고 하여 당사자의 선의성, 윤리성에 반한다고 할 수 없다"라는 취지로 생명보험에서는 무면허, 음주운전시 보험회사 면책에 대한 약관은 무효라고 판결하였습니다(대법원 1998.3.27, 선고97다 27039 판결).

다시 말하면 보험자(운전자)가 무면허, 음주교통사고로 다치거나 사망했어도 생명보험회사에서는 보험금을 내주어야 한다는 것입니다.

그러나 대법원에서 "생명보험의 무면허, 음주운전 약관은 무효다"라는 판결을 선고했는데도 보험사고시 보험회사는 보험금을 지급하지 않고 있는 것이 현실입니다. 이런 경우 보험계약자는 보험회사에 보험금을 적극적으로 청구해야 되는 것이지 보험회사에서 줄 것이라고 느긋하게 있으면 절대로 보험금을 받아낼 수 없음을 명심해야겠습니다.

제4절 가족사고

1. 가족사고

가족을 차에 태우고 가다 사고가 났을 때는 어떻게 처리될까? 가족을 태우고 차를 운행하다가 운전자의 과실로 사고가 나 처나 자식이 죽거나 다쳤을 경우 보험처리는 어떻게 될까?

사실 가족사고는 흔히 일어나면서도 일반인들이 가장 잘못 알고 있는 부분입니다. 아마도 이 경우 보험처리가 안된다고 알고 있는 사람이 많을 것입니다.

2. 보험회사의 입장

보험회사는 가족사고에 대해 당연히 자신들에게는 책임이 없다고 주장하고 있습니다. 그들이 주장하는 근거는 보험약관 입니다.

자동차 종합보험 보통약관 제11조에서는 대인배상의 경우 다음에 해당되는 사람이 죽거나 다친 경우는 보상하지 아니 한다고 규정하고 있습니다.

- 보험증권에 기재된 피보험자 또는 그 부모, 그 배우자 및 자녀

- 자동차를 운전중인 자 또는 그 부모, 배우자 및 자녀

- 배상책임의 의무가 있는 피보험자 또는 그 부모, 배우자 및 자녀

이 보험약관에 의하면 보험회사는 운전자의 아들이나 처가 죽거나 다쳤을 때 책임이 없다는 것입니다. 이에 대해 우리나 라 법원에 보험회사 편을 들어주는 듯한 판례도 있기는 합니 다.

3. 법률의 규정

그러면 법에서는 가족사고에 대해 어떻게 규정하고 있는지 법률 규정을 살펴보도록 하겠습니다.

자동차 손해배상법 제3조는 "자기를 위하여 자동차를 운행하는 자는 그 운행으로 인하여 다른 사람을 사망 또는 보상하게 한 때는 그 손해를 배상할 책임을 진다"고 규정하고 있습니다. 즉 운행하는 자 이외의 사람(다른 사람)을 죽거나 다치게 하면 배상해야 한다는 것입니다. 이 경우 '다른 사람'에 가족도 해당되는지 여부가 중요합니다. 이에 대해 보험회사는 약관으로 가족은 해당되지 않는다고 해석하고 있으나 그 '다른 사람'에 운전자 이외의 처나 아들, 딸이 포함되지 않는다고 해석할 이유가 없습니다. 가족은 당연히 다른 사람입니다. 그러므로 종합보험에 가입되어 있다면 가족이건 남이건 가릴 것 없이 보험회사로부터 배상받는 것입니다.

4. 판례 및 전문가들의 견해

보험회사가 약관을 근거로 보상처리를 거부하다 그런 약관이 유효한 것으로 알고 보험회사에 보상신청을 아예 포기하는 경우가 많아 우리나라에는 이에 대한 판례가 별로 없습니다.

일본 판례에는

"아들과 처를 태우고 드라이브 하다가 미끄러지면서 강물에 빠져 처와 아이가 사망하고 부상당한 경우에 법원은 보험회사가 배상하라"고 판시한 경우가 있으며, '아버지 차량 앞에서 놀던 아들이 그 자동차에 치인 경우'와 '형이 운전하던 아버지 소유차량에 동승했다가 동생이 부상당한 경우'에 대해서도 배상을 판시하고 있습니다.

　우리나라의 경우 택시 기사가 회사의 승낙을 받고 가족을 태우고 놀러 가다가 사고를 당한 경우 택시 회사는 배상하라는 판결이 있습니다.

　보험회사의 약관 중에는 이렇듯 법률을 뛰어넘어 규정한 것이 너무나 많습니다. 그러므로 사건에 관련된 이해관계인으로서는 보험회사의 약관이 아닌 법률에 근거하여 모든 일을 처리해야 할 것입니다.

제4장 보상금의 계산

제1절 상해사건의 경우

1. 보상금 기본 요소

(1) 보상금산정 어떻게 하나

1) 산정 방법

교통사고 보상금 산정 방법을 알면 보험회사와 합의할 때 더욱 당당하게 합의할텐데, 방법을 모르니 보험회사가 하자는 대로 할 수밖에 없다고 한탄하는 사람이 많을 것입니다. 보상금 산정 방법은 다소 까다로운게 사실입니다. 그러나 누구나 조금만 신경을 쓰고 연구하면 계산할 수 있습니다.

2) 간단히 설명하면

상해사건 보상금은 보통 ① 치료비 + ② 위자료 + ③ 일실손해가 부상당한 교통사고 피해자에 대한 보상금으로 구성됩니다. 다만 치료비는 보험회사가 병원에 직불하는 것이 보통이고 향후 수술비나 치료비는 피해자가 합의시 보험회사로부터 미리 받습니다.

세부적인 사항은 다소 복잡하지만 큰 줄기가 위와 같다고 알면 앞으로 세부적인 계산은 쉽게 이해할 수 있을 것입니다.

(2) 기초지식

구체적인 설명에 들어가기에 앞서 교통사고 상해사고에 대한 기초적인 사실 몇 가지를 설명하기로 하겠습니다.

1) 장해율이란?

후유증을 비율로 산정한 것으로, 후유증, 후유 장해율, 장해율이라고 합니다. 더 정확히는 노동력 상실률을 말합니다. 법원에서는 맥브라이드 방식에 의하여 장해율을 산정합니다. 이것은 환자를 치료하는 담당의사에게 맥브라이드표에 의한 장해율을 산정해 달라고 하면 해줍니다. 장해진단서도 소정의 수수료를 주면 발급해줍니다. 장해라하면 보통 일반인은 눈이 한쪽 실명되거나 다리 하나가 잘리는 등의 통상적인 장애인을 떠올리게 됩니다. 그러나 손해배상상의 장해란 신체 일부가 말을 듣지 않아서 활동의 장해를 받는 경우나 평생 보이지 않게 따라다니는 두통 등의 통증으로 생업에 지장을 받는 것을 장해라 하고, 장해율이란 그 지장 받는 비율을 뜻합니다.

2) 보상금인가 배상금인가?

실무에서는 보상금, 배상금, 손해배상금, 합의금, 보험금 등 여러 가지로 명칭이 혼용되어 쓰이고 있습니다. 원칙으로 불법행위에 대한 배상이므로 손해배상금이 법률상 정확한 명칭입니다. 그러나 실무에서는 모두 같은 의미로 사용되고 있습니다.

3) 중간이자 공제

중간이자 공제방식에는 호프만식과 라이프니츠식이 있습니다.

라이프니츠식은 복리이자 계산 방법으로 호프만보다 공제율이 가혹합니다. 예컨대 360개월치 라이프니츠식 계수는 186.28, 호프만 계수는 219.61이므로 33.33이나 작습니다. 그러니까 라이프니츠식에 의하면 33.33개월치가 피해자 입장에서는 손해입니다.

현재 법원에서는 호프만식이, 보험회사에서는 라이프니츠식이 사용되고 있습니다. 그러니까 피해자 입장에서는 라이프니츠식으로 계산하면 호프만식으로 계산한 것보다 33.33이 날아가 버리는 것이고 보험회사는 그만큼 이득을 보게 되는 것입니다.

몇가지를 더 들어보면 다음과 같다(왼쪽이 라이프니쯔, 오른편이 호프만식).

□30년 (360개월) - 186.5045 : 219.61

□25년 (300개월) - 171.06 : 194.3457

□20년 (240개월) - 151.5253 : 166.1055

　　4) 보험회사 약관

보험회사는 약관 규정에 의하여 손해배상금을 계산하고 있는데, 약관은 실손해액보다 모든 면에서 보상금액이 턱없이 낮게 규정되어 있으며, 아예 약관에 보상기준이 없는 것도 있습니다.

보험회사 직원은 약관을 법률과 같이 절대적인 효력이 있는 것처럼 말하며 손해배상금을 계산하려 합니다. 그런데, 이렇게 보험회사의 약관대로 보상한다는데 피해자가 약관에 따라야 할 의무가 있을까?

사실은 그런 의무는 전혀 없습니다. 약관상 보상기준은 보험회사가 제시하는 하나의 기준일 뿐입니다. 보험회사가 약관을 만들었으므로 보험회사야 약관을 애지중지하겠지만 피해자는 약관을 작성하는데 참여하거나 동의한 적이 없습니다. 그것들의 상당분은 피해자에게 불리한 규정이라 하여 법원에서 무효라고 판시하고 있습니다.

심지어 보험회사의 처음 제시 금액에 대하여 피해자가 합의를 거부하면 보험회사는 특인이라 하여 금액을 수정하여 다시 제시하는데 이때는 제시액이 보통 약관 규정보다 훨씬 높습니다. 이것은 보험회사 스스로 약관을 깨뜨리는 경우입니다. 이렇게 저희들도 지키지 않는 약관 규정을 피해자가 지킬 이유는 없는 것입니다.

더구나 피해자가 소송을 하게 되면 법원에서는 약관에 전혀 구애받음이 없이 판결을 합니다. 다시 말하면 약관이란 보험회사 내부 지침에 불과하므로 거기에 피해자가 보험회사의 자체 약관에 구애받을 필요가 없다는 것입니다.

2. 총수입 세부적으로 계산하기

(1) 위자료

1) 법원에서 인정하는 위자료

법원에서 인정하는 위자료의 최대치는 5,000만원입니다.

위 돈 5,000만원에 피해자 장해율을 곱하면 피해자의 교통사고로 인한 위자료가 계산됩니다.

피해자 장해율이 30%라면, 5,000만원×0.3 = 1,500만원이 됩니다.

2) 보험회사 약관규정

보험회사 약관상 위자료는 상당히 세분되어 있습니다.

장해율 100%일 경우에 본인 위자료는 1,000만원입니다. 배우자는 본인의 50%, 부모는 30%, 자녀는 20%, 형제 자매는 10%가 약관상 피해자 가족들의 위자료입니다.

이는 모두 합해 봐야 2,300만원으로, 법원 인정 금액보다 2,700만원이나 적은 금액입니다.

한편 장해율 50%인 경우 본인 위자료는 250만원입니다. 이에 따라 배우자는 125만원, 부모는 75만원, 자녀는 50만원, 형제 자매는 25만원입니다. 이는 모두 합해야 525만원인데 반해, 법원 인정 위자료는 5,000만원×50% = 2,500만원입니다. 1,975만원이나 차이가 나는 셈입니다.

장해율별 보험회사 약관상 위자료를 자세히 알고자 하면 손해사정인의 홈페이지를 찾아가 보면 됩니다.

(2) 일실손해 계산법

일실손해는 ① 입원기간 손해 + ② 입원기간 이후 손해 + ③ 입원기간중 가족 개호비로 구성됩니다.

1) 입원기간중 손해

입원기간중에는 장해와 관계없이 소득의 전액을 일실손해(일실수입, 일실수익, 일실소득 등은 모두 같은 의미)로 받게 됩니다.

월 평균 소득이 금 100만원, 입원기간이 45일이면 : 100만원×45/30 = 150만원입니다.

무직자나 가정주부도 공사장 일용노임 정도를 소득으로 보고 있습니다.

1일 34,360원×22일 = 755,920원이 무직자나 주부의 한달 소득이 되는 것입니다.

공직자나 회사원 같은 봉급 생활자는 월 평균 소득으로 계산합니다.

입원기간이 길어지면 보험회사는 보상금이 많이 나가게 되므로 환자를 조속히 퇴원시키려 합니다. 이른바 나이롱 환자는 이런 보상관계를 잘 알기 때문에 기를 쓰고 입원기간을 늘리려 하는 것입니다.

■ **보험회사의 약관에는?**

입원기간중 손해는 따로 인정하지 않고 이때도 장해율에 의하여 계산합니다.

2) 입원기간 이후(퇴원)의 손해

피해자가 평생 벌어들일 예상 수입에 환자의 장해율을 곱하는 방법으로 구합니다.

평생 벌어들이는 수입은 직업에 따라 달라서, 주부나 무직자는 60세까지 일용노임의 수입을 올리는 것으로 계산하며, 회사원은 회사 정년까지는(보통은 55세) 월 평균 소득, 그 이후 60세까지는 일용노임으로 계산합니다. 기능공은 60세까지 기능공 수입에 의하여 계산합니다.

□30세 주부의 경우 사망시는(주부의 월 소득은 34,3360×22일 = 755,920원) 755,920원(월소득)×219.61(360개월 호프만수치)×2/3(생계비공제 1-1/3)=110,671,727원이나, 부상시는 다음과 같이 계산합니다.

□755,920원(월소득)×219.61(360개월 호프만수치) = 166,007,591원입니다.

따라서 이 166,007,591원이 상해사건 피해자의 평생 벌어들이는 돈인 것입니다. 쉽게 말하면 상해사건이 사망사건보다 생계비 공제가 되지 않으므로 수입이 더 많아지는 것입니다.

산정된 평생 수입에 장해율을 곱하면 피해자의 입원기간 이후 일실 손해가 계산되는 것입니다.

위 30세 주부의 경우 장해율이 30%라면 166,007,591원×0.3 = 49,802,277원이 입원기간 이후의 손해액입니다.

▣ 보험회사의 약관에는?

보험회사는 소득의 80%만을 인정하고 있는데, 이것은 아무런 근거가 없는 것으로, 이해할 수 없는 규정입니다. 또 중간이자 공제를 라이프니츠식으로 함은 앞에서 기술한 바와 같습니다.

3) 입원기간중 가족 개호비/간병비

교통사고로 병원에 입원하게 되면 경미한 사고가 아니면 가족이나 전문 간병인이 식사, 운동, 탈의, 용변 등을 위하여 간병을 하게 됩니다. 이때 가족이 개호(간병과 같은 의미)한 경우도 개호비(또는 간병비)를 인정받을 수 있을까?

법원은 개호가 필요한 경우라면 가족이건 전문 간병인이건 이를 가리지 않고 인정하고 있습니다. 척추수술 같은 수술을 하였거나 다리가 분쇄골절되어 누가 간병하지 않으면 혼자 거동할 수 없는 경우 일용 노임 정도를 개호비로 인정하고 있습니다. 물론 전문 간병인의 도움을 받는 경우도 인정을 받습니다. 이 경우는 영수증 등으로 입증해야 합니다.

다만 법원이 개호에 대하여 그렇게 후한 입장은 아닙니다. 이를테면 수술직후 상당부분은 24시간 간병을 받는 것이 보통인데 하루 8시간 정도만 인정하고 있습니다(24시간 간병을 인정하게 되면 3사람분의 일당을 받게 되고 8시간만 인정되면 1사람분의 일당만 받게 됨).

예를 하나 들어보도록 하겠습니다.

예) 대퇴부 분쇄골절로 6개월을 입원한 경우, 이런 경우 법원에서는 혼자 거동할 수 있을 때까지, 즉 4개월치 정도는 어머니나 아들 같은 가족이 개호했어도 가족 개호비를 인정합니다.

4개월이면 120일이고 하루 일당은 현재 34,360원이므로 120일×34,360원 = 4,123,200원 입니다.

▣ **보험회사의 약관에는?**

가족 개호비와 전문 간병인 간병비 모두 인정하지 않고 있습니다.

3. 보상금액 산정하기

(1) 산정방법

다음 순서는 구체적인 손해배상금을 산정하는 것입니다. 총수입은 직업, 나이, 소득이 같으면 모두 같으나, 구체적인 보상금액은 환자 상태, 사고 상황에 따라 전혀 달라집니다.

보상 금액은 치료비+위자료+일실손해임은 앞에서도 기술했습니다.

그러면 앞서 사례를 든 장해율 30%인 30세 주부(입원기간 2개월)의 경우는 얼마나 될까?

위자료(1,500만원)+일실손해액(입원기간중 1,511,840원+입원 이후 49,802,277원+가족개호비 60일치 2,061,600원 = 53,375,717원) = 68,375,717원(치료비는 보험회사에서 직불하므로 공제했음)이 손해배상금이 되는 것입니다.

(2) 공제

다만 위 보상금에서 아래 항목이 공제됩니다.

1) 피해자의 과실비율

예) 피해자과실이 20%라면 위 예에서

68,375,717원×0.8 = 54,700,573원

2) 형사합의금

가해자로부터 형사합의금을 수령했다면 그 수령액 만큼 공제
됩니다.

3) 기치료비중 과실부분

보험회사가 병원에 납부한 병원비중 피해자 과실부분은 공제
될 항목입니다.

(3) 보상금(손해배상금)

위와 같이 계산되어 나온 54,700,573원이 장해율 30%, 과
실비율 20%인 30세 주부(입원기간 2개월)가 보험회사로부터
받게 되는 실손해액인 것입니다.

이제 보상금이 어떻게 해서 계산되는지 그 길을 다소 나마
알게 되었을 것입니다. 막연하게 보험회사 직원이 제시하는
금액만을 가지고 합의해야 하나 말아야 하나를 고민하는 것
보다는 길이 훤히 보일 것입니다.

4. 보험회사 제시금액과 비교해 볼 것

손해배상금을 계산해 보았으면 이제는 보험회사가 제시한
보상금액과 비교해 보도록 하겠습니다. 보험회사로부터 보상
금을 제시받을 때 항목별로 손해액을 계산해 달라고 해야 합
니다. 두리뭉실하게 총액만을 제시하는 경우는 무엇인가 감추
는 것이 있을 수 있습니다. 감출 것이 없다면 당당하게 그리
고 정직하게 명세서를 작성하여 제시할 것입니다.

보험회사가 제시한 금액은 귀하가 계산한 금액에 비추어

보통 30〜60% 수준에 불과할 것입니다. 때로는 5%에 불과한 황당한 경우도 있습니다. 환자가 무식해 보이거나 뭘 알아보려고 하지 않는 경우는 이렇게 당할 수도 있는 것입니다.

보험회사는 실소득의 80%만 인정하고, 입원기간중 손해나 가족 개호비를 인정하지 않고, 중간이자 공제나 위자료 등에서 환자에게 지나치게 불리하게 계산한 결과입니다. 사실 법원배상액도 선진국에 비하여 상당액 적은 형편인데, 보험회사는 거기에 더하여 이리 깍고 저리 공제하고 여러 가지를 빼고 축소해서 나중에 제시하는 금액은 너무나도 낮은 금액이 되버리는 경우가 많습니다.

이에 대하여 합의를 볼 것인지 소송을 제기할 것인지는 순전히 환자의 몫인 것입니다.

5. 사례 보기

이해의 편의를 위하여 사례를 하나 더 들어보도록 하겠습니다. 다음은 30세 대기업 과장의 사례입니다.

(1) 기초사실

1) 남자, 사고당시 30세, 모 통신회사 과장

2) 월평균 급여 금 2,200,000원

3) 정년 55세 될때까지는 월평균 급여로 계산

4) 55세부터 60세까지는 도시일용노임

(1일 금 34,360원, 월소득 금 755,920원 = 34,360×22일)

　　5) 호프만계수

55세까지(300개월) 호프만계수 : 194.3497

55세부터 60세까지는 [사고시부터 60세(360개월)까지 호프만　계수　－　사고시부터55세(300개월)까지　호프만계수]

219.61 - 194.3497 = 25.2603

　　6) 입원기간 6개월

　　7) 가족 개호비(4개월만 인정, 1일 도시 일용노임)

　　8) 과실 0%

　　9) 장해율 25%

　(2) 일실수익 계산방법

　　1) 입원기간중 손해액

2,200,000원×6 = 13,200,000원

　　2) 입원기간 이후(퇴원) 손해액

- 55세 (정년퇴직시)까지

2,200,000×194.3497 = 427,569,340원

- 60세까지

755,920×25.2603 = 19,094,765원

입원기간이후소계 446,667,105원×0.25(장해율) = 111,666,776원

　　3) 가족 개호비

120일×34,360원 = 4,123,200원

    4) 위자료

5,000만원×0.25(장해율) = 1,250만원

  (3) 총계

    1) 입원기간중 손해액   금 13,200,000원

    2) 입원기간이후 손해액   금 111,666,776원

    3) 가족 개호비   금   4,123,200원

    4) 위 자 료   금 12,500,000원

       총   계   금 141,489,976원

6. 마무리

무슨 손해액이 이렇게 많은가 하고 놀라는 사람도 있을 것입니다. 그러나 당한 사람 입장에서 보면 결코 많은 금액이 아닙니다. 장해율 25%이면 사실 몸이 상당히 상한 경우입니다.

만일 50%쯤에 이르면 눈이 한쪽 실명한 정도에 이르게 되는데, 말이 50%이지. 눈이 한쪽 없다면 직장에서 물러나야 되고 취직도 불가능합니다. 사실 상실률이 100%인 것입니다.

인명을 중시하는 선진국에서는 사람 하나 부상시키면 배상금이 보통 수십억원이 넘습니다. 그에 비하면 우리는 아직도 먼 것 같습니다. 위 금액도 보험회사가 이리 깎고 저리 깎아서 귀하의 손에 들어오는 돈은 참으로 보잘 것 없는 금액이

되기 십상입니다. 그러나 적어도 손해액 계산방법을 알고 있는 귀하는 그렇게 쉽게 당하지는 않을 것입니다.

제2절 무장해 상해사건의 경우

1. 보상금의 기본요소

(1) 산정방법

장해 있는 교통 상해사고 보상금 산정방법은 다른 장에서 이미 기술한 바와 같습니다. 그런데 문제는 장해 없는 상해사건입니다. 아마 참고를 하려고 해도 이 부분에 대하여 기술해 놓은 인터넷이나 책자는 없을 것입니다. 이에 대한 정확한 정보를 알면 보험회사와 합의할 때 보다 당당하게 합의할텐데, 아무 것도 알지 못해 보험회사가 주는 대로 받을 수밖에 없습니다.

사실 교통사고를 당하고도 장해가 없다면 얼마나 다행스러운 일인가. 장해가 없다는 이야기는 사고로 불구가 되지 않았다는 이야기입니다. 이 경우는 손해배상금도 당연히 적어지게 됩니다.

(2) 어떤 상해가 무장해인가

주로 타박상(멍이 드는 것), 염좌(삐는 것, 염좌의 경우 정도가 심하면 2~3년 한시 장해가 될 수도 있음), 단순골절 등이 주로 장해가 없습니다. 시간이 지나면 상처가 아문다는 이야기입니다. 가벼운 접촉사고나 사고가 비교적 경미한 경우는 상해도 이런 장해 없는 사고가 나는 경우가 많습니다. 물론 사고가 커도 가벼운 타박상이나 염좌 정도의 경미한 상해로 그치기도 합니다.

(3) 보상금

무장해 상해사건 보상금은 치료비 + 일실수입이 부상당한 교통사고 피해자에 대한 보상금의 기본 구성요소입니다. 다만 치료비는 보험회사가 병원에 직불하는 것이 보통이고 향후 수술비나 치료비는 피해자가 합의시 보험회사로부터 미리 받습니다.

2. 세부적으로 계산하기

(1) 일실수입 계산법

일실수입은 입원기간 수입 + 입원기간 이후 수입 + 입원기간중 가족 개호비로 구성됩니다.

(2) 계산

1) 입원기간중 수입

입원기간중에는 장해와 관계없이 소득의 전액을 일실수입(일실손해, 일실수익, 일실소득 등은 모두 같은 의미)으로 받게 됩니다. 따라서 장해가 예상되는 사건과 조금도 다를게 없습니다. 예컨대 월 평균 소득이 금 100만원, 입원기간이 45일이면 : 100만원×45/30 = 150만원입니다.

무직자나 가정주부도 공사장 일용노임 정도를 소득으로 봅니다. 즉 1일 34,360원×22일 = 755,920원이 무직자나 주부의 한달 소득이 됩니다.

다만 일실수입을 인정받기 위해서는 환자 나이가 소득을 올릴 수 있는 나이권에 들어와 있어야 합니다. 남자는 23세 이상 여자는 20세 이상이어야 하고 모두 60세 미만이어야 합니다. 다만 농업종사자는 65세까지입니다(위 나이에 벗어나 있어도 실제로 소득을 얻고 있으면 그에 따름).

■ 보험회사의 약관에는?

입원기간중 손해는 따로 인정하지 않고 있습니다. 다만 약관에 다음과 같은 규정이 있으므로 참고하시기 바랍니다.

부상으로 인하여 휴업함으로써 수입의 감소가 있는 경우에 한하여 휴업기간중 수입감소액의 80% 해당액을 지급합니다.

휴업손해액 = 수입감소액×80/100

2) 입원기간 이후(퇴원) 손해

피해자가 평생 벌어들일 예상 수입에 환자의 장해율을 곱합니다. 그러나 장해 없는 사건은 이 부분에서 계산할 것이 없습니다.

3) 입원기간중 가족 개호비/간병비

교통사고로 병원에 입원하게 되면 경미한 사고가 아니면 가족이나 전문 간병인이 식사, 운동, 탈의, 용변 등을 위하여 간병을 하게 됩니다. 이때 가족이 개호(간병과 같은 의미)한 경우도 개호비(또는 간병비)를 인정 받을 수 있을까?

법원은 개호가 필요한 경우라면 가족이건 전문 간병인이건 이를 가리지 않고 인정하고 있습니다. 다리가 부러지는 등 누가 간병하지 않으면 혼자 거동이 불가능한 경우 일용노임 정도를 개호비로 인정하고 있습니다. 물론 전문 간병인의 도움을 받는 경우도 인정을 받습니다. 이 경우는 영수증 등으로 입증을 해야 합니다.

다만 법원이 개호에 대하여 그렇게 후한 입장은 아닙니다. 이를테면 수술직후 상당부분은 24시간 간병을 받는 것이 보통인데 하루 8시간 정도만 인정하고 있습니다(24시간 간병을 인정하게 되면 3사람분의 일당을 받게 되고 8시간만 인정되면 1사람분의 일당만 받게됨).

예) 한쪽 다리가 부러져 5개월을 입원한 경우, 다리가 부러지면 처음 한동안은 누군가가 옆에서 간병을 해주어야 합니다. 석고붕대를 대고 상당 기간 경과하면 휠체어에 의존하여 이동 하기도 합니다. 이런 경우 법원에서는 혼자 거동할 수 있을 때까지 환자의 상태에 따라 일정 기간 어머니나 아들 같은 가족이 개호했어도 가족 개호비를 인정합니다. 4개월 개호를 받았다고 하자. 4개월이면 120일이고 하루 일당은 현재 34,360원이므로, 개호비는 120일×34,360원 = 4,123,200원이다.

▣ 보험회사의 약관에는?

가족 개호비, 전문 간병인 간병비 모두 인정하지 않고 있습니다.

3. 보상금액 산정하기

(1) 산정방법

1) 산정의 기초

구체적인 보상금액은 환자의 상태, 사고 상황에 따라 전혀 달라집니다.

보상금액은 치료비＋일실수입임은 앞에서도 기술했습니다.

2) 도시 무직 여성(주부 또는 도시 남자무직자)의 월수입

34,360원×22일 ＝ 755,920원(주부나 무직자는 수입이 없는 것으로 보지 않고 공사장 일용인부의 일당을 하루 수입으로 보고 한달간 22일 근무하는 것으로 계산합니다. 농촌 여성은 농촌 여성인부 일당 32,208원(2000.1월 현재)의 수입으로 한 달 25일 근무하는 것으로 계산합니다.

32,208×25 ＝ 805,200, 따라서 월 수입은 805,200원입니다. 농업 종사자 남성은 1일 일당이 46,554원입니다(2000.1월). 46,554×25 ＝ 1,163,850, 따라서 월수입은 1,163,850원이 됩니다.

3) 기타 소득자

환자가 정기 급여자(회사원, 공무원)인 경우 월 평균소득 3개월치 또는 1년치를 평균내 정합니다.

대학생의 경우 저학년은 무직자로 고학년은 직업별 통계소득으로 계산합니다. 사업자의 경우 세무서 신고소득으로 계산하고 사업자나 정기 급여자라도 세무 신고가 되지 않은 경우 직종별 통계소득으로 계산합니다(직종별 통계소득은 무직자보다는 소득이 높습니다). 기능공은 기능공별 일당으로 계산합니다.

(2) 계산 : 도시가정주부(입원기간 2개월)

입원기간이 2개월되고 가족개호를 30일간 받은 척추염좌 사고를 당한 가정주부의 경우는 손해배상금이 얼마나 될까?

□ 일실손해액(입원기간중)

755,920원×60/30 = 1,511,840원

□ 가족 개호비(30일치, 입원기간이 아니라 실제 개호기간만)

30일×34,360원(여자 일당) = 1,030,800원

⇒1,511,840원+1,030,800원 = 2,542,640원(치료비는 보험회사에서 직불하므로 공제했음. 다만 향후치료비가 예상된다면 받아야 함)이 손해배상금이 되는 것입니다. 여기에 약간의 위자료를 더해야 합니다.

(3) 공제

다만 위 보상금에서 아래 항목이 공제됩니다.

1) 피해자의 과실비율

예컨대 피해자 과실이 20%라면 위 예에서 2,542,640원×0.8 = 2,034,112원이 과실에 따른 금액을 제외한 손해배상금이 도비니다.

2) 형사합의금

가해자로부터 형사합의금을 수령했다면 그 수령액 만큼 공제됩니다.

3) 기치료비중 과실부분

보험회사가 병원에 납부한 병원비중 피해자 과실부분은 공제될 항목입니다. 병원비가 100만원이 들어갔다면

1,000,000원×0.2 = 200,000원을 위 2,542,640원에서 공제해야 합니다.

즉 2,542,640원 - 200,000원 = 2,342,000원이다.

(4) 보상금(손해배상금)

위와 같이 계산되어 나온 2,342,000원이 도시주부(입원기간 2개월, 가족 개호 30일)가 보험회사로부터 받아야 하는 실손해액인 것입니다.

이렇게 해서 보상금이 어떻게 계산되는지 다소 나마 알게 되었을 것입니다. 막연하게 보험회사 직원이 제시하는 금액만을 가지고 합의해야 하나 말아야 하나를 고민하는 것보다는 길이 훤히 보일 것입니다.

4. 사례 보기

(1) 대기업 과장의 경우

월 평균급여가 220만원, 입원기간 115일, 가족개호 83일, 피해자 과실 0%

1) 입원기간중 손해액

2,200,000원×115/30 = 8,433,333원

　　2) 가족 개호비

83일×34,360원 = 2,851,880원

　　3) 총계　금 11,285,213원

　(2) 중소기업 사장의 경우

　월 평균소득 500만원, 입원기간 190일, 가족개호 112일, 피해자 과실 20%, 병원비 2,500만원

　　1) 입원기간중 손해액

5,000,000원×190/30 = 31,666,666원

　　2) 가족 개호비

112일×34,360원 = 3,848,320원

　　3) - 소계 금 35,514,986원

- 과실공제 35,514,986원×0.8 = 28,411,988원

　　4) 병원비 피해자부담 부분(피해자 과실부분)

25,000,000원×0.2 = 5,000,000원

　　5) 피해자부담 병원비 공제 후 손해액

28,411,988원 - 5,000,000원 = 23,411,988원

※ 과실이 있으면 병원비중 과실 부분은 피해자가 부담해야되고 총 일 실수입에서 공제해야 합니다.

※ 소득이 높아야 교통사고를 당해도 보상을 많이 받게 됩니

다. 그러니 열심히 일해서 소득을 많이 올리고 세무서에 소득신고도 많이 해야 이와 같이 유사시에 보상금도 많이 받게 되는 것입니다(소득이 많아도 소득신고를 제대로 하지 않으면 역시 인정받지 못합니다).

(3) 농업 종사자(남)의 경우

입원기간 126일, 가족개호 95일, 과실 0%

농업 종사자 월 평균소득 46,554×25 = 1,163,850원

1) 입원 기간중 손해액

1,163,850원×126/30 = 4,888,170원

2) 가족 개호비

95일×32,208원(농촌 여자 일당) = 2,851,880원

3) 소계　금 7,740,050원

(4) 68세 무직자

입원기간 190일, 가족개호 112일, 과실 0%

1) 입원 기간중 손해액

0원

2) 가족 개호비

112일×34,360원 = 3,848,320원

3) 소계　3,848,320원

나이가 들거나 나이가 어린 아이의 경우 소득이 없으므로 가족 개호비가 손해액의 전부입니다.

5. 보험회사 제시 금액과 비교해 볼 것

피해자 손해배상금을 계산해 보았으면 이제는 보험회사가 제시한 보상금액과 비교해 보도록 하겠습니다. 보험회사로부터 보상금을 제시받을 때 항목별로 손해액을 계산해 달라고 해야 합니다. 두리뭉실하게 총액만을 제시하는 경우는 무언가 감추는게 있을 수 있습니다. 감출 것이 없다면 당당하게 그리고 정직하게 명세서를 작성하여 제시할 것입니다.

보험회사가 제시한 금액은 귀하가 계산한 금액에 비추어 보통 10~20% 수준에 불과할 것입니다. 때로는 5%에 불과한 황당한 경우도 있습니다.

보험회사는 입원기간중 일실손해와 가족 개호비를 인정하지 않기 때문에 실손해액을 환자에게 지나치게 불리하게 계산한 결과입니다.

6. 보험회사 보상금에 대한 대처방법

(1) 무대접 받는 환자

무장해 상해사고의 경우 보상금에 관한 한 환자는 푸대접을 넘어 무대접을 받습니다. 추간판탈출증 환자의 경우는 그래도 푸대접 정도는 받는다고 할 수 있지만 무장해 상해 환자는 무대접 그대로입니다.

가해자는 말할 것도 없고 보상을 담당한다는 보험회사 직원은 병원에 한 두 번 나타나거나 아니면 전혀 방문하지도 않는 경우가 많을 것입니다. 피해자가 답답하여 전화해서 보상을 애걸하는 경우도 흔한 일입니다.

그러면 왜 이렇게 푸대접을 받게 되는 것일까? 그렇게 푸대접해도 환자가 다른 방법을 선택할 여지가 별로 없기 때문입니다. 다른 장해사건의 경우 보상이 시원찮으면 환자가 소송을 해버립니다. 그리되면 보험회사는 보상비가 합의시보다 2~10배쯤 더 들어가고 변호사 선임비에 패소시 소송비용까지 다 물어주어야 하므로 막대한 손해를 피하기 위해 소송만은 말아달라고 부탁하며 보상금을 보상합니다.

무대접을 받는 환자가 소송을 하겠다고 하면 보험회사 보상과 직원은 거들떠 보지도 않습니다.

(2) 방법이 없을까

변호사가 계산한 것에 의하면 입원기간중 일실수입과 개호비 등으로 580만원은 되는데, 보험회사에서는 어떻게 계산했는지 53만원이라 도대체 어떻게 된 것일까? 변호사가 거짓말을 하는 것일까? 보험회사가 거짓말을 하는 것일까?

보험회사 홈페이지나 손해 사정인 홈페이지에 들어가 보면 입원기간중 손해나 가족 개호비를 지급해야 한다는 글이 없습니다. 그러나 전국 하루에도 수십, 수백개씩 쏟아지는 교통사고 손해배상 판결에서는 입원기간중 손해와 가족 개호비를 지급하라고 빠짐없이 선고하고 있습니다.

보험이란 투기나 사회사업이 아닙니다. 사고율과 보상금액을 과학적으로 계산하여 적정이윤을 보장하도록 보험료를 책정하고 있는 것입니다. 따라서 실손해액에 맞추어 보상을 해도 상당한 이익이 보장되는 것입니다. 지금 보험회사는 소송을 하면 실손해액 보상, 중간에 합의하면 50%에도 못 미치는 수준에서 보상하고 있습니다. 무장해 사고나 한시 장해의 경우 환자 입장은 전혀 고려되지 않은 터무니 없는 금액으로 합의되고 있습니다.

(3) 방법은 있다.

방법은 단 하나, 소송하는 것입니다. 소송은 물론 쉽지 않지만 어렵지만도 않습니다.

소액 심판이라는 것이 있습니다. 소송액이 2,000만원 이하인 사건은 소액심판으로 제기할 수 있어 비교적 간단하게 소송을 할 수 있습니다.

자신을 가지고 시간과 비용, 노력을 투자해 보면 손해를 보지는 않을 것입니다.

<나이별 호프만계수>

1	26세	238.0659	13	38세	177.8033	25	50세	97.1451
2	27세	233.5872	14	39세	172.0257	26	51세	89.0202
3	28세	229.0153	15	40세	166.1055	27	52세	80.6106
4	29세	224.3587	16	41세	160.0357	28	53세	71.8956
5	30세	219.61	17	42세	153.8083	29	54세	62.8521
6	31세	214.7654	18	43세	147.4150	30	55세	53.4545
7	32세	209.8211	19	44세	140.8468	31	56세	43.6739
8	33세	204.7724	20	45세	134.0937	32	57세	33.4777
9	34세	199.6158	21	46세	127.1451	33	58세	22.8290
10	35세	194.3457	22	47세	119.9893	34	59세	11.0858
11	36세	188.9573	23	48세	112.6135			
12	37세	183.4451	24	49세	105.0039			

※ - 26세 이하는 240으로 계산

- 이 계수는 나이에 따라 60세까지 기간, 즉 월별 계수임.

제3절 평생소득계산

1. 도시 가정주부/무직자의 평생소득 계산

(1) 도시와 농촌의 차이

도시 가정주부와 무직자의 소득은 건설 공사장 일용노임으로 계산하여 그 수입이 같은 것으로 취급합니다. 농촌 주부는 도시 주부보다 일당은 낮으나 월간 가동일수를 25일로 계산하기 때문에 도시 주부보다 소득이 훨씬 높게 나타납니다.

(2) 25세 가정주부 계산 방법

1) 인적 사항

□나이 : 만 25세

□가동연한 : 60세가 될 때까지

□도시일용노동임금 : 34,360원(일당)

□월간 가동일수 : 22일

□월 소득 : 34,360원×22일 = 755,920원

2) 계산법

□60세까지 35년간(420개월) 일실수익

755,920원(월소득)×240(420개월 호프만수치)

= 181,420,800원

□ 위자료 : 금 5,000만원

⇒금 231,420,800원

※ 농촌 여성의 경우는 다음과 같이 계산합니다.

1일 일당이 46,554원이므로(2000.1월 현재)

32,208×25 = 805,200

월 수입은 805,200원입니다.

※ 농촌 남성의 경우는

1일 일당이 46,554원이므로(2000.1월)

46,554×25 = 1,163,850

월 수입은 1,163,850원입니다.

2. 나이별 소득

(1) 26세 도시 여성, 무직 남성(이하 모두 같음)

1) 일실수익

755,920(월소득)×238.0659(호프만수치) = 179,958,775원

2) 위자료 : 금 5,000만원

3) 합 계 : 금 229,958,775원

(2) 27세

1) 일실수익

755,920(월소득)×233.5872(호프만수치)=176,573,236원

  2) 위자료 : 금 5,000만원

  3) 합　계 : 금 226,573,236원

(3) 28세

  1) 일실수익

755,920(월소득)×229.0153(호프만수치)=173,117,245원

  2) 위자료 : 금 5,000만원

  3) 합　계 : 금 223,117,245원

(4) 29세

  1) 일실수익

755,920(월소득)×224.3587(호프만수치)=169,597,228원

  2) 위자료 : 금 5,000만원

  3) 합　계 : 금 219,597,228원

(5) 30세

  1) 60세까지 - 30년간(360개월) 일실수익

755,920원(월소득)×219.61(360개월 호프만수치)

                =166,007,591원

  2) 위자료 : 금 5,000만원

  3) 합　계 : 금 216,007,591원

(6) 31세

　1) 일실수익

755,920원(월소득)×214.7654(호프만수치)=162,345,461원

　2) 위자료 : 금 5,000만원

　3) 합　계 : 금 212,345,461원

(7) 32세

　1) 일실수익

755,920(월소득)×209.8211(호프만수치)=158,607,965원

　2) 위자료 : 금 5,000만원

　3) 합　계 : 금 208,607,965원

(8) 33세

　1) 일실수익

755,920(월소득)×204.7724(호프만수치)=154,568,435원

　2) 위자료 : 금 5,000만원

　3) 합　계 : 금 204,568,435원

(9) 34세

　1) 일실수익

755,920(월소득)×199.6158(호프만수치)=150,893,575원

　2) 위자료 : 금 5,000만원

　3) 합　계 : 금 200,893,435원

(10) 35세

　1) 60세까지 - 25년간(300개월) 일실수익

755,920원(월소득)×194.3457(300개월 호프만수치)

=146,909,801원

　2) 위자료 : 금 5,000만원

　3) 합　계 : 금 196,909,801원

(11) 36세

　1) 일실수익

755,920(월소득)×188.9573(호프만수치)=142,836,602원

　2) 위자료 : 금 5,000만원

　3) 합　계 : 금 192,836,602원

(12) 37세

　1) 일실수익

755,920(월소득)×183.4451(호프만수치)=138,669,819원

　2) 위자료 : 금 5,000만원

　3) 합　계 : 금 188,669,819원

(13) 38세

　1) 일실수익

755,920(월소득)×177.8033(호프만수치)=134,405,070원

　2) 위자료 : 금 5,000만원

　　3) 합　계 : 금　184,405,070원

（14) 39세

　　1) 일실수익

755,920(월소득)×172.0257(호프만수치)=130,037,667원

　　2) 위자료 : 금　5,000만원

　　3) 합　계 : 금　180,037,667원

（15) 40세

　　1) 60세까지 – 20년간(240개월) 일실수익

755,920원(월소득)×166.1055(240개월호프만수치)

　　　　　　　　　　　　=125,562,469원

　　2) 위자료 : 금　5,000만원

　　3) 합　계 : 금　175,562,469원

（16) 41세

　　1) 일실수익

755,920(월소득)×160.0357(호프만수치)=120,974,186원

　　2) 위자료 : 금　5,000만원

　　3) 합　계 : 금　170,974,186원

（17) 42세

　　1) 일실수익

755,920(월소득)×153.8083(호프만수치)=116,266,770원

2) 위자료 : 금 5,000만원

3) 합　계 : 금 166,266,770원

(18) 43세

1) 일실수익

755,920(월소득)×147.4150(호프만수치)=111,433,946원

2) 위자료 : 금 5,000만원

3) 합　계 : 금 161,433,946원

(19) 44세

1) 일실수익

755,920(월소득)×140.8468(호프만수치)=106,468,913원

2) 위자료 : 금 5,000만원

3) 합　계 : 금 156,468,913원

(20) 45세

1) 60세까지 - 15년간(180개월) 일실수익

755,920원(월소득)×134.0937(180개월호프만수치)

=101,364,109원

2) 위자료 : 금 5,000만원

3) 합　계 : 금 151,364,109원

(21) 46세

1) 일실수익

755,920(월소득)×127.1451(호프만수치)=96,111,523원

   2) 위자료 : 금 5,000만원

   3) 합　계 : 금 146,111,523원

 (22) 47세

   1) 일실수익

755,920(월소득)×119.9893(호프만수치)=90,702,311원

   2) 위자료 : 금 5,000만원

   3) 합　계 : 금 140,702,311원

 (23) 48세

   1) 일실수익

755,920(월소득)×112.6135(호프만수치)=85,126,796원

   2) 위자료 : 금 5,000만원

   3) 합　계 : 금 135,126,796원

 (24) 49세

   1) 일실수익

755,920(월소득)×105.0039(호프만수치)=79,374,548원

   2) 위자료 : 금 5,000만원

   3) 합　계 : 금 129,374,548원

 (25) 50세

   1) 60세까지 - 10년간(120개월) 일실수익

755,920원(월소득)×97.1451(120개월 호프만수치)

$$=73,433,923원$$

  2) 위자료 : 금 5,000만원

  3) 합　계 : 금 123,433,923원

(26) 51세

  1) 일실수익

755,920(월소득)×89.0202(호프만수치)=67,292,149원

  2) 위자료 : 금 5,000만원

  3) 합　계 : 금 117,292,149원

(27) 52세

  1) 일실수익

755,920(월소득)×80.6106(호프만수치)=60,935,164원

  2) 위자료 : 금 5,000만원

  3) 합　계 : 금 110,935,164원

(28) 53세

  1) 일실수익

755,920(월소득)×71.8956(호프만수치)=54,347,321원

  2) 위자료 : 금 5,000만원

  3) 합　계 : 금 104,347,321원

(29) 54세

　　1) 일실수익

755,920(월소득)×62.8521(호프만수치)=47,511,159원

　　2) 위자료 : 금 5,000만원

　　3) 합　계 : 금 97,511,159원

　(30) 55세

　　1) 60세까지 - 5년간(60개월) 일실수익

755,920원(월소득)×53.4545(60개월 호프만수치)

　　　　　　　　　　　=40,407,325원

　　2) 위자료 : 금 5,000만원

　　3) 합　계 : 금 90,407,325원

　(31) 56세

　　1) 일실수익

755,920(월소득)×43.6739(호프만수치)=33,013,974원

　　2) 위자료 : 금 5,000만원

　　3) 합　계 : 금 83,013,974원

　(32) 57세

　　1) 일실수익

755,920(월소득)×33.4777(호프만수치)=25,306,462원

　　2) 위자료 : 금 5,000만원

　　3) 합　계 : 금 75,306,462원

(33) 58세

　　1) 일실수익

755,920(월소득)×22.8290(호프만수치)=17,256,897원

　　2) 위자료 : 금 5,000만원

　　3) 합　계 : 금 67,256,897원

(34) 59세

　　1) 일실수익

755,920(월소득)×11.0858(호프만수치)=8,379,977원

　　2) 위자료 : 금 5,000만원

　　3) 합　계 : 금 58,379,977원

(35) 60세이상

　　1) 60세까지 - 0년간(0개월) 일실수익 없음

　　2) 위자료 : 금 5,000만원

　　3) 합계 : 금 50,000,000원

(오로지 위자료와 장례비가 전부임)

3. 평생소득 계산시 주의사항

(1) 과실상계

위 금원은 과실상계를 하지 않은 것입니다.

피해자에게 과실이 있는 경우는 과실비율만큼 공제합니다.

예컨대 위 54세 피해자에게 20%의 과실이 있는 경우 97,511,159원×0.8(1-0.2) = 78,008,927원이 됩니다.

이렇게 계산된 금액에 장해율을 곱하면 실손해액이 나오는 것입니다. 위 예에서 54세 피해자 장해율이 30%라면 78,008,927×0.3 = 23,402,678원이 되는 것입니다.

이 금원을 보험회사에 일실 손해액으로 청구하면 됩니다. 물론 이 금원 외에도 간병비, 향후치료비, 성형수술비 등이 있으면 추가해야 합니다.

(2) 형사합의금 공제 :

형사합의금을 가해자로부터 받았으면 공제해야 합니다.

(3) 건설 공사장 일용잡부의 수입을 적용

가정주부라 하여 무소득으로 보지 않으며 건설 공사장 일용잡부의 수입을 적용한다. 남녀를 불문하고 무직자는 소득이 없는 것으로 보지 않고 이와 같이 건설판 일용노임 정도를 인정하고 있습니다. 따라서 손해배상에서 주부, 무직자를 손해배상의 최소치로 보면 됩니다. 그러므로 일용노임 이상의 수입이 있으면 최소한 이 이상을 받을 수 있습니다.

(4) 보험회사와 합의시

보험회사와 합의시에는 위와 같이 평생소득을 계산하여 항목별로 자료를 만들어 가지고 있을 것. 보험회사 담당자에게 보험회사가 계산한 근거를 요구할 것. 둘을 비교하면서 보험회사 담당직원과 당당히 합의하도록 합니다. 실손해액이 얼마인지 알고 합의에 임하면 보험회사 직원이 함부로 대하지 못할 것입니다. 최근 인터넷이 보험회사만의 정보 독점을 무너뜨리고 있어서 합의금 중 일부는 양보하더라도 종전처럼 터무니없는 금액으로 합의하는 경우는 사라질 것입니다.

(5) 농촌 여성이나 농촌 남성

농촌 여성이나 농촌 남성은 해당 나이를 찾아 월 소득을 호프만 계수로 곱하면 됩니다. 예컨대 36세 여성의 경우 위 36세 해당란에서 호프만 계수를 찾아 월 소득을 곱하면 평생 소득이 계산됩니다. 다만 요즘 추세가 농촌의 경우 63세 또는 65세까지를 가동기간으로 하고 있으므로 위 호프만 계수를 3~5년치를 더 높여야합니다.

제5장 교통사고 합의와 교통사고 손해배상 소송

제1절 교통사고 합의

1. 형사 및 민사상 교통사고 합의

(1) 형사합의

홍길동이 운전하다가 상해사고를 냈다고 했을때 만일 가해자가 10개 중과실사고를 냈다면 보험회사와 합의하기 전에 가해자 홍길동이 합의하자고 나타나게 됩니다. 그러나 이 가해자와의 합의는 가해자가 형사처벌을 가볍게 받기 위한 형사합의인 것입니다. 형사합의는 보통 1주당 금 50~70만원 정도에서 이루어집니다.

(2) 형사합의금의 청구

일반적으로 형사합의금에 대해 알려지지 않은 사실이 있습니다. 종합보험에 가입한 운전자(가해자)가 교통사고를 일으키고 피해자와 형사합의한 경우 형사합의금도 보험회사로부터 돌려받을 수 있다는 사실이 그것입니다. 원래 자동차 보험 계약은 보험회사가 운전자의 민·형사상 배상을 보전하도록 되어 있습니다. 따라서 이 형사 합의금도 보험회사에서 피해자에게 내주어야 할 것, 즉 보험 처리되어야 하는 것입니다. 단지 형사합의로 시간이 촉박한 가해자가 일단 자기 주머니를

털어 내는 것뿐입니다. 따라서 형사 합의금을 지급한 가해자
는 당연히 나중에 이 돈을 보험회사에서 돌려 받아야 합니다.

　운전자 여러분 중에 몇명은 보험회사에 형사합의금을 청구
했을 때 "형사합의금은 보험처리가 안된다." "약관에 없다."
"전례가 없는 일이다."라고 보험회사 직원으로부터 면박을 받
은 경험이 있을 것입니다. 그러나 형사합의금도 당연히 보험
회사에서 부담해야 하는 보험금입니다. 따라서 원칙적으로는
보험회사가 보험계약자를 위하여 적극적으로 가해자에게 형
사합의금을 찾아가라고 통보해 주어야 하지만 그렇게 정직한
보험회사는 없습니다. 소멸시효가 지나면 이 합의금은 보험회
사의 특별 수익금으로 떨어지기 때문입니다. 따라서 시효가
지나기 전에 미리미리 찾아야 합니다. 보험금 청구채권의 소
멸시효는 2년이므로 잊지 말고 신청해야겠습니다.

　형사합의금은 다음과 같은 방법으로 돌려받을 수 있습니다.

　1) 보험회사에 통보

교통사고에서 형사합의금을 피해자에게 지급했다고 하여 보
험회사로부터 항상 돌려 받을 수 있는 것은 아닙니다. 형사합
의금을 돌려 받으려면 형사합의금 지급 사실을 보험회사에
통보해야 합니다. 즉 지급 사실을 보험회사가 알고 있어야 합
니다. 또 형사합의금을 너무 많이 지급해서는 안됩니다. 고액
의 돈을 돌려받는 것인 만큼 보험회사도 그렇게 만만하게 돌
려주지는 않기 때문입니다.

만일 보험회사 직원이 물어와 답변했다면?

그런데 가해자(피보험자)가 꼭 합의사실을 먼저 통보해야만 하는가? 보험회사가 문의해 왔을 때 대답한 것은 통보가 아니란 말인가? 사실 형사합의 여부를 눈에 불을 켜고 확인하려 다니는 쪽은 보험회사입니다. 일반인들은 돌려받을 수 있는지조차 알지 못하는 경우가 대부분이므로 스스로 이를 통보하는 경우는 드뭅니다. 그러면 왜 보험회사가 먼저 확인하려고 기를 쓰는가? 보험회사가 피해자에게 보상금을 지급할 때 공제하고 나머지 금액만 주기 때문입니다. 이렇게 형사합의금은 가해자가 찾아가지 않는 한 보험회사의 이익으로 떨어지게 됩니다.

예를 들어,

"김철수가 교통사고로 사망 사고를 냈다. 김철수는 망인 유가족과 형사합의금으로 1,000만원을 지급하고 합의했다. 망인 유가족이 보험회사에 보상금을 청구해오면, 보험회사는 보상금 8,000만원 중 형사합의금으로 망인이 받은 1,000만원을 공제한 7,000만원만 지급한다." 이 1,000만원이 보험회사의 부당이득으로 떨어지는 것입니다.

형사합의금은 피해자가 보험회사에서 보상받기 전에 통보해야 합니다.

교통사고 피해자는 보험회사에 교통사고로 손해난 부분에 대하여 보상을 청구하게 됩니다. 이때 보험회사는 앞에 밝힌 바와 같이 피해자가 지급받은 형사합의금을 공제한 나머지만 지급합니다. 따라서 가해자는 피해자가 보험회사로부터 보상금을 받아가기 이전에 보험회사에 형사합의금 지급사실과 금액을 통보해야 합니다. 이 기간을 놓쳐 늦게 통보하면, 다시 말해 보상을 받아가고 나서 통보하면 돌려 받지 못합니다.

　　2) 증거를 남길 것

재판에 들어가면 보험회사는 합의금지급 통보사실에 대하여 통보받은 바 없다고 잡아떼는 것이 보통입니다. 이에 대비해 가해자 입장에서 완벽하게 절차를 갖추려면 보험회사에 전화로 통보하고(신속해야 하므로 일단 전화 통보하는 것이 좋다) 이어서 팩스나 내용증명으로 통보하는 것이 좋습니다. 보험회사 직원이 물어와 대답했다 해서 안심하지 말고 반드시 증거를 만들어 놓는 것이 좋습니다.

그렇다고 1년전 사건에 대해 내용증명을 보내서 증거를 만들어 두는 것은 좋은 방법이 아닙니다. 오히려 그 당시 통보가 없었음을 스스로 인정하는 것 아니냐고 역공당하기 좋습니다. 따라서 1년 전에 구두로 통보한 것에 대해 새삼스럽게 증거를 만들 필요는 없습니다. 1년 전에 형사합의된 것들은 앞에서 이야기한 것과 같이 보험회사에서 미리 그러한 정보를 알고 피해자에게 보상금 지급시 공제했을 것이고 그런 흔적이 남아 있기 마련이기 때문입니다. 따라서 예전에(지금부터 2년 전까지 기간 중에) 형사합의금을 지급하고 보험회사 직원에게 전화나 구두상으로 이야기했다면 자신감을 가지고 보험회사에 반환을 청구할 일입니다.

　　3) 과잉 합의 부분에 대하여

가해자가 돌려받을 수 있는 범위는 보험회사의 피해자에 대한 보상 범위 내입니다. 예컨대 횡단보도상에서의 가벼운 접촉사고로 보험회사가 피해자에게 20만원만 보상하면 되는 사건이 있다고 할때 가해자가 금 500만원을 피해자에게 주고 형사합의했다면 480만원 부분은 돌려 받을 수 없습니다. 상해사고에서는 이런 과잉합의 문제가 나올 수 있습니다.

그러나 사망사고는 보통 1억원 내외의 돈이 보상금으로 지급되므로 많은 금액을 형사합의금으로 지급했다고 하여 과잉합의가 될 여지는 별로 없습니다.

4) 합의금을 공탁한 경우

피해자와 형사합의가 되지 않아 형사합의금 명목으로 법원에 돈을 공탁한 경우에는 어떻게 될까? 이때도 그 금액을 돌려 받을 수 있습니다. 대법원 판례도 이를 인정하고 있습니다. 다만 공탁을 한 경우에도 보험회사에 돈을 공탁한 사실을 통보해야 합니다. 통보 방법은 형사합의의 경우와 같습니다.

(3) 민사상 손해배상의 합의

민사상 손해란 피해자의 치료비 + 위자료 + 일실수입 등을 말합니다.

원래 민사상 합의도 가해자와 하는 것이 원칙이나 가해자가 자동차종합보험에 가입되어 있으면 손해배상금이 보험회사에서 지급되므로 실질적으로는 보험회사가 당사자인 셈입니다. 그래서 이들이 합의하러 피해자가 입원하고 있는 병원에 오는 것입니다. 보험회사와 합의금으로 받는 돈을 실생활에서는 보통 보상금이라고 합니다. 법률적으로 따지면 손해배상금이 정확한 명칭이나 여기에서는 실무에 따라 보상금, 합의금, 손해배상금 등으로 사용할테니 혼동 없기 바랍니다.

간혹 이를 착각해서 보험회사가 은전이라도 베풀어 보상금(합의금)을 내주는 것으로 생각하고는 피해자 측에서 비굴할 정도의 저자세로 임하는 경우가 있습니다. 그래서 보험회사가 제시한 금액이 어떻게 계산된 것인지, 어떤 부분이 적다든지, 계산이 잘못 됐다든지 등을 따져 보고 합의를 해야 하는데 그러지를 못하고 그저 주는 대로 받는 경우가 많습니다.

2. 보험회사와 피해자, 변호사

보험회사와 피해자를 비교해도록 하겠습니다.

보험회사는 대기업이며, 보통은 재벌 그룹에 속해 있습니다.

대학교를 졸업한 유능하고 똑똑한 사람들이 직원이고 전국적으로 거미줄 같은 조직망을 갖추고 있습니다. 거기에 수없이 많은 합의 경험을 가지고 있습니다. 어디 그뿐인가. 보험회사는 수십 명의 고문 변호사와 의사를 두고 자문을 받고 있습니다. 다시 말하면 보험회사는 자금, 조직, 인력, 법률 그리고 경험까지 모든 것을 완벽하게 갖추고 있습니다. 그들은 피해자의 소득, 사고 내용, 과실 비율 그리고 소송시 예상 판결금액 등 피해자와 사고에 대한 모든 정보를 다 파악하고 꿰뚫어보고 있는 것입니다.

이에 비해서 피해자는 어떤가?

대부분 사고는 처음이라 우왕좌왕할 뿐만 아니라 돈도 그렇고 주변에 피해자를 도와줄만한 인적 조직이나 자원이 있을 리 없습니다.

자문을 해주는 사람들은 교통사고 경험이 있는 주변 친척이나 사고를 당하고 같은 병원에 입원 중인 다른 피해자 정도입니다. 그러나 손해배상금은 환자의 나이, 장해율, 소득, 직업, 과실에 따라 그 금액이 전혀 다릅니다. 나이, 장해, 과실이 같다고 하더라도 어떤 사람은 1,000만원을, 다른 사람은 1억원을 보상받을 수 있는 것이 교통사고 손해배상입니다.

이러니 망인 측의 보험회사와의 합의는 이미 그 결과가 뻔하다. 권투로 치면 헤비급과 플라이급의 싸움이며, 프로와 아마추어의 싸움입니다.

이렇듯 막강한 보험회사와 약체인 유가족의 합의는 불공정하게 이루어질 가능성이 높습니다. 실제로 실손해액의 반에도 못 미치는 금액으로 합의가 척척 이루어지고 있습니다. 연간 40만건도 넘는 교통사고 상해사고에서 터무니없이 낮은 금액으로 합의가 이루어지고 있습니다.

실손해액이 얼마인지 알지 못하니 자기가 한 합의가 터무니없이 낮은 금액인지조차도 모릅니다.

그러면 이 거대한 공룡, 보험회사와 당당하게 맞서 제대로 합의금을 보상받을 수는 없을까? 방법은 분명히 있습니다. 보험회사와 맞서 싸울 수 있는 전문가에게 위임하면 되는 것입니다. 그 전문가가 바로 변호사입니다.

손해배상 실손해액은 소송으로 얻어지는 것입니다. 보험회사도 소송이 제기되면 변호사를 선임합니다. 밖에서야 막강한 힘을 발휘하는 보험회사도 법정에서야 자금력, 조직력, 인력 등이 별다른 힘을 발휘하지 못하는 것입니다. 법정에서는 변호사 대 변호사의 싸움이니까.

3. 소송에 대한 보험회사의 입장

교통사고 피해자는 소송을 해야 되느냐, 마느냐로 고민하고 있을 것입니다. 소송이란 경험 없는 사람에게는 아무래도 두려운 절차일 것입니다. 그러나 보험회사는 사실 귀하보다 더 소송을 두려워한다는 사실을 알고 있어야 합니다. 앞서 계산한 바와 같이 보험회사 약관에 의한 보상은 실손해액에 비하여 지나치게 낮은 수준입니다. 합의를 하게 되면 보험회사는 대단히 저렴한 합의금으로 사건을 종결할 수 있어 막대한 이익을 얻을 수 있는데 비하여 사건이 소송으로 들어가면 그 2~10배쯤 돈이 더 들어갑니다. 게다가 보험회사가 선임하는 변호사 비용까지 더 들여 함은 물론입니다. 보험회사는 소송을 하면 자기들에게 불이익이 돌아오는 것을 너무나 잘 알고 있습니다.

그리하여 여하튼 보험회사는 겉으로 내색은 하지 않지만 환자보다 소송을 더 두려워하고 있는 것입니다.

따라서 귀하가 보험회사에 '소송을 제기할 의사'를 조금이라도 내보이면 보험회사 합의 제시금액이 갑자기 커집니다.

그러므로 소송이 마땅치 않고 꼭 합의를 하겠다는 환자도 합의만을 변호사에게 위임하면 합의금액이 훨씬 높아지게 됩니다. 보험회사가 소송을 제기하려는 것으로 알고 이에 응하기 때문입니다.

4. 보험회사와 합의할 때는 이렇게

(1) 당당하게 합의에 임할 것

보험회사가 합의금을 내준다고해서 그들이 공돈을 주거나 은전을 베푸는 것으로 착각하지 말아야 합니다. 이를 착각하게 되면 보험회사에 저 자세로 나가게 되고 보험회사가 주는 대로 받게 됩니다. 보상금이란 귀하의 불구된 몸, 즉 평생 장해에 따른 고통과 맞바꾸는 돈인 것입니다.

(2) 보험회사를 가해자 대리인으로 볼 것

보험회사를 가해자 대리인이라 생각하고 합의에 임해야 할 것이다. 보험회사는 귀하의 편이 아닙니다. 그렇다고 가해자 편도 아닙니다. 그럼 누구 편인가? 바로 보험회사 자신의 편인 것입니다. 이들은 오로지 자기 회사의 이익만을 위해 일하고 있습니다.

대학을 나온 수많은 고급 인력과 전국적인 조직망, 수십명의 고문 변호사와 자문의사, 엄청나게 많은 교통사고 소송과 합의 경험을 가진 급수 높은 장사꾼인 것입니다.

(3) 계산 내역을 반드시 확인할 것

보험회사가 제시하는 보상금액의 계산 근거를 요구합니다.

보상금은 치료비, 위자료, 일실손해 3가지로 구성됩니다. 그중에 일실수입(보험회사에 따라서는 일실이익, 일실손해, 손해액, 일실손해액 등으로 불리고 있습니다)이 핵심입니다. 계산과정이 복잡하여 일반인이 잘 이해하지 못하는 점을 이용하여 일부 보험회사 직원이 악용하는 부분이 바로 이 부분입니다. 따라서 복잡한 계산이라도 무조건 따를 것이 아니라, 계산 근거를 요구하여 하나하나 따져 보아야 합니다.

(4) 사전 정보를 충분히 수집할 것

지금까지 피해자가 보험회사 직원에게 제대로 대응하지 못한 이유는 자기 피해에 대한 연구 부족 때문입니다. 아무것도 알지 못하는 상태에서 이것저것 따지며 요구할 수는 없지 않겠습니까. 특히 예상 손해금액에 대해 연구할 필요가 있습니다. 이에 대해 시중에서 판매되는 교통사고 손해배상에 관련된 책자를 활용할 수 있을 것입니다. 그뿐 아니라 요즘에는 인터넷이 발달하여 교통사고 관련 홈페이지만 잘 활용해도 손해배상금액을 계산할 수 있습니다. 이러한 길을 통해 귀하가 미리 계산해보고 보험회사가 제시하는 것을 하나씩 대조해 가면서 꼼꼼히 따져야합니다. 객관적인 자료에 의하여 계산한 손해액을 제시하면 보험회사 직원도 귀하를 함부로 대하지 못할 것입니다.

교통사고 손해는 돈덩어리이다. 그 돈이라는 것이 다른 돈이 아니고 귀하의 불구된 몸과 바꾸는 돈입니다. 귀하가 돈과 시간을 들여 투자하면 그 수십배의 이익이 돌아올 것입니다. 함부로 남의 말을 듣지 말고 부지런히 연구하여 객관적인 자료로 맞서야겠습니다.

(5) 소송도 염두에 둘 것

합의에서 불리하면 소송으로까지 갈 생각을 해야 합니다. 돈이 급하다고 해도 소송이라는 또 하나의 방법이 있음을 명심해야겠습니다. 그렇지 않고 합의 말고는 달리 방법이 없다는 생각을 가지고 있으면 합의에서도 밀릴 수밖에 없는 것입니다.

(6) 소송을 할 것인가, 합의를 할것인가의 결정

1) 합의하는 것이 나은 경우

다음과 같은 환자는 보험회사와 합의하는 쪽으로 처리하는 것이 좋습니다. 물론 이러한 경우도 소송하는 것이 훨씬 유리하나 시간과 비용을 감안할 때 합의가 더 경제적입니다.

① 환자가 고령자인 경우

60세 이상이나 60세가 가까워 앞으로 벌어들일 수입이 별로 없는 경우. 다만 전신마비나 식물인간 같은 환자처럼 개호인이 있어야 할 경우는 소송을 하는 것이 절대적으로 유리합니다.

② 피해자 과실이 많은 경우

피해자가 찻길에 누워 있다 사고를 당한 경우와 같이 피해자의 과실이 많은 경우

③ 브로커가 안 붙는 사건

브로커는 돈이 생길 사건만 귀신같이 알고 찾아 다닙니다. 브

로커가 한 번 왔다가 두 번 다시 안나타나거나 찾아와도 별로 신경을 쓰지 않는 사건은 소송을 해야 별볼 일 없으므로 그들도 포기하는 것입니다.

④ 보험회사 직원이 거의 나타나지 않는 사건

보험회사가 불친절해도 피해자가 소송을 할 가능성이 없는 사건은 병원에 나타나지 않아도, 피해자쪽에서 합의보자고 매달릴 것이므로 보험회사측에서 먼저 나서지 않습니다. 그리고 무엇을 물어도 불친절한 경우는 소송해봐야 큰 실익이 없는 경우입니다.

2) 소송하는 것이 압도적으로 유리한 경우

① 피해자가 20~45세 특히 30세 전후인 경우

② 나이가 45세 이상이라도 고소득자이거나 상해정도가 심한 경우

③ 과실이 많지 않은 사건 경우

④ 고령이라도 사지마비 등 개호인이 붙게되는 경우

⑤ 브로커가 많이 출몰하는 경우

브로거카 많이 출몰하고 있다는 사실은 환자가 많이 다쳐 그만큼 손해액이 높을 가능성이 크다는 것을 암시합니다.

⑥ 보험회사 직원의 출동이 잦고 유달리 친절한 경우

다른 환자는 입원기간 내내 보험회사 직원이 얼굴을 내밀지 않는데, 보험회사가 특별 관리하듯 자주 나타나고 친절하게 대하는 경우는 보험회사가 소송제기를 염려하는 경우입니다.

예컨대 비슷한 사건인데 옆방 환자보다 3배를 더 보상해 준다고 설득하는 경우로(옆방 환자보다 나이, 소득, 장해율, 과실에서 비교도 되지 않는 사건이므로), 이런 사건 일수록 보험회사 직원의 유혹에 넘어가지 말고 적극적으로 소송을 해야겠습니다.

3) 스스로 소송을 하는 것이 좋은 경우

① 장해가 없는 경우

염좌나 타박상 같은 경우 아무리 많이 다쳐도 일실손해가 나올 여지가 별로 없고, 금액상 변호사가 소송을 대리할 여지가 없어 대부분 합의를 하게 도비니다. 그러나 이때도 스스로 소액심판 소송을 하게 되면 환자에게 절대적으로 유리합니다.

② 장해가 있어도 한시장해인 경우(추간판탈출증 등)

추간판탈출증의 경우도 고소득자(월소득 300만원 이상)라면 변호사를 선임하여 소송하는 것도 고려해 봅니다.

(7) 소송이나 합의 시기

퇴원 무렵이 가장 적당합니다. 혹 입원중 소송을 해야 장해율이 많이 나온다고 생각하는 사람이 있으나 이는 잘못 된 생각입니다. 장해란 치료를 모두 마쳤는데도 후유증이 남는 경우를 말하는 것입니다. 입원기간중 소송을 하면 보험회사에서 치료비를 중단하므로 자칫 불 이익을 당할 수도 있습니다. 따라서 치료받다가 퇴원과 동시에 소송을 하는 것이 가장 좋은 방법입니다.

합의도 마찬 가지여서 퇴원할 때쯤 하는 것이 좋습니다. 절대로 서둘지 말고 퇴원시까지 의사표시 없이 있으면 보험회사가 제시하는 금액이 점점 높아지게 됩니다. 소송을 하려는 줄로 추정하기 때문입니다.

(8) 손해사정인과 합의

1) 손해사정인이란

손해사정인의 합의 주선은 불법입니다. 손해사정인이라면 흔히 보험회사와 보상금 합의를 주선해주는 사람이라고 알고 있으나 이는 잘못 알고 있는 사실입니다. 손해사정인의 업무는 교통사고 보상액을 계산해주고 수수료를 받는 일입니다.

손해사정인의 업무는 다음과 같습니다(보험업법 제188조).

① 손해발생 사실의 확인

② 보험약관 및 관계 법규 적용의 적정여부 판단

③ 손해금 및 보험금의 산정

④ 위의 ① 내지 ③의 업무와 관련한 서류의 작성·제출의 대행

⑤ 위의 ① 내지 ③의 업무수행과 관련된 보험회사에 대한 의견진술

2) 손해사정인의 업무

보험업법에 의하면 손해사정의 업무란 것은 손해액 내지 보험금을 산정하는 것, 교통사고 환자에 대하여 보상금이 얼마인지를 계산해주고 수수료를 받는 것이 주 업무가 되는 것입니다.

3) 보험회사와의 합의 주선은 불법

손해사정인이 보험회사와 보상금 합의를 주선해주는 사람이라는 것은 잘못 알려진 사실임은 이제 알게 됐을 것입니다.

그러면 현실은 어떨까? 대부분의 손해사정인이 자기 본연의 업무범위에서 일을 하고 있지만 일부 손해사정인들은 보상금 계산이라는 본연의 업무에서 벗어나 피해자와 보험회사를 중개하여 합의를 주선해주고 합의금의 5~20%를 수수료로 떼고 있어 사회적으로 문제가 되고 있습니다. 심지어는 직원들을 고용하여 병원을 돌면서 환자로부터 사건을 위임받기도 합니다. 문제는 보험회사와의 합의를 중개 또는 알선하고 5~20%의 수수료를 떼는 행위입니다.

4) 형사처벌

이러한 불법행위는 변호사법 제109조 위반입니다.

우리나라에서는 변호사만이 수수료 등 돈을 받고 법률사건에 관하여 중재, 화해를 할 수 있습니다. 그러므로 손해사정인이 돈을 받고 환자와 보험회사 사이에서 중재, 화해나 합의를 주선하면 처벌되는 것입니다.

이러한 합의 주선행위에 대한 형량은 7년 이하의 징역이나 5천만원 이하의 벌금이며, 공소시효는 5년입니다. 따라서 5년 전의 사건이라면 지금도 처벌할 수 있습니다.

최근에 손해사정인 손모씨가 위 변호사법이 헌법위반이 아니냐고 하여 헌법소원을 제기하였는데 헌법재판소에서는 헌법위반이 아니다고 판시했습니다(2000.4.27, 선고98헌바95).

5) 손해사정인의 중개행위, 무엇이 문제인가

그러면 손해사정인의 중개행위를 왜 이토록 범죄로 처벌하는 것인가? 손해사정인의 주선행위가 피해자에게 불측의 손해를 줄 수 있기 때문입니다. 손해사정인이 보험회사와 합의라고 해주는 금원은 실손해액의 50%에도 미치지 못하는 보잘 것 없는 수준에 불과한 경우가 대부분입니다. 손해사정인이 합의하는 배상금은 보험회사의 약관에 규정된 금액에서 크게 벗어날 수 없습니다. 따라서 손해배상에 대하여 잘 모르는 피해자 입장에서 이러한 손해사정인의 합의 주선으로 인하여 실손해액과의 차액만큼 손해를 보게 되는 것입니다.

예컨대 실손해액이 1억원이 예상되는 환자가 있다고 할 때 그리고 손해사정인이 개입하여 보험약관에 따라 금 5,000만원에 합의했다고 하면 이때 환자는 실손해액 1억과의 차액 5,000만원만큼 손해를 보게 되는 것입니다.

손해사정인이 사전에 환자에게 "소송시에는 손해배상금이 1억원쯤 예상되고 합의시는 그 반인 5,000만원에 불과하다. 그러므로 합의를 하는 경우에는 환자에게 5,000만원쯤 손해가 예상되는데 그래도 합의하겠느냐?"고 모든 사실을 알려주었는데도 피해자가 그 정도의 손해를 감내하고도 합의하겠다고 하여 합의했다면 문제가 없습니다. 그러나 그런 설명 없이 그냥 보험회사로부터 보상받을 수 있는 금액이 5,000만원이라고 하여 합의했다면 피해자는 소송이라는 다른 방법이 있다는 사실을 모른 채 손해사정인의 합의 유도에 따라 5,000만원을 손해본 것입니다.

그런데 실무에서 보험회사와 합의를 중개하는 손해사정인은 소송시 예상판결금을 알려주지 않고 합의를 하는 경우가 대부분입니다. 환자 입장에서는 참으로 운 나쁘게 이런 손해사정인을 만나 5,000만원을 손해보게 되는 것입니다. 만일 이렇게 사실관계를 감추거나 속이면서까지 합의를 유도해 그로 인해 손해를 보았다면 손해사정인에게 5,000만원의 손해배상금을 청구할 수 있습니다.

결론적으로 불구의 몸과 바꾸는 손해배상금을 손해사정인이 함부로 끼어들어 중재할 일이 아니라는 것입니다. 이런 점 때문에 소송이나 법을 모르는 사람에게 합의에 대한 대리권을 법에서 주지 않고 있는 것입니다. 따라서 변호사에게만 보험회사와 합의하거나 소송할 수 있는 권한을 부여하는 것입니다.

제2절 교통사고 손해배상 소송

1. 교통사고 소송의 특이성

여러분 중에는 "변호사의 도움을 받으려면 더 많은 돈이 필요한 것 아닌가요?"라고 의문을 품고 질문하고 싶은 사람도 있을 것입니다. 변호사는 물론 공짜로 사건을 처리해 주지 않습니다. 현재 많은 변호사들이 교통사고 소송을 맡아서 하고 있습니다. 보통 사건은 의뢰인이 소송 의뢰시 착수금과 소송 비용을 변호사에게 선불 형식으로 주고서 하는데 비하여 교통사고만은 변호사가 착수금을 받지 않고 승소시 보험회사로부터 수령한 돈의 일부분을 성공사례금 형식으로 받고 있습니다. 이런 형식은 변호사 입장에서는 대단한 모험입니다.

그런데도 불구하고 이렇게 하는 것은 승소 가능성이 높고 승소시 승소금을 100%받을 수 있기 때문입니다. 이런 후불 형식은 환자 입장에서는 처음에 전혀 비용이 들어가지 않는 점에서는 좋으나 나중에 성공사례금을 많이 공제해 주어야 한다는 점에서는 그다지 바람직하지 않습니다.

그러므로 환자가 스스로 착수금과 비용을 대고 소송을 하면 나중에 성공사례금을 크게 떼일 염려가 없습니다. 따라서 환자가 경제적으로 여유가 있다면 후자의 방식을 채택하는 것이 좋습니다.

더구나 시간이 걸리더라도 보험회사로부터 소송비용까지 받기를 원한다면 변호사와 사전에 상의해야 합니다. 최근에 보험회사는 조정은 말할 것도 없고 판결에 의한 손해배상금을 내줄 때 그 비용을 포기하도록 유도하고 있습니다.

그러나 이 때에도 다른 사건처럼 비용까지 받아낼 수 있습니다. 다만 미리 과실상계 등을 하고 소송을 제기해야 비용을 받을 때 유리하므로 사전에 변호사와 충분히 상의하는 것을 잊어서는 안됩니다.

특히 식물인간이나 장해율이 높을 것으로 예상되는 사건은 배상금 단위가 몇 억원에 이르고 공제액도 그만큼 높아지므로 이런 방법을 활용해볼 일입니다.

2. 소제기의 이익

일반적으로 소송은 신중해야 하며 소송 이외에 다른 방법이 없는가 검토를 해보아야 합니다. 그러나 교통사고 손해배상은 후유증이 남을 가능성이 조금이라도 있다면 적극적으로 소송을 하여야 한다고 생각합니다.

그 이유는 다음과 같습니다.

(1) 승소 가능성이 100%에 가깝습니다. 단 고속도로나 자동차 전용도로 무단횡단이나 자살행위 같은 경우는 승소 가능성이 0에 가깝습니다. 이런 경우를 제외하고는 패소하는 경우는 드뭅니다.

(2) 실익이 있습니다(비용보다 판결금액이 대부분 더 큽니다). 손해배상 소송에는 비용이 100~200만원쯤 들며, 비용에는 인지대 외에 감정병원 감정비가 추가됩니다. 이러한 소송비용은 소송이 판결로 이어질 경우 모두 돌려 받을 수 있습니다. 그러나 조정으로 끝난 경우는 돌려 받지 못할 수도 있습니다.

(3) 집행도 확실합니다(승소 후 만족여부). 가해자 차량이 보험이나 공제조합(택시, 버스)에 가입되어 있다면 승소 판결에 대한 집행이 100%보장될 수 있습니다.

(4) 후유장해 여부를 확실히 알 수 있습니다. 소송을 하면 법원에서 지정한 감정병원에서 장해를 감정하게 되므로 후유장해 여부, 장해율, 장해기간, 앞으로 들어 갈 치료비 등을

객관적으로 확실하게 알 수 있습니다.

보험회사 직원이 진단서 등을 보고 판단한 것으로는 자신에게 어떤 장해가 있는지 정확히 알 수 없어 후에 후회하게 될지도 모릅니다.

(5) 소송이 비교적 수월합니다. 손해배상 소송은 거의 정형화되어 있어, 오히려 대여금청구 소송보다 더 간단하게 종결되는 경우도 많습니다.

3. 소장 접수부터 조정, 조정 이후까지

> ■ 소장작성 및 접수 → 신체감정 → 청구취지변경서
> → 제1회변론기일 → 조정

교통사고로 인한 손해배상 소송은 재판 진행 중 조정에 회부되어 조정으로 종결되는 경우가 많습니다. 그러나 조정은 원고측에게 지연이자와 소송비용 등을 포기하게 하고 실제보다 과실 상계를 10%쯤 더 지우는 경우가 많아 피고 쪽에 유리한 경우가 많습니다.

조정에 불만이 있을 경우 조정조서(강제조정시) 송달 후 2주일 이내에 이의하면 다시 재판절차가 진행됩니다.

그때는 다음과 같은 절차가 추가됩니다.

> ■ 조정 → 이의신청 → 제2회 재판기일 → 판결선고

조정의 경우 원고 쪽에서 이의하는 경우는 오히려 드뭅니다. 당사자의 경우 돈이 급해 조정금액이 불만이지만 대부분

수령하기를 원합니다. 이런 점을 악용하여 보험회사에서는 법원조정금액을 더 깎아 최종 합의금이라 제시하고 듣지 않으면 이의하겠다고 으름짱을 놓는 경우도 있습니다.

실제로 다음과 같은 경우를 들 수 있습니다.

버스 승객이 상해를 입은 사건에서 별다른 과실이 없었는데도 과실 상계로 10% 감액하여 법원이 5,600만원 강제조정을 하였습니다. 조정 후 버스공제조합 측에서 4,000만원에 합의하지 않으면 이의하겠다고 하자 돈이 급한 원고가 그것이라도 받자고 하여 4,000만원에 합의를 한 것입니다. 이는 돈이 급한 당사자의 약점을 이용한 공제조합의 횡포였습니다.

4. 소장 작성요령

소장에서는 아직 원고의 후유장해 비율을 알 수 없으므로 일부금만 청구하고, 정확한 금액은 후에 감정인의 감정에 의하여 후유장해 비율이 확정됐을 경우 그 비율에 맞춰 청구취지변경서를 작성합니다.

또 소장접수시 신체감정신청서와 형사기록 송부촉탁서를 같이 첨부하여 제출하면 보다 신속하게 재판이 진행됩니다. 만일 이러한 서류를 첨부하지 않으면 재판장은 첫 재판기일을 열게 되고 원고는 그때 가서 신체감정신청서와 형사기록 송부 촉탁을 구두로 신청하여 재판장으로부터 채택받아야 합니다.

신체감정신청서에는 원고가 교통사고로 상해를 입은 부위

를 기술하고 장해가 나올 부위에 대하여 감정해 줄 것을 기재합니다. 이 신청서에 의하여 재판장은 주로 대학 병원을 지정하여 신체감정서를 우편으로 송부하게 됩니다.

형사기록송부 촉탁을 신청하는 이유는 다음과 같습니다. 교통사고가 나면 경찰이 바로 출동하여 사고 현장을 조사하고 가해자와 피해자에 대하여 조사를 합니다. 경찰은 이와 같이 수사한 자료를 모아서 검찰청에 사건을 송치합니다. 검찰은 그 사건에 대하여 기소 여부를 결정하게 됩니다. 원고(피해자)입장에서는 이러한 수사자료는 손해배상 청구소송에서 중요한 증거서류가 됩니다.

그런데 이것은 개인자격으로 검찰청에 가보아야 복사를 해주지 않습니다. 그래서 재판장에게 도움을 요청하는 것이 형사기록송부 촉탁신청입니다. 따라서 원고 현재 형사기록이 어느 검찰청에 있는지 확인해 두어야 합니다.

형사기록은 수사한 경찰의 관할 검찰청에 보관되어 있는 것이 보통입니다. 그런데 때로는 형사재판으로 인하여 법원에 있을 수도 있고, 또 검찰 항고 등으로 고등검찰청에 있을 수도 있으니 직접 검찰청 민원실에 가서 어느 곳에 있는지 확인하고 사건번호 등을 메모해 두어야 합니다. 형사기록 송부 촉탁신청을 하면 재판장이 이를 채택하여 검찰청에서 복사할 수 있도록 해줍니다.

제2편

교통사고 관련법령 및 판례

1. 교통사고처리 특례법 제3조, 제4조

[교통사고처리 특례법 제3조]

제3조 【처벌의 특례】 ①차의 운전자가 교통사고로 인하여 「형법」 제268조의 죄를 범한 경우에는 5년 이하의 금고 또는 2천만원 이하의 벌금에 처한다.

②차의 교통으로 제1항의 죄 중 업무상과실치상죄(業務上過失致傷罪) 또는 중과실치상죄(重過失致傷罪)와 「도로교통법」 제151조의 죄를 범한 운전자에 대하여는 피해자의 명시적인 의사에 반하여 공소(公訴)를 제기할 수 없다. 다만, 차의 운전자가 제1항의 죄 중 업무상과실치상죄 또는 중과실치상죄를 범하고도 피해자를 구호(救護)하는 등 「도로교통법」 제54조제1항에 따른 조치를 하지 아니하고 도주하거나 피해자를 사고 장소로부터 옮겨 유기(遺棄)하고 도주한 경우, 같은 죄를 범하고 「도로교통법」 제44조제2항을 위반하여 음주측정 요구에 따르지 아니한 경우(운전자가 채혈 측정을 요청하거나 동의한 경우는 제외한다)와 다음 각 호의 어느 하나에 해당하는 행위로 인하여 같은 죄를 범한 경우에는 그러하지 아니하다.

1. 「도로교통법」 제5조에 따른 신호기가 표시하는 신호 또는 교통정리를 하는 경찰공무원등의 신호를 위반하거나 통행금지 또는 일시정지를 내용으로 하는 안전표지가 표시하는 지시를 위반하여 운전한 경우

2. 「도로교통법」 제13조제3항을 위반하여 중앙선을 침범하거나 같은 법 제62조를 위반하여 횡단, 유턴 또는

후진한 경우

　3. 「도로교통법」 제17조제1항 또는 제2항에 따른 제한속도를 시속 20킬로미터 초과하여 운전한 경우

　4. 「도로교통법」 제21조제1항, 제22조, 제23조에 따른 앞지르기의 방법·금지시기·금지장소 또는 끼어들기의 금지를 위반하거나 같은 법 제60조제2항에 따른 고속도로에서의 앞지르기 방법을 위반하여 운전한 경우

　5. 「도로교통법」 제24조에 따른 철길건널목 통과방법을 위반하여 운전한 경우

　6. 「도로교통법」 제27조제1항에 따른 횡단보도에서의 보행자 보호의무를 위반하여 운전한 경우

　7. 「도로교통법」 제43조, 「건설기계관리법」 제26조 또는 「도로교통법」 제96조를 위반하여 운전면허 또는 건설기계조종사면허를 받지 아니하거나 국제운전면허증을 소지하지 아니하고 운전한 경우. 이 경우 운전면허 또는 건설기계조종사면허의 효력이 정지 중이거나 운전의 금지 중인 때에는 운전면허 또는 건설기계조종사면허를 받지 아니하거나 국제운전면허증을 소지하지 아니한 것으로 본다.

　8. 「도로교통법」 제44조제1항을 위반하여 술에 취한 상태에서 운전을 하거나 같은 법 제45조를 위반하여 약물의 영향으로 정상적으로 운전하지 못할 우려가 있는 상태에서 운전한 경우

　9. 「도로교통법」 제13조제1항을 위반하여 보도(步道)

가 설치된 도로의 보도를 침범하거나 같은 법 제13조제2항에 따른 보도 횡단방법을 위반하여 운전한 경우

10. 「도로교통법」 제39조제2항에 따른 승객의 추락방지의무를 위반하여 운전한 경우

11. 「도로교통법」 제12조제3항에 따른 어린이 보호구역에서 같은 조 제1항에 따른 조치를 준수하고 어린이의 안전에 유의하면서 운전하여야 할 의무를 위반하여 어린이의 신체를 상해(傷害)에 이르게 한 경우

[전문개정 2011.4.12]

[교통사고처리 특례법 제4조]

제4조 【보험 등에 가입된 경우의 특례】 ①교통사고를 일으킨 차가 「보험업법」 제4조, 제126조, 제127조 및 제128조, 「여객자동차 운수사업법」 제60조, 제61조 또는 「화물자동차 운수사업법」 제51조에 따른 보험 또는 공제에 가입된 경우에는 제3조제2항 본문에 규정된 죄를 범한 차의 운전자에 대하여 공소를 제기할 수 없다. 다만, 다음 각 호의 어느 하나에 해당하는 경우에는 그러하지 아니하다.

1. 제3조제2항 단서에 해당하는 경우

2. 피해자가 신체의 상해로 인하여 생명에 대한 위험이 발생하거나 불구(不具)가 되거나 불치(不治) 또는 난치(難治)의 질병이 생긴 경우

3. 보험계약 또는 공제계약이 무효로 되거나 해지되거나

계약상의 면책 규정 등으로 인하여 보험회사, 공제조합 또는 공제사업자의 보험금 또는 공제금 지급의무가 없어진 경우

②제1항에서 "보험 또는 공제"란 교통사고의 경우 「보험업법」에 따른 보험회사나 「여객자동차 운수사업법」 또는 「화물자동차 운수사업법」에 따른 공제조합 또는 공제사업자가 인가된 보험약관 또는 승인된 공제약관에 따라 피보험자와 피해자 간 또는 공제조합원과 피해자 간의 손해배상에 관한 합의 여부와 상관없이 피보험자나 공제조합원을 갈음하여 피해자의 치료비에 관하여는 통상비용의 전액을, 그 밖의 손해에 관하여는 보험약관이나 공제약관으로 정한 지급기준금액을 대통령령으로 정하는 바에 따라 우선 지급하되, 종국적으로는 확정판결이나 그 밖에 이에 준하는 집행권원(執行權原)상 피보험자 또는 공제조합원의 교통사고로 인한 손해배상금 전액을 보상하는 보험 또는 공제를 말한다.

③제1항의 보험 또는 공제에 가입된 사실은 보험회사, 공제조합 또는 공제사업자가 제2항의 취지를 적은 서면에 의하여 증명되어야 한다.

[전문개정 2011.4.12]

♣ 대법원 2012.3.15. 선고 2011도17117 판결 ♣

【판시사항】

[1] 교통사고처리 특례법 제3조 제2항 제1호, 제4조 제1항 제1호에서 보험 또는 공제에 가입한 경우에도 교통사

고를 일으킨 차의 운전자에 대하여 공소를 제기할 수 있도록 규정한 '신호기에 의한 신호에 위반하여 운전한 경우'의 의미

[2] 택시 운전자인 피고인이 교통신호를 위반하여 진행한 과실로 교차로 내에서 갑이 운전하는 승용차와 충돌하여 갑 등으로 하여금 상해를 입게 하였다고 하여 교통사고처리 특례법 위반으로 기소된 사안에서, 제반 사정을 종합할 때 피고인의 신호위반행위가 교통사고 발생의 직접적인 원인이 되었다고 보아야 하는데도, 이와 달리 보아 공소를 기각한 원심판결에 인과관계에 관한 법리오해의 위법이 있다고 한 사례

【판결요지】

[1] 교통사고처리 특례법 제3조 제2항 제1호, 제4조 제1항 제1호의 규정에 의하면, 신호기에 의한 신호에 위반하여 운전한 경우에는 같은 법 제4조 제1항에서 정한 보험 또는 공제에 가입한 경우에도 공소를 제기할 수 있으나, 여기서 '신호기에 의한 신호에 위반하여 운전한 경우'란 신호위반행위가 교통사고 발생의 직접적인 원인이 된 경우를 말한다.

[2] 택시 운전자인 피고인이 교통신호를 위반하여 4거리 교차로를 진행한 과실로 교차로 내에서 갑이 운전하는 승용차와 충돌하여 갑 등으로 하여금 상해를 입게 하였다고 하여 교통사고처리 특례법 위반으로 기소된 사안에서, 피고인의 택시가 차량 신호등이 적색 등화임에도 횡단보도

앞 정지선 직전에 정지하지 않고 상당한 속도로 정지선을
넘어 횡단보도에 진입하였고, 횡단보도에 들어선 이후 차
량 신호등이 녹색 등화로 바뀌자 교차로로 계속 직진하여
교차로에 진입하자마자 교차로를 거의 통과하였던 갑의
승용차 오른쪽 뒤 문짝 부분을 피고인 택시 앞 범퍼 부분
으로 충돌한 점 등을 종합할 때, 피고인이 적색 등화에
따라 정지선 직전에 정지하였더라면 교통사고는 발생하지
않았을 것임이 분명하여 피고인의 신호위반행위가 교통사
고 발생의 직접적인 원인이 되었다고 보아야 하는데도,
이와 달리 보아 공소를 기각한 원심판결에 신호위반과 교
통사고의 인과관계에 관한 법리오해의 위법이 있다고 한
사례.

2. 교통사고처리 특례법 제3조

♣ 대법원 2011.7.28. 선고 2009도8222 판결 ♣

【판시사항】

[1] 교차로 직전의 횡단보도에 따로 차량보조등이 설치되
어 있지 아니한 경우, 교차로 차량신호등이 적색이고 횡
단보도 보행등이 녹색인 상태에서 횡단보도를 지나 우회
전하다가 업무상과실치상의 결과가 발생하면 교통사고처
리 특례법 제3조 제1항, 제2항 단서 제1호의 '신호위
반'에 해당하는지 여부(적극)

【판결요지】

[1] 교차로와 횡단보도가 연접하여 설치되어 있고 차량용 신호기는 교차로에만 설치된 경우에 있어서는, 그 차량용 신호기는 차량에 대하여 교차로의 통행은 물론 교차로 직전의 횡단보도에 대한 통행까지도 아울러 지시하는 것이라고 보아야 할 것이고, 횡단보도의 보행등 측면에 차량보조등이 설치되어 있지 아니하다고 하여 횡단보도에 대한 차량용 신호등이 없는 상태라고는 볼 수 없다. 위와 같은 경우에 그러한 교차로의 차량용 적색등화는 교차로 및 횡단보도 앞에서의 정지의무를 아울러 명하고 있는 것으로 보아야 하므로, 그와 아울러 횡단보도의 보행등이 녹색인 경우에는 모든 차량이 횡단보도 정지선에서 정지하여야 하고, 나아가 우회전하여서는 아니되며, 다만 횡단보도의 보행등이 적색으로 바뀌어 횡단보도로서의 성격을 상실한 때에는 우회전 차량은 횡단보도를 통과하여 신호에 따라 진행하는 다른 차마의 교통을 방해하지 아니하고 우회전할 수 있다. 따라서 교차로의 차량신호등이 적색이고 교차로에 연접한 횡단보도 보행등이 녹색인 경우에 차량 운전자가 위 횡단보도 앞에서 정지하지 아니하고 횡단보도를 지나 우회전하던 중 업무상과실치상의 결과가 발생하면 교통사고처리 특례법 제3조 제1항, 제2항 단서 제1호의 '신호위반'에 해당하고, 이때 위 신호위반 행위가 교통사고 발생의 직접적인 원인이 된 이상 사고장소가 횡단보도를 벗어난 곳이라 하여도 위 신호위반으로 인한 업무상과실치상죄가 성립함에는 지장이 없다.

3. 교통사고처리 특례법 제2조, 자동차손해배상 보장법 제2조, 형법 제268조

교통사고처리 특례법 제2조

제2조 【정의】 이 법에서 사용하는 용어의 뜻은 다음과 같다. <개정 2011.6.8>

1. "차"란 「도로교통법」 제2조제17호가목에 따른 차(車)와 「건설기계관리법」 제2조제1항제1호에 따른 건설기계를 말한다.

2. "교통사고"란 차의 교통으로 인하여 사람을 사상(死傷)하거나 물건을 손괴(損壞)하는 것을 말한다.

[전문개정 2011.4.12]

자동차손해배상 보장법 제2조

제2조 【정의】 이 법에서 사용하는 용어의 뜻은 다음과 같다. <개정 2009.2.6>

1. "자동차"란 「자동차관리법」의 적용을 받는 자동차와 「건설기계관리법」의 적용을 받는 건설기계 중 대통령령으로 정하는 것을 말한다.

2. "운행"이란 사람 또는 물건의 운송 여부와 관계없이 자동차를 그 용법에 따라 사용하거나 관리하는 것을 말한다.

3. "자동차보유자"란 자동차의 소유자나 자동차를 사용할 권리가 있는 자로서 자기를 위하여 자동차를 운행하는

자를 말한다.

4. "운전자"란 다른 사람을 위하여 자동차를 운전하거나 운전을 보조하는 일에 종사하는 자를 말한다.

5. "책임보험"이란 자동차보유자와 「보험업법」에 따라 허가를 받아 보험업을 영위하는 자(이하 "보험회사"라 한다)가 자동차의 운행으로 다른 사람이 사망하거나 부상한 경우 이 법에 따른 손해배상책임을 보장하는 내용을 약정하는 보험을 말한다.

6. "책임공제(責任共濟)"란 사업용 자동차의 보유자와 「여객자동차 운수사업법」, 「화물자동차 운수사업법」, 「건설기계관리법」에 따라 공제사업을 하는 자(이하 "공제사업자"라 한다)가 자동차의 운행으로 다른 사람이 사망하거나 부상한 경우 이 법에 따른 손해배상책임을 보장하는 내용을 약정하는 공제를 말한다.

7. "자동차보험진료수가(診療酬價)"란 자동차의 운행으로 사고를 당한 자(이하 "교통사고환자"라 한다)가 「의료법」에 따른 의료기관(이하 "의료기관"이라 한다)에서 진료를 받음으로써 발생하는 비용으로서 다음 각 목의 어느 하나의 경우에 적용되는 금액을 말한다.

　가. 보험회사(공제사업자를 포함한다. 이하 "보험회사 등"이라 한다)의 보험금(공제금을 포함한다. 이하 "보험금 등"이라 한다)으로 해당 비용을 지급하는 경우

　나. 제30조에 따른 자동차손해배상 보장사업의 보상금으로 해당 비용을 지급하는 경우

다. 교통사고환자에 대한 배상(제30조에 따른 보상을 포함한다)이 종결된 후 해당 교통사고로 발생한 치료비를 교통사고환자가 의료기관에 지급하는 경우

형법 제268조
제268조 【업무상과실·중과실 치사상】 업무상 과실 또는 중대한 과실로 인하여 사람을 사상에 이르게 한 자는 5년 이하의 금고 또는 2천만원 이하의 벌금에 처한다. <개정 1995.12.29>

♣ 대법원 2009.7.9. 선고 2009도2390 판결 ♣

【판시사항】
[1] 교통사고처리 특례법 제2조 제2호에 정한 '교통'을 자동차손해배상 보장법 제2조 제2호에 정한 '운행'보다 제한적으로 해석하여야 하는지 여부(적극)
[2] 화물차를 주차하고 적재함에 적재된 토마토 상자를 운반하던 중 적재된 상자 일부가 떨어지면서 지나가던 피해자에게 상해를 입힌 경우, 교통사고처리 특례법에 정한 '교통사고'에 해당하지 않아 업무상과실치상죄가 성립한다고 한 사례

【판결요지】
[1] 교통사고처리 특례법 제2조 제2호에서 '교통사고'란 차의 교통으로 인하여 사람을 사상하거나 물건을 손괴하는 것을 말한다고 규정하고 있는바, 교통사고를 일으킨

운전자에 대한 형사처벌의 특례를 정하는 것을 주된 목적으로 하는 교통사고처리 특례법의 입법 취지와 자동차 운행으로 인한 피해자의 보호를 주된 목적으로 하는 자동차손해배상 보장법의 입법 취지가 서로 다른 점, '교통'이란 원칙적으로 사람 또는 물건의 이동이나 운송을 전제로 하는 용어인 점 등에 비추어 보면, 교통사고처리 특례법 제2조 제2호에 정한 '교통'은 자동차손해배상 보장법 제2조 제2호에 정한 '운행'보다 제한적으로 해석하여야 한다.

[2] 화물차를 주차하고 적재함에 적재된 토마토 상자를 운반하던 중 적재된 상자 일부가 떨어지면서 지나가던 피해자에게 상해를 입힌 경우, 교통사고처리 특례법에 정한 '교통사고'에 해당하지 않아 업무상과실치상죄가 성립한다고 한 사례.

4. 교통사고처리 특례법 제3조, 특정범죄 가중처벌 등에 관한 법률 제5조의11, 형법 제268조

특정범죄 가중처벌 등에 관한 법률 제5조의11

제5조의11【위험운전 치사상】 음주 또는 약물의 영향으로 정상적인 운전이 곤란한 상태에서 자동차(원동기장치자전거를 포함한다)를 운전하여 사람을 상해에 이르게 한 사람은 10년 이하의 징역 또는 500만원 이상 3천만원 이하의 벌금에 처하고, 사망에 이르게 한 사람은 1년 이상의 유기징역에 처한다.

[전문개정 2010.3.31]

♣ 대법원 2008.12.11. 선고 2008도9182 판결 ♣

【판시사항】
[1] 교통사고처리특례법 제3조 제2항 단서의 각 호에서 규정한 예외 사유가 경합할 때의 죄수(=일죄)
[2] 위험운전치사상죄의 입법 취지 및 교통사고처리특례법 위반죄와의 관계(=흡수관계)

【판결요지】
[1] 교통사고로 인하여 업무상과실치상죄 또는 중과실치상죄를 범한 운전자에 대하여 피해자의 명시한 의사에 반하여 공소를 제기할 수 있는 교통사고처리특례법 제3조 제2항 단서 각 호의 사유는 같은 법 제3조 제1항 위반죄의 구성요건 요소가 아니라 그 공소제기의 조건에 관한 사유이다. 따라서 위 단서 각 호의 사유가 경합한다 하더라도 하나의 교통사고처리특례법 위반죄가 성립할 뿐, 그 각 호마다 별개의 죄가 성립하는 것은 아니다.
[2] 음주로 인한 특정범죄가중처벌 등에 관한 법률 위반(위험운전치사상)죄는 그 입법 취지와 문언에 비추어 볼 때, 주취상태의 자동차 운전으로 인한 교통사고가 빈발하고 그로 인한 피해자의 생명·신체에 대한 피해가 중대할 뿐만 아니라, 사고발생 전 상태로의 회복이 불가능하거나 쉽지 않은 점 등의 사정을 고려하여, 형법 제268조에서 규정하고 있는 업무상과실치사상죄의 특례를 규정하여 가

중처벌함으로써 피해자의 생명·신체의 안전이라는 개인적 법익을 보호하기 위한 것이다. 따라서 그 죄가 성립하는 때에는 차의 운전자가 형법 제268조의 죄를 범한 것을 내용으로 하는 교통사고처리특례법 위반죄는 그 죄에 흡수되어 별죄를 구성하지 아니한다.

5. 도로교통법 제164조, 교통사고처리 특례법 제3조, 도로교통법 제162조

도로교통법 제164조

제164조 【범칙금의 납부】 ①제163조에 따라 범칙금 납부통고서를 받은 사람은 10일 이내에 경찰청장이 지정하는 국고은행, 지점, 대리점, 우체국 또는 제주특별자치도지사가 지정하는 금융회사 등이나 그 지점에 범칙금을 내야 한다. 다만, 천재지변이나 그 밖의 부득이한 사유로 말미암아 그 기간에 범칙금을 낼 수 없는 경우에는 부득이한 사유가 없어지게 된 날부터 5일 이내에 내야 한다.
②제1항에 따른 납부기간에 범칙금을 내지 아니한 사람은 납부기간이 끝나는 날의 다음 날부터 20일 이내에 통고받은 범칙금에 100분의 20을 더한 금액을 내야 한다.
③제1항이나 제2항에 따라 범칙금을 낸 사람은 범칙행위에 대하여 다시 벌 받지 아니한다.
[전문개정 2011.6.8]

도로교통법 제162조

제162조 【통칙】 ①이 장에서 "범칙행위"란 제156조 각 호 또는 제157조 각 호의 죄에 해당하는 위반행위를 말하며, 그 구체적인 범위는 대통령령으로 정한다.

②이 장에서 "범칙자"란 범칙행위를 한 사람으로서 다음 각 호의 어느 하나에 해당하지 아니하는 사람을 말한다.

1. 범칙행위 당시 제92조제1항에 따른 운전면허증등 또는 이를 갈음하는 증명서를 제시하지 못하거나 경찰공무원의 운전자 신원 및 운전면허 확인을 위한 질문에 응하지 아니한 운전자

2. 범칙행위로 교통사고를 일으킨 사람. 다만, 「교통사고처리 특례법」 제3조제2항 및 제4조에 따라 업무상과실치상죄·중과실치상죄 또는 이 법 제151조의 죄에 대한 벌을 받지 아니하게 된 사람은 제외한다.

③이 장에서 "범칙금"이란 범칙자가 제163조에 따른 통고처분에 따라 국고(國庫) 또는 제주특별자치도의 금고에 내야 할 금전을 말하며, 범칙금의 액수는 범칙행위의 종류 및 차종(車種) 등에 따라 대통령령으로 정한다.

[전문개정 2011.6.8]

♣ 대법원 2007.4.12. 선고 2006도4322 판결 ♣

【판시사항】

[1] 이미 범칙금을 납부한 범칙행위와 같은 일시·장소에서 이루어진 별개의 형사범죄행위에 대하여 범칙금의 납부로 인한 불처벌의 효력이 미치는지 여부(소극)

[2] 교통사고처리특례법 제3조 제2항 단서의 각 호에서 규정한 예외사유가 같은 법 제3조 제1항 위반죄의 구성요건 요소인지, 아니면 그 공소제기의 조건에 관한 사유인지 여부(=공소제기의 조건에 관한 사유)

[3] 신호위반을 이유로 도로교통법에 따라 범칙금을 납부한 자를 교통사고처리특례법에 따라 그 신호위반으로 인한 업무상과실치상죄로 다시 처벌할 수 있는지 여부(적극)

【판결요지】

[1] 도로교통법(2005. 5. 31. 법률 제7545호로 전문 개정되기 전의 것) 제119조 제3항에 의하면, 범칙금 납부 통고를 받고 범칙금을 납부한 사람은 그 범칙행위에 대하여 다시 벌받지 아니한다고 규정하고 있는바, 범칙금의 통고 및 납부 등에 관한 같은 법의 규정들의 내용과 취지에 비추어 볼 때 범칙자가 경찰서장으로부터 범칙행위를 하였음을 이유로 범칙금 통고를 받고 그 범칙금을 납부한 경우 다시 벌받지 아니하게 되는 행위는 범칙금 통고의 이유에 기재된 당해 범칙행위 자체 및 그 범칙행위와 동일성이 인정되는 범칙행위에 한정된다고 해석함이 상당하므로, 범칙행위와 같은 때, 같은 곳에서 이루어진 행위라 하더라도 범칙행위와 별개의 형사범죄행위에 대하여는 범칙금의 납부로 인한 불처벌의 효력이 미치지 아니한다.

[2] 교통사고로 인하여 업무상과실치상죄 또는 중과실치상죄를 범한 운전자에 대하여 피해자의 명시한 의사에 반

하여 공소를 제기할 수 있도록 하고 있는 교통사고처리특
례법 제3조 제2항 단서의 각 호에서 규정한 신호위반 등
의 예외사유는 같은 법 제3조 제1항 위반죄의 구성요건
요소가 아니라 그 공소제기의 조건에 관한 사유이다.

[3] 교통사고처리특례법 제3조 제2항 단서 각 호에서 규
정한 예외사유에 해당하는 신호위반 등의 범칙행위와 같
은 법 제3조 제1항 위반죄는 그 행위의 성격 및 내용이나
죄질, 피해법익 등에 현저한 차이가 있어 동일성이 인정
되지 않는 별개의 범죄행위라고 보아야 할 것이므로, 교
통사고처리특례법 제3조 제2항 단서 각 호의 예외사유에
해당하는 신호위반 등의 범칙행위로 교통사고를 일으킨
사람이 통고처분을 받아 범칙금을 납부하였다고 하더라
도, 업무상과실치상죄 또는 중과실치상죄에 대하여 같은
법 제3조 제1항 위반죄로 처벌하는 것이 도로교통법 제
119조 제3항에서 금지하는 이중처벌에 해당한다고 볼 수
없다.

6. 도로교통법 제24조, 교통사고처리 특례법 제3조

도로교통법 제24조

제24조 【철길 건널목의 통과】 ①모든 차의 운전자는 철길
건널목(이하 "건널목"이라 한다)을 통과하려는 경우에는
건널목 앞에서 일시정지하여 안전한지 확인한 후에 통과
하여야 한다. 다만, 신호기 등이 표시하는 신호에 따르는
경우에는 정지하지 아니하고 통과할 수 있다.

②모든 차의 운전자는 건널목의 차단기가 내려져 있거나 내려지려고 하는 경우 또는 건널목의 경보기가 울리고 있는 동안에는 그 건널목으로 들어가서는 아니 된다.
③모든 차의 운전자는 건널목을 통과하다가 고장 등의 사유로 건널목 안에서 차를 운행할 수 없게 된 경우에는 즉시 승객을 대피시키고 비상신호기 등을 사용하거나 그 밖의 방법으로 철도공무원이나 경찰공무원에게 그 사실을 알려야 한다.
[전문개정 2011.6.8]

♣ 대법원 2003. 10. 23. 선고 2003도3529 판결 ♣

【판시사항】
보행등이 설치되어 있지 아니한 횡단보도를 진행하는 차량의 운전자가 인접한 교차로의 차량진행신호에 따라 진행하다 교통사고를 낸 경우, 횡단보도에서의 보행자보호의무 위반의 책임을 지게 되는지 여부(적극)

【판결요지】
횡단보도에 보행자를 위한 보행등이 설치되어 있지 않다고 하더라도 횡단보도표시가 되어 있는 이상 그 횡단보도는 도로교통법에서 말하는 횡단보도에 해당하므로, 이러한 횡단보도를 진행하는 차량의 운전자가 도로교통법 제24조 제1항의 규정에 의한 횡단보도에서의 보행자보호의무를 위반하여 교통사고를 낸 경우에는 교통사고처리특례법 제3조 제2항 단서 제6호 소정의 횡단보도에서의 보행자보호의무 위반의 책임을 지게 되는 것이며, 비록 그 횡단보도가 교차로에 인접하여 설치되어 있고 그 교차로의 차량신호등이 차량진행신호였다고 하더라도 이러한 경우 그 차량신호등은 교차로를 진행할 수 있다는 것에 불과하지, 보행등이 설치되어 있지 아니한 횡단보도를 통행하는 보행자에 대한 보행자보호의무를 다하지 아니하여도 된다는 것을 의미하는 것은 아니므로 달리 볼 것은 아니다.

7. 구 교통사고처리 특례법(2011. 4. 12. 법률 제10575호로 개정되기 전의 것) 제1조, 제4조

구 교통사고처리 특례법(2011. 4. 12. 법률 제10575호로 개정되기 전의 것) 제1조

제1조 【목적】 이 법은 업무상과실 또는 중대한 과실로 교통사고를 일으킨 운전자에 관한 형사처벌등의 특례를 정함으로써 교통사고로 인한 피해의 신속한 회복을 촉진하고 국민생활의 편익을 증진함을 목적으로 한다.

구 교통사고처리 특례법(2011. 4. 12. 법률 제10575호로 개정되기 전의 것) 제4조

제4조 【보험등에 가입된 경우의 특례】 ①교통사고를 일으킨 차가 「보험업법」 제4조 및 제126조부터 제128조까지, 「여객자동차 운수사업법」 제60조·제61조 또는 「화물자동차 운수사업법」 제51조에 따라 보험 또는 공제에 가입된 경우에는 제3조제2항 본문에 규정된 죄를 범한 당해

차의 운전자에 대하여 공소를 제기할 수 없다. 다만, 다음 각 호의 어느 하나에 해당하는 경우에는 그러하지 아니하다. <개정 1984.8.4, 1997.8.30, 2003.5.29, 2008.3.21, 2010.1.25>

　1. 제3조제2항 단서에 해당하는 경우

　2. 피해자가 신체의 상해로 인하여 생명에 대한 위험이 발생하거나 불구(不具) 또는 불치(不治)나 난치(難治)의 질병에 이르게 된 경우

　3. 보험계약 또는 공제계약이 무효 또는 해지되거나 계약상의 면책규정 등으로 인하여 보험회사, 공제조합 또는 공제사업자의 보험금 또는 공제금 지급의무가 없게 된 경우

②제1항에서 "보험 또는 공제"라 함은 교통사고의 경우 「보험업법」에 따른 보험회사나 「여객자동차 운수사업법」 또는 「화물자동차 운수사업법」에 따른 공제조합 또는 공제사업자가 인가된 보험약관 또는 승인된 공제약관에 의하여 피보험자 또는 공제조합원과 피해자간의 손해배상에 관한 합의 여부에 불구하고 피보험자 또는 공제조합원에 갈음하여 피해자의 치료비에 관하여는 통상비용의 전액을, 기타의 손해에 관하여는 보험약관 또는 공제약관에서 정한 지급기준금액을 대통령령이 정하는 바에 의하여 우선 지급하되, 종국적으로는 확정판결 기타 이에 준하는 채무명의상 피보험자 또는 공제조합원의 교통사고로 인한 손해배상금 전액을 보상하는 보험 또는 공제를 말한

다. <개정 1997.8.30, 2010.1.25>

③제1항의 보험 또는 공제에 가입된 사실은 보험회사, 공제조합 또는 공제사업자가 제2항의 취지를 기재한 서면에 의하여 증명되어야 한다. <개정 2010.1.25>

[2005헌마764, 2008헌마118(병합), 2009.2.26, 교통사고처리특례법(2003. 5. 29. 법률 제6891호로 개정된 것) 제4조 제1항 본문 중 업무상 과실 또는 중대한 과실로 인한 교통사고로 말미암아 피해자로 하여금 중상해에 이르게 한 경우에 공소를 제기할 수 없도록 규정한 부분은 헌법에 위반된다.]

♣ 대법원 2012.10.25. 선고 2011도6273 판결 ♣

【판시사항】

[1] 교통사고처리 특례법상 형사처벌 등 특례의 적용대상이 되는 '보험 또는 공제에 가입된 경우'의 의미

[2] 피고인이 자전거를 운전하고 가다가 전방 주시를 게을리한 과실로 피해자 갑을 들이받아 상해를 입게 하여 교통사고처리 특례법 위반으로 기소되었는데, 자전거는 보험에 가입되지 않았으나 피고인이 별도로 배상책임액을 1억 원 내로 하는 내용의 종합보험에 가입한 사안에서, 합의금 등 손해액을 위 보험에 기하여 지급하였다는 이유로 공소를 기각한 원심판결에 같은 법 제4조 제1항, 제2항의 '보험' 등에 관한 법리오해의 잘못이 있다고 한 사례

【판결요지】

[1] 교통사고처리 특례법(이하 '특례법'이라고 한다)의 목적 및 취지와 아울러 특례법 제4조 제2항에서 제1항의 '보험 또는 공제'의 정의에 관하여 '보험업법에 따른 보험회사나 여객자동차 운수사업법 또는 화물자동차 운수사업법에 따른 공제조합 또는 공제사업자가 인가된 보험약관 또는 승인된 공제약관에 따라 피보험자와 피해자 간 또는 공제조합원과 피해자 간의 손해배상에 관한 합의 여부와 상관없이 피보험자나 공제조합원을 갈음하여 피해자의 치료비에 관하여는 통상비용의 전액을, 그 밖의 손해에 관하여는 보험약관이나 공제약관으로 정한 지급기준금액을 대통령령으로 정하는 바에 따라 우선 지급하되, 종국적으로는 확정판결이나 그 밖에 이에 준하는 집행권원상 피보험자 또는 공제조합원의 교통사고로 인한 손해배상금 전액을 보상하는 보험 또는 공제'라고 명시하고 있음에 비추어 볼 때, 위 특례법상 형사처벌 등 특례의 적용대상이 되는 '보험 또는 공제에 가입된 경우'란 '교통사고를 일으킨 차'가 위 보험 등에 가입되거나 '그 차의 운전자'가 차의 운행과 관련한 보험 등에 가입한 경우에 그 가입한 보험에 의하여 특례법 제4조 제2항에서 정하고 있는 교통사고 손해배상금 전액의 신속·확실한 보상의 권리가 피해자에게 주어지는 경우를 가리킨다.

[2] 피고인이 자전거를 운전하고 가다가 전방 주시를 게을리한 과실로 피해자 갑을 들이받아 상해를 입게 하여

교통사고처리 특례법(이하 '특례법'이라고 한다) 위반으로 기소되었는데, 자전거는 보험에 가입되지 않았으나 피고인이 별도로 '일상생활 중 우연한 사고로 타인의 신체장애 및 재물 손해에 대해 부담하는 법률상 배상책임액을 1억 원 한도 내에서 전액 배상'하는 내용의 종합보험에 가입한 사안에서, 피고인이 가입한 보험은 보상한도금액이 1억 원에 불과하여 1억 원을 초과하는 손해가 발생한 경우 갑은 위 보험에 의하여 보상을 받을 수 없으므로, 이러한 형태의 보험은 피보험자의 교통사고로 인한 손해배상금의 전액보상을 요건으로 하는 특례법 제4조 제1항, 제2항에서 의미하는 보험 등에 해당한다고 볼 수 없는데도, 피고인과 갑의 합의금 등 손해액을 위 보험에 기하여 지급하였다는 이유만으로 공소를 기각한 원심판결에 특례법 제4조 제1항, 제2항의 '보험' 등에 관한 법리를 오해한 잘못이 있다고 한 사례.

8. 구 도로교통법 시행규칙(2010. 8. 24. 행정안전부령 제156호로 개정되기 전의 것) 제6조, 구 교통사고처리 특례법(2011. 4. 12. 법률 제10575호로 개정되기 전의 것) 제3조, 도로교통법 제4조

> 구 도로교통법 시행규칙(2010. 8. 24. 행정안전부령 제156호로 개정되기 전의 것) 제6조
> 제6조 【신호기】 ①법 제4조에 따른 신호기의 종류 및 만

드는 방식은 별표 1과 같다.

②제1항에 따른 신호기가 표시하는 신호의 종류 및 그 뜻은 별표 2와 같다.

③제1항에 따른 신호기는 법 제3조제1항 및 영 제86조제1항에 따라 지방경찰청장 또는 경찰서장이 필요하다고 인정하는 교차로 그 밖의 도로에 설치하되 그 앞쪽에서 잘 보이도록 설치하여야 한다.

구 교통사고처리 특례법(2011. 4. 12. 법률 제10575호로 개정되기 전의 것) 제3조

제3조 【처벌의 특례】 ①차의 운전자가 교통사고로 인하여 「형법」 제268조의 죄를 범한 때에는 5년 이하의 금고 또는 2천만원 이하의 벌금에 처한다. <개정 1984.8.4, 1993.6.11, 1996.8.14, 2010.1.25>

②차의 교통으로 제1항의 죄중 업무상과실치상죄 또는 중과실치상죄와 「도로교통법」 제151조의 죄를 범한 운전자에 대하여는 피해자의 명시한 의사에 반하여 공소를 제기할 수 없다. 다만, 차의 운전자가 제1항의 죄중 업무상과실치상죄 또는 중과실치상죄를 범하고 피해자를 구호하는 등 「도로교통법」 제54조제1항의 규정에 의한 조치를 하지 아니하고 도주 하거나 피해자를 사고장소로부터 옮겨 유기하고 도주한 때, 같은 죄를 범하고 「도로교통법」 제44조제2항을 위반하여 음주측정요구에 불응(운전자가 채혈측정을 요청하거나 동의한 때에는 제외한다)한 때와

다음 각호의 1에 해당하는 행위로 인하여 동죄를 범한 때에는 그러하지 아니하다. <개정 1984.8.4, 1993.6.11, 1995.1.5,   1996.8.14,   2005.5.31,   2007.12.21, 2010.1.25>

1. 「도로교통법」 제5조의 규정에 의한 신호기 또는 교통정리를 하는 경찰공무원등의 신호나 통행의 금지 또는 일시정지를 내용으로 하는 안전표지가 표시하는 지시에 위반하여 운전한 경우

2. 「도로교통법」 제13조제3항의 규정에 위반하여 중앙선을 침범하거나 동법 제62조의 규정에 위반하여 횡단·유턴 또는 후진한 경우

3. 「도로교통법」 제17조제1항 또는 제2항의 규정에 의한 제한속도를 매시 20킬로미터를 초과하여 운전한 경우

4. 「도로교통법」 제21조제1항·제22조·제23조 또는 제60조제2항의 규정에 의한 앞지르기의 방법·금지시기·금지장소 또는 끼어들기의 금지에 위반하여 운전한 경우

5. 「도로교통법」 제24조의 규정에 의한 건널목 통과방법을 위반하여 운전한 경우

6. 「도로교통법」 제27조제1항의 규정에 의한 횡단보도에서의 보행자보호의무를 위반하여 운전한 경우

7. 「도로교통법」 제43조제1항, 「건설기계관리법」 제26조 또는 「도로교통법」 제96조의 규정에 위반하여 운전면허 또는 건설기계조종사면허를 받지 아니하거나 국

제운전면허증을 소지하지 아니하고 운전한 경우. 이 경우 운전면허 또는 건설기계조종사면허의 효력이 정지중에 있거나 운전의 금지중에 있는 때에는 운전면허 또는 건설기계조종사면허를 받지 아니하거나 국제운전면허증을 소지하지 아니한 것으로 본다.

8. 「도로교통법」 제44조제1항의 규정에 위반하여 주취중에 운전을 하거나 동법 제45조의 규정에 위반하여 약물의 영향으로 정상한 운전을 하지 못할 염려가 있는 상태에서 운전한 경우

9. 「도로교통법」 제13조제1항의 규정에 위반하여 보도가 설치된 도로의 보도를 침범하거나 동법 제13조제2항의 규정에 의한 보도횡단방법에 위반하여 운전한 경우

10. 「도로교통법」 제39조제2항의 규정에 의한 승객의 추락방지의무를 위반하여 운전한 경우

11. 「도로교통법」 제12조제3항에 따른 어린이 보호구역에서 같은 조 제1항에 따른 조치를 준수하고 어린이의 안전에 유의하면서 운전하여야 할 의무를 위반하여 어린이의 신체를 상해에 이르게 한 경우

도로교통법 제4조

제4조 【교통안전시설의 종류 등】 교통안전시설의 종류, 교통안전시설을 만드는 방식과 설치하는 곳, 그 밖에 교통안전시설에 관하여 필요한 사항은 안전행정부령으로 정한다. <개정 2013.3.23>

[전문개정 2011.6.8]

♣ 대법원 2011.7.28. 선고 2011도3970 판결 ♣

【판시사항】

[1] '적색등화에 신호에 따라 진행하는 다른 차마의 교통을 방해하지 아니하고 우회전할 수 있다'는 구 도로교통법 시행규칙 제6조 제2항 [별표 2]의 취지

【판결요지】

[1] 구 도로교통법 시행규칙(2010. 8. 24. 행정안전부령 제156호로 개정되기 전의 것, 이하 '구 시행규칙'이라고 한다) 제6조 제2항 [별표 2]의 조문 체계, [별표 2]는 녹색등화에 우회전 또는 비보호좌회전표시가 있는 곳에서 좌회전을 하는 경우에도 다른 교통에 방해가 되지 아니하도록 진행하여야 하나 다만 좌회전을 하는 경우에만 다른 교통에 방해가 된 때에 신호위반책임을 진다고 명시적으로 규정하고 있는 점, 비보호좌회전표시가 있는 곳에서 녹색등화에 좌회전을 하다 다른 교통에 방해가 된 경우 신호위반의 책임을 지우는 대신 안전운전의무위반의 책임만 지우도록 하기 위하여 2010. 8. 24. 행정안전부령 제156호로 구 시행규칙 [별표 2] 중 녹색등화에 관한 규정을 개정하였으나 비보호좌회전표지·표시가 있는 곳에서 녹색등화에 좌회전을 하더라도 여전히 반대방면에서 오는 차량 또는 교통에 방해가 되지 아니하도록 하여야 하는 점에다가 우리나라의 교통신호체계에 관한 기본태도나 그

변화 등에 비추어 보면, 적색등화에 신호에 따라 진행하는 다른 차마의 교통을 방해하지 아니하고 우회전할 수 있다는 구 시행규칙 [별표 2]의 취지는 차마는 적색등화에도 원활한 교통소통을 위하여 우회전을 할 수 있되, 신호에 따라 진행하는 다른 차마의 신뢰 및 안전을 보호하기 위하여 다른 차마의 교통을 잘 살펴 방해하지 아니하여야 할 안전운전의무를 부과한 것이고, 다른 차마의 교통을 방해하게 된 경우에 신호위반의 책임까지 지우려는 것은 아니다.

9. 국가배상법 제5조, 제6조, 도로교통법 제3조

국가배상법 제5조

제5조 【공공시설 등의 하자로 인한 책임】 ①도로·하천, 그 밖의 공공의 영조물(營造物)의 설치나 관리에 하자(瑕疵)가 있기 때문에 타인에게 손해를 발생하게 하였을 때에는 국가나 지방자치단체는 그 손해를 배상하여야 한다. 이 경우 제2조제1항 단서, 제3조 및 제3조의2를 준용한다.
②제1항을 적용할 때 손해의 원인에 대하여 책임을 질 자가 따로 있으면 국가나 지방자치단체는 그 자에게 구상할 수 있다.
[전문개정 2008.3.14]

국가배상법 제6조

제6조 【비용부담자 등의 책임】 ①제2조·제3조 및 제5조에

따라 국가나 지방자치단체가 손해를 배상할 책임이 있는 경우에 공무원의 선임·감독 또는 영조물의 설치·관리를 맡은 자와 공무원의 봉급·급여, 그 밖의 비용 또는 영조물의 설치·관리 비용을 부담하는 자가 동일하지 아니하면 그 비용을 부담하는 자도 손해를 배상하여야 한다.

②제1항의 경우에 손해를 배상한 자는 내부관계에서 그 손해를 배상할 책임이 있는 자에게 구상할 수 있다.

[전문개정 2008.3.14]

도로교통법 제3조

제3조 【신호기 등의 설치 및 관리】　①특별시장·광역시장·제주특별자치도지사 또는 시장·군수(광역시의 군수는 제외한다. 이하 "시장등"이라 한다)는 도로에서의 위험을 방지하고 교통의 안전과 원활한 소통을 확보하기 위하여 필요하다고 인정하는 경우에는 신호기 및 안전표지(이하 "교통안전시설"이라 한다)를 설치·관리하여야 한다. 다만, 「유료도로법」 제6조에 따른 유료도로에서는 시장등의 지시에 따라 그 도로관리자가 교통안전시설을 설치·관리하여야 한다.

②도(道)는 제1항에 따라 시장이나 군수가 교통안전시설을 설치·관리하는 데에 드는 비용의 전부 또는 일부를 시(市)나 군(郡)에 보조할 수 있다.

③시장등은 대통령령으로 정하는 사유로 도로에 설치된 교통안전시설을 철거하거나 원상회복이 필요한 경우에는

그 사유를 유발한 사람으로 하여금 해당 공사에 드는 비용의 전부 또는 일부를 부담하게 할 수 있다.
④제3항에 따른 부담금의 부과기준 및 환급에 관하여 필요한 사항은 대통령령으로 정한다.
⑤시장등은 제3항에 따라 부담금을 납부하여야 하는 사람이 지정된 기간에 이를 납부하지 아니하면 지방세 체납처분의 예에 따라 징수한다.
[전문개정 2011.6.8]

♣ 대법원 2007.10.26. 선고 2005다51235 판결 ♣

【판시사항】
[1] 국가배상법 제5조 제1항에 정한 '영조물의 설치 또는 관리의 하자'의 의미 및 그 판단 기준
[2] 보행자 신호기가 고장난 횡단보도 상에서 교통사고가 발생한 사안에서, 적색등의 전구가 단선되어 있었던 위 보행자 신호기는 그 용도에 따라 통상 갖추어야 할 안전성을 갖추지 못한 관리상의 하자가 있어 지방자치단체의 배상책임이 인정된다고 한 사례

【이 유】
상고이유를 본다.
국가배상법 제5조 제1항에 정해진 영조물의 설치 또는 관리의 하자라 함은 영조물이 그 용도에 따라 통상 갖추어야 할 안전성을 갖추지 못한 상태에 있음을 말하는 것이며, 다만 영조물이 완전무결한 상태에 있지 아니하고 그

기능상 어떠한 결함이 있다는 것만으로 영조물의 설치 또는 관리에 하자가 있다고 할 수 없고, 위와 같은 안전성의 구비 여부를 판단함에 있어서는 당해 영조물의 용도, 그 설치장소의 현황 및 이용 상황 등 제반 사정을 종합적으로 고려하여 설치·관리자가 그 영조물의 위험성에 비례하여 사회통념상 일반적으로 요구되는 정도의 방호조치 의무를 다하였는지 여부를 그 기준으로 삼아야 할 것이며, 만일 객관적으로 보아 시간적·장소적으로 영조물의 기능상 결함으로 인한 손해발생의 예견가능성과 회피가능성이 없는 경우, 즉 그 영조물의 결함이 영조물의 설치·관리자의 관리행위가 미칠 수 없는 상황 아래에 있는 경우임이 입증되는 경우라면 영조물의 설치·관리상의 하자를 인정할 수 없다고 할 것이다(대법원 2000. 2. 25. 선고 99다54004 판결, 대법원 2001. 7. 27. 선고 2000다56822 판결 등 참조).

원심판결 이유를 기록에 비추어 살펴보면, 이 사건 사고 장소가 평소 차량 및 일반인들의 통행이 많은 곳일 뿐만 아니라 가해 버스가 진행하던 도로는 편도 3차선의 넓은 도로여서 횡단보도 및 신호기가 설치되지 않을 경우 무단 횡단 등으로 인하여 교통사고가 발생할 위험성이 높은 곳인 점, 이 사건 사고 장소에는 가해 버스의 진행방향에서 보아 교차로 건너편에 차량용 신호가 있고 교차로를 지난 직후 이 사건 보행자 신호기가 설치된 횡단보도가 있는데, 교차로를 통행하는 운전자로서는 차량용 신호기가 진행신호인 경우 횡단보도에 설치된 보행자 신호기가 정지

신호일 것이라고 신뢰하고 횡단보도 앞에서 감속하거나 일단정지를 하지 않을 것이므로, 횡단보도에 설치된 보행자 신호기가 고장이 나서 그 신호기의 신호와 차량용 신호기의 신호가 불일치 또는 모순되는 경우 교통사고가 발생할 위험성이 큰 점, 보행자 신호기에 아무런 표시등도 켜져 있지 않은 경우 보행자가 횡단보도를 건너다가 사고가 발생하였다 하더라도 그 사고가 오로지 보행자의 과실에만 기인한 것이고 보행자 신호기의 고장과는 무관한 것이라고 할 수 없는 점, 특히 이 사건에서 피고와의 교통신호등 유지보수공사 계약에 따라 사고 장소의 각 신호기를 관리하여 오던 삼흥전설이라는 업체는 매일 순회하면서 신호기의 정상작동 여부를 확인, 점검하여 고장 신호기를 보수하고 있는데 이 사건 사고 발생 이틀 후에야 비로소 위 고장 신호기가 수리된 점 등의 각 사정에 비추어, 피고가 자신이 관리하는 영조물인 이 사건 보행자 신호기의 위험성에 비례하여 사회통념상 일반적으로 요구되는 정도의 방호조치의무를 다하였다고는 볼 수 없고, 객관적으로 보아 시간적·장소적으로 영조물의 기능상 결함으로 인한 손해발생의 예견가능성과 회피가능성이 없는 경우에 해당한다고 볼 수도 없다는 이유로, 이 사건 사고 당시 적색등의 전구가 단선되어 있었던 이 사건 보행자 신호기에는 그 용도에 따라 통상 갖추어야 할 안전성을 갖추지 못한 관리상의 하자가 있었다고 본 원심의 판단은 정당하고, 거기에 상고이유의 주장과 같이 경험칙이나 판례의 위반 또는 판결에 영향을 미친 판단누락 등의 위법은 없다. 상고논지는 모두 이유 없다.

10. 구 도로교통법 시행규칙(2010. 8. 24. 행정안전부령
    제156호로 개정되기 전의 것) 제6조, 구 교통사고처
    리 특례법(2011. 4. 12. 법률 제10575호로 개정되기 전
    의 것) 제3조, 도로교통법 제4조

♣ 대법원 2011.7.28. 선고 2011도3970 판결 ♣

【판시사항】
[1] '적색등화에 신호에 따라 진행하는 다른 차마의 교
통을 방해하지 아니하고 우회전할 수 있다'는 구 도로교
통법 시행규칙 제6조 제2항 [별표 2]의 취지

【판결요지】
[1] 구 도로교통법 시행규칙(2010. 8. 24. 행정안전부령
제156호로 개정되기 전의 것, 이하 '구 시행규칙'이라
고 한다) 제6조 제2항 [별표 2]의 조문 체계, [별표 2]는
녹색등화에 우회전 또는 비보호좌회전표시가 있는 곳에서
좌회전을 하는 경우에도 다른 교통에 방해가 되지 아니하
도록 진행하여야 하나 다만 좌회전을 하는 경우에만 다른
교통에 방해가 된 때에 신호위반책임을 진다고 명시적으
로 규정하고 있는 점, 비보호좌회전표시가 있는 곳에서
녹색등화에 좌회전을 하다 다른 교통에 방해가 된 경우
신호위반의 책임을 지우는 대신 안전운전의무위반의 책임

만 지우도록 하기 위하여 2010. 8. 24. 행정안전부령 제156호로 구 시행규칙 [별표 2] 중 녹색등화에 관한 규정을 개정하였으나 비보호좌회전표지·표시가 있는 곳에서 녹색등화에 좌회전을 하더라도 여전히 반대방면에서 오는 차량 또는 교통에 방해가 되지 아니하도록 하여야 하는 점에다가 우리나라의 교통신호체계에 관한 기본태도나 그 변화 등에 비추어 보면, 적색등화에 신호에 따라 진행하는 다른 차마의 교통을 방해하지 아니하고 우회전할 수 있다는 구 시행규칙 [별표 2]의 취지는 차마는 적색등화에도 원활한 교통소통을 위하여 우회전을 할 수 있되, 신호에 따라 진행하는 다른 차마의 신뢰 및 안전을 보호하기 위하여 다른 차마의 교통을 잘 살펴 방해하지 아니하여야 할 안전운전의무를 부과한 것이고, 다른 차마의 교통을 방해하게 된 경우에 신호위반의 책임까지 지우려는 것은 아니다.

11. 특정범죄 가중처벌 등에 관한 법률 제5조의3, 도로교통법 제54조, 구 도로교통법(2010. 7. 23. 법률 제10382호로 개정되기 전의 것) 제54조, 제148조, 구 특정범죄 가중처벌 등에 관한 법률(2010. 3. 31. 법률 제10210호로 개정되기 전의 것) 제5조의3

특정범죄 가중처벌 등에 관한 법률 제5조의3

제5조의3 【도주차량 운전자의 가중처벌】 ①「도로교통법」 제2조에 규정된 자동차·원동기장치자전거의 교통으로 인

하여 「형법」 제268조의 죄를 범한 해당 차량의 운전자(이하 "사고운전자"라 한다)가 피해자를 구호(救護)하는 등 「도로교통법」 제54조제1항에 따른 조치를 하지 아니하고 도주한 경우에는 다음 각 호의 구분에 따라 가중처벌한다.

1. 피해자를 사망에 이르게 하고 도주하거나, 도주 후에 피해자가 사망한 경우에는 무기 또는 5년 이상의 징역에 처한다.

2. 피해자를 상해에 이르게 한 경우에는 1년 이상의 유기징역 또는 500만원 이상 3천만원 이하의 벌금에 처한다.

②사고운전자가 피해자를 사고 장소로부터 옮겨 유기하고 도주한 경우에는 다음 각 호의 구분에 따라 가중처벌한다.

1. 피해자를 사망에 이르게 하고 도주하거나, 도주 후에 피해자가 사망한 경우에는 사형, 무기 또는 5년 이상의 징역에 처한다.

2. 피해자를 상해에 이르게 한 경우에는 3년 이상의 유기징역에 처한다.

[전문개정 2010.3.31]

도로교통법 제54조

제54조 【사고발생 시의 조치】 ①차의 운전 등 교통으로 인하여 사람을 사상(死傷)하거나 물건을 손괴(이하 "교통사고"라 한다)한 경우에는 그 차의 운전자나 그 밖의 승무원

(이하 "운전자등"이라 한다)은 즉시 정차하여 사상자를 구호하는 등 필요한 조치를 하여야 한다.

②제1항의 경우 그 차의 운전자등은 경찰공무원이 현장에 있을 때에는 그 경찰공무원에게, 경찰공무원이 현장에 없을 때에는 가장 가까운 국가경찰관서(지구대, 파출소 및 출장소를 포함한다. 이하 같다)에 다음 각 호의 사항을 지체 없이 신고하여야 한다. 다만, 운행 중인 차만 손괴된 것이 분명하고 도로에서의 위험방지와 원활한 소통을 위하여 필요한 조치를 한 경우에는 그러하지 아니하다.

  1. 사고가 일어난 곳
  2. 사상자 수 및 부상 정도
  3. 손괴한 물건 및 손괴 정도
  4. 그 밖의 조치사항 등

③제2항에 따라 신고를 받은 국가경찰관서의 경찰공무원은 부상자의 구호와 그 밖의 교통위험 방지를 위하여 필요하다고 인정하면 경찰공무원(자치경찰공무원은 제외한다)이 현장에 도착할 때까지 신고한 운전자등에게 현장에서 대기할 것을 명할 수 있다.

④경찰공무원은 교통사고를 낸 차의 운전자등에 대하여 그 현장에서 부상자의 구호와 교통안전을 위하여 필요한 지시를 명할 수 있다.

⑤긴급자동차, 부상자를 운반 중인 차 및 우편물자동차 등의 운전자는 긴급한 경우에는 동승자로 하여금 제1항에 따른 조치나 제2항에 따른 신고를 하게 하고 운전을 계속

할 수 있다.

⑥경찰공무원(자치경찰공무원은 제외한다)은 교통사고가 발생한 경우에는 대통령령으로 정하는 바에 따라 필요한 조사를 하여야 한다.

[전문개정 2011.6.8]

구 도로교통법(2010. 7. 23. 법률 제10382호로 개정되기 전의 것) 제54조

제54조 【사고발생시의 조치】 ①차의 교통으로 인하여 사람을 사상(死傷)하거나 물건을 손괴(損壞)(이하 "교통사고"라 한다)한 때에는 그 차의 운전자나 그 밖의 승무원(이하 "운전자등"이라 한다)은 즉시 정차하여 사상자를 구호하는 등 필요한 조치를 하여야 한다.

②제1항의 경우 그 차의 운전자등은 경찰공무원이 현장에 있는 때에는 그 경찰공무원에게, 경찰공무원이 현장에 없는 때에는 가장 가까운 국가경찰관서(지구대·파출소 및 출장소를 포함한다. 이하 같다)에 다음 각 호의 사항을 지체없이 신고하여야 한다. 다만, 운행 중인 차만이 손괴된 것이 분명하고 도로에서의 위험방지와 원활한 소통을 위하여 필요한 조치를 한 때에는 그러하지 아니하다. <개정 2006.7.19>

  1. 사고가 일어난 곳

  2. 사상자 수 및 부상 정도

  3. 손괴한 물건 및 손괴 정도

4. 그 밖의 조치사항 등

③제2항의 규정에 의하여 신고를 받은 국가경찰관서의 경찰공무원은 부상자의 구호와 그 밖의 교통위험 방지를 위하여 필요하다고 인정하는 때에는 경찰공무원(자치경찰공무원을 제외한다)이 현장에 도착할 때까지 신고를 한 운전자등에 대하여 현장에서 대기할 것을 명할 수 있다. <개정 2006.7.19>

④경찰공무원은 교통사고를 낸 차의 운전자등에 대하여 그 현장에서 부상자의 구호와 교통안전상 필요한 지시를 명할 수 있다.

⑤긴급자동차 또는 부상자를 운반 중인 차 및 우편물자동차등의 운전자는 긴급한 경우에는 승차자로 하여금 제1항 및 제2항의 규정에 의한 조치 또는 신고를 하게 하고 운전을 계속할 수 있다.

⑥경찰공무원(자치경찰공무원을 제외한다)은 교통사고가 발생한 때에는 대통령령이 정하는 바에 의하여 필요한 조사를 하여야 한다. <개정 2006.7.19>

구 도로교통법(2010. 7. 23. 법률 제10382호로 개정되기 전의 것) 제148조

제148조 【벌칙】 제54조제1항의 규정에 의한 교통사고 발생시의 조치를 하지 아니한 사람은 5년 이하의 징역이나 1천 500만원 이하의 벌금에 처한다.

구 특정범죄 가중처벌 등에 관한 법률(2010. 3. 31. 법률 제10210호로 개정되기 전의 것) 제5조의3

제5조의3 【도주차량운전자의 가중처벌】 ①도로교통법 제2조에 규정된 자동차·원동기장치자전거 또는 궤도차의 교통으로 인하여 형법 제268조의 죄를 범한 당해 차량의 운전자(이하 "사고운전자"라 한다)가 피해자를 구호하는 등 도로교통법 제54조제1항의 규정에 의한 조치를 취하지 아니하고 도주한 때에는 다음의 구분에 따라 가중처벌한다. <개정 1984.8.4, 2002.3.25, 2005.5.31>

1. 피해자를 치사하고 도주하거나, 도주후에 피해자가 사망한 때에는 무기 또는 5년 이상의 징역에 처한다.

2. 피해자를 치상한 때에는 1년 이상의 유기징역 또는 500만원 이상 3천만원 이하의 벌금에 처한다.

②사고운전자가 피해자를 사고장소로부터 옮겨 유기하고 도주한 때에는 다음의 구분에 따라 가중처벌한다. <개정 1995.8.4>

1. 피해자를 치사하고 도주하거나 도주후에 피해자가 사망한 때에는 사형·무기 또는 5년 이상의 징역에 처한다.

2. 피해자를 치상한 때에는 3년 이상의 유기징역에 처한다.

[본조신설 1973.2.24]

[90헌바24   1992.4.28   특정범죄가중처벌등에관한법률(1966. 2. 23. 법률 제1744호, 개정 1973. 2. 24. 법률 제2550호, 1984. 8. 4. 법률 제3744호) 제5조의3제2항제

1호는 헌법에 위반된다.]

♣ 대법원 2011.3.10. 선고 2010도16027 판결 ♣

【판시사항】

[1] 사고운전자가 피해자가 사상을 당한 사실을 인식하고도 구호조치를 취하지 않은 채 사고현장을 이탈하면서 피해자에게 자신의 신원을 확인할 수 있는 자료를 제공하여 준 경우, 특정범죄 가중처벌 등에 관한 법률 제5조의3 제1항의 '도주한 때'에 해당하는지 여부(적극)

[2] 구 도로교통법 제54조 제1항에서 정한 '교통사고 후 운전자 등이 즉시 정차하여 사상자를 구호하는 등 필요한 조치를 하여야 할 의무'의 의미

[3] 혈중 알코올 농도 0.197%의 음주상태에서 차량을 운전하다가 교통사고를 일으켜 피해자에게 상해를 입힌 운전자가, 피해자 병원 이송과 경찰관 사고현장 도착 전에 견인차량 기사를 통해 피해자에게 신분증을 교부한 후 피해자의 동의 없이 일방적으로 현장을 이탈하였다가 약 20분 후 되돌아온 사안에서, 위 운전자의 행위가 구 특정범죄 가중처벌 등에 관한 법률 제5조의3 제1항의 '피해자를 구호하는 등 조치를 취하지 아니하고 도주한 때'에 해당한다고 한 사례

【이 유】

특정범죄 가중처벌 등에 관한 법률 제5조의3 제1항에 규정된 '피해자를 구호하는 등 도로교통법 제54조 제1항의

규정에 의한 조치를 취하지 아니하고 도주한 때'라 함은 사고운전자가 사고로 말미암아 피해자가 사상을 당한 사실을 인식하였음에도 불구하고 즉시 정차하여 피해자를 구호하는 등 '도로교통법 제54조 제1항의 규정에 의한 조치'를 취하지 아니하고 사고장소를 이탈하여 사고를 낸 사람이 누구인지 확정될 수 없는 상태를 초래하는 경우를 말하는 것이므로, 사고운전자가 사고로 인하여 피해자가 사상을 당한 사실을 인식하였음에도 불구하고 피해자를 구호하는 등 도로교통법 제54조 제1항에 규정된 의무를 이행하기 이전에 사고현장을 이탈하였다면, 사고운전자가 사고현장을 이탈하기 전에 피해자에 대하여 자신의 신원을 확인할 수 있는 자료를 제공하여 주었다고 하더라도, '피해자를 구호하는 등 도로교통법 제54조 제1항의 규정에 의한 조치를 취하지 아니하고 도주한 때'에 해당한다(대법원 1996. 4. 9. 선고 96도252 판결, 대법원 2002. 1. 11. 선고 2001도5369 판결, 대법원 2004. 3. 12. 선고 2004도250 판결 등 참조). 또한 구 도로교통법(2010. 7. 23. 법률 제10382호로 개정되기 전의 것, 이하 같다) 제148조 역시 '구 도로교통법 제54조 제1항의 규정에 의한 조치'를 이행하지 아니한 때 성립하는 것으로, 구 도로교통법 제54조 제1항에서 말하는 '교통사고 후 운전자 등이 즉시 정차하여 사상자를 구호하는 등 필요한 조치를 하여야 할 의무'라 함은 곧바로 정차함으로써 부수적으로 교통의 위험이 초래되는 등의 사정이 없는 한 즉시 정차하여 사상자에 대한 구호조치 등 필요한 조치를 취하여야 할 의무를 의미하는 것이다 (대법원 2006. 9. 28. 선고 2006도3441 판결, 대법원 2007. 12. 27. 선고 2007도6300 판결 등 참조).

12. 특정범죄 가중처벌 등에 관한 법률 제5조의3, 도로교통법 제54조

♣ 대법원 2009.6.11. 선고 2008도8627 판결 ♣

【판시사항】
[1] 특정범죄가중처벌 등에 관한 법률 제5조의3 제1항에서 정한 '피해자를 구호하는 등 도로교통법 제54조 제1항의 규정에 의한 조치를 취하지 아니하고 도주한 때'의 의미 및 이에 해당하는지 여부의 판단 방법
[2] 사고 운전자가 교통사고 현장에서 동승자로 하여금 사고차량의 운전자라고 허위 신고하도록 하였더라도 사고 직후 사고 장소를 이탈하지 아니한 채 보험회사에 사고접수를 하고, 경찰관에게 위 차량이 가해차량임을 밝히며 경찰관의 요구에 따라 동승자와 함께 조사를 받은 후 이틀 후 자진하여 경찰에 출두하여 자수한 경우, 특정범죄 가중처벌 등에 관한 법률 제5조의3 제1항에 정한 도주한 때에 해당하지 않는다고 한 사례

【이 유】
특정범죄가중처벌 등에 관한 법률 제5조의3 제1항에서 정

한 '피해자를 구호하는 등 도로교통법 제54조 제1항의 규정에 의한 조치를 취하지 아니하고 도주한 때'란, 사고 운전자가 사고로 인하여 피해자가 사상을 당한 사실을 인식하였음에도 피해자를 구호하는 등 도로교통법 제54조 제1항에 규정된 의무를 이행하기 이전에 사고현장을 이탈하여 사고를 낸 자가 누구인지 확정될 수 없는 상태를 초래하는 경우를 말하는데, 도로교통법 제54조 제1항의 취지는 도로에서 일어나는 교통상의 위험과 장해를 방지·제거하여 안전하고 원활한 교통을 확보하기 위한 것이므로, 이 경우 운전자가 취하여야 할 조치는 사고의 내용과 피해의 정도 등 구체적 상황에 따라 적절히 강구되어야 하고 그 정도는 건전한 양식에 비추어 통상 요구되는 정도의 것으로서, 여기에는 피해자나 경찰관 등 교통사고와 관계있는 사람에게 사고운전자의 신원을 밝히는 것도 포함된다 할 것이나, 다만 특정범죄가중처벌 등에 관한 법률 제5조의3 제1항의 규정이 자동차와 교통사고의 격증에 상응하는 건전하고 합리적인 교통질서가 확립되지 못한 현실에서 자신의 과실로 교통사고를 야기한 운전자가 그 사고로 사상을 당한 피해자를 구호하는 등의 조치를 취하지 않고 도주하는 행위에 강한 윤리적 비난가능성이 있음을 감안하여 이를 가중처벌함으로써 교통의 안전이라는 공공의 이익을 보호함과 아울러 교통사고로 사상을 당한 피해자의 생명과 신체의 안전이라는 개인적 법익을 보호하기 위하여 제정된 것이라는 그 입법취지와 보호법익에 비추어, 사고 운전자가 피해자를 구호하는 등 도로교통법

제54조 제1항에 정한 의무를 이행하기 전에 도주의 범의로써 사고현장을 이탈한 것인지 여부를 판정함에 있어서는 그 사고의 경위와 내용, 피해자의 상해의 부위와 정도, 사고 운전자의 과실 정도, 사고 운전자와 피해자의 나이와 성별, 사고 후의 정황 등을 종합적으로 고려하여야 한다 (대법원 2002. 6. 28. 선고 2002도2001 판결, 대법원 2002. 10. 22. 선고 2002도4452 판결, 대법원 2005. 4. 14. 선고 2005도790 판결, 대법원 2006. 1. 26. 선고 2005도8264 판결, 대법원 2006. 3. 9. 선고 2006도448 판결, 대법원 2007. 10. 11. 선고 2007도1738 판결 등 참조).

13. 도로교통법 제54조, 제148조

> 도로교통법 제148조
>
> **제148조** **【벌칙】** 제54조제1항에 따른 교통사고 발생 시의 조치를 하지 아니한 사람은 5년 이하의 징역이나 1천500만원 이하의 벌금에 처한다.
>
> [전문개정 2011.6.8]

♣ 대법원 2009.5.14. 선고 2009도787 판결 ♣

【판시사항】

[1] 도로교통법 제54조 제1항의 취지 및 사고운전자가 취하여야 할 조치의 정도

[2] 교통사고로 인한 피해차량의 물적 피해가 경미하고,

파편이 도로상에 비산되지도 않았다고 하더라도, 가해차량이 즉시 정차하는 등 필요한 조치를 취하지 아니한 채 그대로 도주한 경우에는 도로교통법 제54조 제1항 위반죄가 성립한다고 한 사례

【판결요지】

[1] 도로교통법 제54조 제1항의 취지는 도로에서 일어나는 교통상의 위험과 장해를 방지·제거하여 안전하고 원활한 교통을 확보하기 위한 것으로서, 피해자의 피해를 회복시켜 주기 위한 것이 아니다. 이 경우 운전자가 취하여야 할 조치는 사고의 내용과 피해의 정도 등 구체적 상황에 따라 적절히 강구되어야 하고, 그 정도는 건전한 양식에 비추어 통상 요구되는 정도의 조치를 말한다.

[2] 농로에서 중앙분리대가 설치된 왕복 4차로의 도로로 진입하던 차량의 운전자가 속도를 줄이거나 일시 정지하여 진행 차량의 유무를 확인하지 않은 채 그대로 진입하다가 도로를 진행하던 차량을 들이받아 파손한 사안에서, 비록 사고로 인한 피해차량의 물적 피해가 경미하고, 파편이 도로상에 비산되지도 않았다고 하더라도, 차량에서 내리지 않은 채 미안하다는 손짓만 하고 도로를 역주행하여 피해차량의 진행방향과 반대편으로 도주한 것은 교통사고 발생시의 필요한 조치를 다하였다고 볼 수 없다고 한 사례.

14. 특정범죄 가중처벌 등에 관한 법률 제5조의3, 도로교통법 제54조, 형법 제268조

♣ 대법원 2008.7.10. 선고 2008도1339 판결 ♣

【판시사항】

[1] 특정범죄가중처벌 등에 관한 법률 제5조의3의 치상 후 도주죄에서 '구호조치 필요성' 유무의 판단 방법

[2] 교통사고 피해자가 2주간의 치료를 요하는 경추부 염좌 등의 경미한 상해를 입었다는 사정만으로 사고 당시 피해자를 구호할 필요가 없었다고 단정하기는 곤란하다고 보아, 특정범죄가중처벌 등에 관한 법률 제5조의3 '치상 후 도주죄'의 성립을 인정한 사례

【이 유】

특정범죄가중처벌 등에 관한 법률 제5조의3 소정의 치상 후 도주의 죄는 자동차 등의 교통으로 인하여 형법 제268조의 죄를 범한 운전자가 피해자를 구호하는 등의 조치를 취하지 아니하고 사고현장을 이탈하여 사고를 낸 자가 누구인지를 확정할 수 없는 상태를 초래함으로써 성립되는 것인바, 피해자를 구호할 필요가 있었는지 여부는 사고의 경위와 내용, 피해자의 나이와 그 상해의 부위 및 정도, 사고 뒤의 정황 등을 종합적으로 고려하여 판단하여야 한다.

그런데 원심이 인정한 사실에 의하더라도 이 사건 사고로

인하여 피해자들 3명은 모두 각 2주간의 치료를 요하는 경추부 염좌 등의 상해를 입어 물리치료를 받은 후 주사를 맞고 1~3일간 약을 복용하는 등 치료를 받았다는 것이니, 그 피해자들의 부상이 심하지 아니하여 직장에서 일과를 마친 다음에 병원으로 갔다거나 피해자들이 그다지 많은 치료를 받지 아니하였다는 등 원심이 인정한 사정만으로는 이 사건 사고 당시 구호의 필요가 없었다고 단정할 수 없고, 이러한 상황에서 피고인이 차에서 내리지도 않고 피해자들의 상태를 확인하지도 않은 채 인적사항을 알려주는 등의 조치도 취하지 않고 그냥 차량을 운전하여 갔다면 피고인의 행위는 위에서 본 치상 후 도주죄의 구성요건에 해당하는 것으로 보아야 할 것이다.

15. 국가배상법 제5조, 제6조, 도로교통법 제3조

♣ 대법원 2007.10.26. 선고 2005다51235 판결 ♣

【판시사항】

[1] 국가배상법 제5조 제1항에 정한 '영조물의 설치 또는 관리의 하자'의 의미 및 그 판단 기준

[2] 보행자 신호기가 고장난 횡단보도 상에서 교통사고가 발생한 사안에서, 적색등의 전구가 단선되어 있었던 위 보행자 신호기는 그 용도에 따라 통상 갖추어야 할 안전성을 갖추지 못한 관리상의 하자가 있어 지방자치단체의 배상책임이 인정된다고 한 사례

【이 유】

상고이유를 본다.

국가배상법 제5조 제1항에 정해진 영조물의 설치 또는 관리의 하자라 함은 영조물이 그 용도에 따라 통상 갖추어야 할 안전성을 갖추지 못한 상태에 있음을 말하는 것이며, 다만 영조물이 완전무결한 상태에 있지 아니하고 그 기능상 어떠한 결함이 있다는 것만으로 영조물의 설치 또는 관리에 하자가 있다고 할 수 없고, 위와 같은 안전성의 구비 여부를 판단함에 있어서는 당해 영조물의 용도, 그 설치장소의 현황 및 이용 상황 등 제반 사정을 종합적으로 고려하여 설치·관리자가 그 영조물의 위험성에 비례하여 사회통념상 일반적으로 요구되는 정도의 방호조치 의무를 다하였는지 여부를 그 기준으로 삼아야 할 것이며, 만일 객관적으로 보아 시간적·장소적으로 영조물의 기능상 결함으로 인한 손해발생의 예견가능성과 회피가능성이 없는 경우, 즉 그 영조물의 결함이 영조물의 설치·관리자의 관리행위가 미칠 수 없는 상황 아래에 있는 경우임이 입증되는 경우라면 영조물의 설치·관리상의 하자를 인정할 수 없다고 할 것이다(대법원 2000. 2. 25. 선고 99다54004 판결, 대법원 2001. 7. 27. 선고 2000다56822 판결 등 참조).

원심판결 이유를 기록에 비추어 살펴보면, 이 사건 사고 장소가 평소 차량 및 일반인들의 통행이 많은 곳일 뿐만 아니라 가해 버스가 진행하던 도로는 편도 3차선의 넓은

도로여서 횡단보도 및 신호기가 설치되지 않을 경우 무단
횡단 등으로 인하여 교통사고가 발생할 위험성이 높은 곳
인 점, 이 사건 사고 장소에는 가해 버스의 진행방향에서
보아 교차로 건너편에 차량용 신호가 있고 교차로를 지난
직후 이 사건 보행자 신호기가 설치된 횡단보도가 있는
데, 교차로를 통행하는 운전자로서는 차량용 신호기가 진
행신호인 경우 횡단보도에 설치된 보행자 신호기가 정지
신호일 것이라고 신뢰하고 횡단보도 앞에서 감속하거나
일단정지를 하지 않을 것이므로, 횡단보도에 설치된 보행
자 신호기가 고장이 나서 그 신호기의 신호와 차량용 신
호기의 신호가 불일치 또는 모순되는 경우 교통사고가 발
생할 위험성이 큰 점, 보행자 신호기에 아무런 표시등도
켜져 있지 않은 경우 보행자가 횡단보도를 건너다가 사고
가 발생하였다 하더라도 그 사고가 오로지 보행자의 과실
에만 기인한 것이고 보행자 신호기의 고장과는 무관한 것
이라고 할 수 없는 점, 특히 이 사건에서 피고와의 교통
신호등 유지보수공사 계약에 따라 사고 장소의 각 신호기
를 관리하여 오던 삼흥전설이라는 업체는 매일 순회하면
서 신호기의 정상작동 여부를 확인, 점검하여 고장 신호
기를 보수하고 있는데 이 사건 사고 발생 이틀 후에야 비
로소 위 고장 신호기가 수리된 점 등의 각 사정에 비추
어, 피고가 자신이 관리하는 영조물인 이 사건 보행자 신
호기의 위험성에 비례하여 사회통념상 일반적으로 요구되
는 정도의 방호조치의무를 다하였다고는 볼 수 없고, 객
관적으로 보아 시간적·장소적으로 영조물의 기능상 결함

으로 인한 손해발생의 예견가능성과 회피가능성이 없는 경우에 해당한다고 볼 수도 없다는 이유로, 이 사건 사고 당시 적색등의 전구가 단선되어 있었던 이 사건 보행자 신호기에는 그 용도에 따라 통상 갖추어야 할 안전성을 갖추지 못한 관리상의 하자가 있었다고 본 원심의 판단은 정당하고, 거기에 상고이유의 주장과 같이 경험칙이나 판례의 위반 또는 판결에 영향을 미친 판단누락 등의 위법은 없다. 상고논지는 모두 이유 없다.

16. 도로교통법 제164조, 교통사고처리 특례법 제3조, 도로교통법 제162조

♣ 대법원 2007.4.12. 선고 2006도4322 판결 ♣

【판시사항】

[1] 이미 범칙금을 납부한 범칙행위와 같은 일시·장소에서 이루어진 별개의 형사범죄행위에 대하여 범칙금의 납부로 인한 불처벌의 효력이 미치는지 여부(소극)

[2] 교통사고처리특례법 제3조 제2항 단서의 각 호에서 규정한 예외사유가 같은 법 제3조 제1항 위반죄의 구성요건 요소인지, 아니면 그 공소제기의 조건에 관한 사유인지 여부(=공소제기의 조건에 관한 사유)

[3] 신호위반을 이유로 도로교통법에 따라 범칙금을 납부한 자를 교통사고처리특례법에 따라 그 신호위반으로 인한 업무상과실치상죄로 다시 처벌할 수 있는지 여부(적

극)

【판결요지】

[1] 도로교통법(2005. 5. 31. 법률 제7545호로 전문 개정되기 전의 것) 제119조 제3항에 의하면, 범칙금 납부 통고를 받고 범칙금을 납부한 사람은 그 범칙행위에 대하여 다시 벌받지 아니한다고 규정하고 있는바, 범칙금의 통고 및 납부 등에 관한 같은 법의 규정들의 내용과 취지에 비추어 볼 때 범칙자가 경찰서장으로부터 범칙행위를 하였음을 이유로 범칙금 통고를 받고 그 범칙금을 납부한 경우 다시 벌받지 아니하게 되는 행위는 범칙금 통고의 이유에 기재된 당해 범칙행위 자체 및 그 범칙행위와 동일성이 인정되는 범칙행위에 한정된다고 해석함이 상당하므로, 범칙행위와 같은 때, 같은 곳에서 이루어진 행위라 하더라도 범칙행위와 별개의 형사범죄행위에 대하여는 범칙금의 납부로 인한 불처벌의 효력이 미치지 아니한다.

[2] 교통사고로 인하여 업무상과실치상죄 또는 중과실치상죄를 범한 운전자에 대하여 피해자의 명시한 의사에 반하여 공소를 제기할 수 있도록 하고 있는 교통사고처리특례법 제3조 제2항 단서의 각 호에서 규정한 신호위반 등의 예외사유는 같은 법 제3조 제1항 위반죄의 구성요건요소가 아니라 그 공소제기의 조건에 관한 사유이다.

[3] 교통사고처리특례법 제3조 제2항 단서 각 호에서 규정한 예외사유에 해당하는 신호위반 등의 범칙행위와 같은 법 제3조 제1항 위반죄는 그 행위의 성격 및 내용이나

죄질, 피해법익 등에 현저한 차이가 있어 동일성이 인정되지 않는 별개의 범죄행위라고 보아야 할 것이므로, 교통사고처리특례법 제3조 제2항 단서 각 호의 예외사유에 해당하는 신호위반 등의 범칙행위로 교통사고를 일으킨 사람이 통고처분을 받아 범칙금을 납부하였다고 하더라도, 업무상과실치상죄 또는 중과실치상죄에 대하여 같은 법 제3조 제1항 위반죄로 처벌하는 것이 도로교통법 제119조 제3항에서 금지하는 이중처벌에 해당한다고 볼 수 없다.

17. 도로교통법(2005. 5. 31. 법률 제7545호로 전문 개정되기 전의 것) 제41조, 제107조의2

도로교통법(2005. 5. 31. 법률 제7545호로 전문 개정되기 전의 것) 제41조

제41조 【주취중 운전금지】 ①누구든지 술에 취한 상태에서 자동차등(건설기계관리법 제26조제1항 단서의 규정에 의한 건설기계외의 건설기계를 포함한다. 이하 이 조·제42조·제43조 및 제107조의2에서 같다)을 운전하여서는 아니된다. <개정 1997.8.30>

②경찰공무원은 교통안전과 위험방지를 위하여 필요하다고 인정하거나 제1항의 규정에 위반하여 술에 취한 상태에서 자동차등을 운전하였다고 인정할 만한 상당한 이유가 있는 때에는 운전자가 술에 취하였는지의 여부를 측정할 수 있으며, 운전자는 이러한 경찰공무원의 측정에 응하

여야 한다. <개정 1995.1.5>

③제2항의 규정에 의하여 술에 취하였는지의 여부를 측정한 결과에 불복하는 운전자에 대하여는 그 운전자의 동의를 얻어 혈액채취등의 방법으로 다시 측정할 수 있다. <신설 1995.1.5>

④제1항의 규정에 의하여 운전이 금지되는 술에 취한 상태의 기준은 대통령령으로 정한다.

도로교통법(2005. 5. 31. 법률 제7545호로 전문 개정되기 전의 것) 제107조의2

제107조의2 【벌칙】 다음 각호의 1에 해당하는 사람은 2년 이하의 징역이나 500만원 이하의 벌금의 형으로 벌한다. <개정 1992.12.8, 1995.1.5, 1999.1.29, 2001.1.26, 2001.12.31>

1. 제41조제1항의 규정에 위반하여 술에 취한 상태에서 자동차등을 운전한 사람

2. 술에 취한 상태에 있다고 인정할 만한 상당한 이유가 있는 사람으로서 제41조제2항의 규정에 의한 경찰공무원의 측정에 응하지 아니한 사람

3. 제71조의2제1항의 규정에 의한 전문학원의 지정을 받지 아니하고 제71조의6제5항의 규정에 의한 수료증 또는 졸업증을 교부한 사람

4. 허위 기타 부정한 방법으로 제70조의2의 규정에 의한 학원의 등록을 하거나 제71조의2제1항의 규정에 의한

전문학원의 지정을 받은 사람

　5. 제71조의16의 규정에 위반하여 대가를 받고 자동차
운전교육을 한 사람

　6. 제72조의5제1항의 규정에 의한 수강내역을 허위로
보고한 교통안전교육강사

　7. 제72조의5제2항의 규정을 위반하여 교통안전교육을
받지 아니하거나 기준에 미달하는 사람에게 교육필증을
교부한 교통안전교육기관의 장

[본조신설 1990.8.1]

♣ 대법원 2006.1.13. 선고 2005도7125 판결 ♣

【판시사항】

[1] 운전자가 신체 이상 등의 사유로 인하여 호흡에 의한
음주측정에 응하지 못한 경우, 음주측정불응죄가 성립하
는지 여부(소극)

[2] 교통사고로 상해를 입은 피고인의 골절부위와 정도에
비추어 음주측정 당시 통증으로 인하여 깊은 호흡을 하기
어려웠고 그 결과 음주측정이 제대로 되지 아니하였던 것
으로 보이므로 피고인이 음주측정에 불응한 것이라고 볼
수는 없다고 한 원심의 판단을 수긍한 사례

【판결요지】

[1] 도로교통법(2005. 5. 31. 법률 제7545호로 전문 개정
되기 전의 것) 제41조 제2항, 제3항의 해석상, 술에 취한
상태에서 자동차 등을 운전하였다고 인정할 만한 상당한

이유가 있는 경우에 경찰공무원은 운전자가 술에 취하였
는지 여부를 호흡측정기에 의하여 측정할 수 있고 운전자
는 그 측정에 응할 의무가 있으나, 운전자의 신체 이상
등의 사유로 호흡측정기에 의한 측정이 불가능 내지 심히
곤란한 경우에까지 그와 같은 방식의 측정을 요구할 수는
없으며(이와 같은 상황이라면 경찰공무원으로서는 호흡측
정기에 의한 측정의 절차를 생략하고 운전자의 동의를 얻
거나 판사로부터 영장을 발부받아 혈액채취에 의한 측정
으로 나아가야 할 것이다), 이와 같은 경우 경찰공무원이
운전자의 신체 이상에도 불구하고 호흡측정기에 의한 음
주측정을 요구하여 운전자가 음주측정수치가 나타날 정도
로 숨을 불어넣지 못한 결과 호흡측정기에 의한 음주측정
이 제대로 되지 아니하였다고 하더라도 음주측정에 불응
한 것으로 볼 수는 없다.

[2] 교통사고로 상해를 입은 피고인의 골절부위와 정도에
비추어 음주측정 당시 통증으로 인하여 깊은 호흡을 하기
어려웠고 그 결과 음주측정이 제대로 되지 아니하였던 것
으로 보이므로 피고인이 음주측정에 불응한 것이라고 볼
수는 없다고 한 원심의 판단을 수긍한 사례.

18. 민법 제750조, 도로교통법 제61조, 도로교통법 시행규칙 제23조, 민법 제393조, 제763조, 민법 제396조

<table>
<tr><td>민법 제750조</td></tr>
<tr><td>제750조 【불법행위의 내용】 고의 또는 과실로 인한 위법</td></tr>
</table>

행위로 타인에게 손해를 가한 자는 그 손해를 배상할 책임이 있다.

도로교통법 제61조

제61조 【고속도로 전용차로의 설치】 ①경찰청장은 고속도로의 원활한 소통을 위하여 특히 필요한 경우에는 고속도로에 전용차로를 설치할 수 있다.

②제1항에 따른 고속도로 전용차로의 종류 등에 관하여는 제15조제2항 및 제3항을 준용한다.

[전문개정 2011.6.8]

도로교통법 시행규칙 제23조

제23조 【대행법인등의 지정신청 등】 ①영 제17조제1항에 따라 대행법인등의 지정을 받고자 하는 자는 별지 제12호서식의 대행법인등 지정신청서에 다음 각 호의 서류를 첨부하여 관할경찰서장 또는 시장·군수·구청장(자치구가 아닌 구의 구청장을 제외한다. 이하 "구청장등"이라 한다)에게 제출하여야 한다. 다만, 신청인이 법인인 경우에는 관할경찰서장 또는 구청장등은 다음 각 호의 서류를 제출받는 외에 「전자정부법」 제36조제1항에 따른 행정정보의 공동이용을 통하여 법인의 등기사항 증명서를 확인하여야 한다. <개정 2007.9.28, 2009.11.27, 2010.9.10>

  1. 정관 1부(법인인 경우에 한한다)

  2. 대행업무처리에 관한 업무규정

3. 신청자(법인 또는 단체의 경우에는 그 임원을 말한다)의 성명·주소 및 주민등록번호를 기재한 서류

②관할경찰서장 또는 구청장등은 대행법인등을 지정한 때에는 영 제17조제2항에 따라 그 사실을 해당 경찰서 또는 시·군·구의 게시판에 공고하고, 별지 제13호서식에 따른 대행업지정증을 교부하여야 한다.

③영 제17조제3항에 따라 대행법인등은 5천만원 이상의 손해배상을 위한 이행보증보험 또는 대행법인등에 갈음하여 피해자의 손해를 배상하는 보험에 가입하거나 그 소재지를 관할하는 공탁기관에 공탁을 하여야 하며, 경찰서장 또는 구청장등은 제2항에 따라 대행업지정증을 교부하는 때에 이를 확인하여야 한다.

④그 밖에 대행법인등의 대행업무수행에 관한 사항으로서 이 규칙에 규정되지 아니한 사항은 지방경찰청장이 정한다.

민법 제393조

제393조 【손해배상의 범위】 ①채무불이행으로 인한 손해배상은 통상의 손해를 그 한도로 한다.

②특별한 사정으로 인한 손해는 채무자가 그 사정을 알았거나 알 수 있었을 때에 한하여 배상의 책임이 있다.

민법 제763조

제763조 【준용규정】 제393조, 제394조, 제396조, 제399

조의 규정은 불법행위로 인한 손해배상에 준용한다.

민법 제396조

제396조 【과실상계】 채무불이행에 관하여 채권자에게 과실이 있는 때에는 법원은 손해배상의 책임 및 그 금액을 정함에 이를 참작하여야 한다.

♣ 대법원 2004. 2. 27. 선고 2003다6873 판결 ♣

【판시사항】

선행 교통사고가 수습되어 사고 지점에 정차할 부득이한 사유가 없음에도 도로 2차로와 갓길을 절반 정도 차지한 상태로 견인차를 정차시켜 둠으로써 후행 교통사고가 발생한 경우, 견인차 운전자의 불법 정차와 후행 교통사고 사이에 상당인과관계가 있다고 인정한 사례

【판결요지】

견인차 운전자가 사고 지점에 도착하였을 때는 이미 다른 견인차에 의하여 선행 교통사고가 수습되어 사고 차량들이 갓길로 치워져 있었으므로 위 사고 지점에 견인차를 정차시켜 놓을 부득이한 사유가 있는 경우에 해당한다고 할 수 없을 뿐만 아니라, 그 정차 지점이 갓길과 2차로를 절반 가량씩 차지한 상태로 다른 차량의 진행에 방해를 주고 있는 데다가 단순히 경광등과 비상등만을 켜 놓았을 뿐 도로교통법 제61조 및 도로교통법시행규칙 제23조에 규정한 '고장 등 경우의 표지'를 해태하였으므로, 견인차

운전자의 이러한 형태의 갓길 정차는 불법 정차에 해당한
다 할 것이고, 또한 견인차 운전자로서는 자동차전용도로
를 진행하는 차량들이 긴급사태에 대피하거나 빙판에 미
끄러지는 등의 돌발사태로 인하여 급하게 갓길쪽으로 진
입할 수 있고 이러한 경우 갓길에 정차된 위 견인차와 충
돌할 수 있다는 것을 충분히 예상할 수 있었다고 할 것이
어서 결국, 견인차 운전자의 불법 정차와 그로 인해 발생
한 교통사고 사이에 상당인과관계가 있다고 인정한 사례.

19. 도로교통법 제24조, 교통사고처리 특례법 제3조

♣ 대법원 2003. 10. 23. 선고 2003도3529 판결 ♣

【판시사항】
보행등이 설치되어 있지 아니한 횡단보도를 진행하는 차
량의 운전자가 인접한 교차로의 차량진행신호에 따라 진
행하다 교통사고를 낸 경우, 횡단보도에서의 보행자보호
의무 위반의 책임을 지게 되는지 여부(적극)

【판결요지】
횡단보도에 보행자를 위한 보행등이 설치되어 있지 않다
고 하더라도 횡단보도표시가 되어 있는 이상 그 횡단보도
는 도로교통법에서 말하는 횡단보도에 해당하므로, 이러
한 횡단보도를 진행하는 차량의 운전자가 도로교통법 제
24조 제1항의 규정에 의한 횡단보도에서의 보행자보호의

무를 위반하여 교통사고를 낸 경우에는 교통사고처리특례법 제3조 제2항 단서 제6호 소정의 횡단보도에서의 보행자보호의무 위반의 책임을 지게 되는 것이며, 비록 그 횡단보도가 교차로에 인접하여 설치되어 있고 그 교차로의 차량신호등이 차량진행신호였다고 하더라도 이러한 경우 그 차량신호등은 교차로를 진행할 수 있다는 것에 불과하지, 보행등이 설치되어 있지 아니한 횡단보도를 통행하는 보행자에 대한 보행자보호의무를 다하지 아니하여도 된다는 것을 의미하는 것은 아니므로 달리 볼 것은 아니다.

20. 형사소송법 제173조, 제215조, 제216조, 제221조, 제221조의4, 제308조의2, 제318조, 구 도로교통법(2010. 7. 23. 법률 제10382호로 개정되기 전의 것) 제44조, 도로교통법 제148조의2, 형사소송법 제307조, 제325조

형사소송법 제173조

제173조 【감정에 필요한 처분】 ①감정인은 감정에 관하여 필요한 때에는 법원의 허가를 얻어 타인의 주거, 간수자 있는 가옥, 건조물, 항공기, 선거내에 들어 갈 수 있고 신체의 검사, 사체의 해부, 분묘의 발굴, 물건의 파괴를 할 수 있다.

②전항의 허가에는 피고인의 성명, 죄명, 들어갈 장소, 검사할 신체, 해부할 사체, 발굴할 분묘, 파괴할 물건, 감정인의 성명과 유효기간을 기재한 허가장을 발부하여야 한

다.

③감정인은 제1항의 처분을 받는 자에게 허가장을 제시하여야 한다.

④전2항의 규정은 감정인이 공판정에서 행하는 제1항의 처분에는 적용하지 아니한다.

⑤제141조, 제143조의규정은 제1항의 경우에 준용한다.

형사소송법 제215조

제215조 【압수, 수색, 검증】 ①검사는 범죄수사에 필요한 때에는 피의자가 죄를 범하였다고 의심할 만한 정황이 있고 해당 사건과 관계가 있다고 인정할 수 있는 것에 한정하여 지방법원판사에게 청구하여 발부받은 영장에 의하여 압수, 수색 또는 검증을 할 수 있다.

②사법경찰관이 범죄수사에 필요한 때에는 피의자가 죄를 범하였다고 의심할 만한 정황이 있고 해당 사건과 관계가 있다고 인정할 수 있는 것에 한정하여 검사에게 신청하여 검사의 청구로 지방법원판사가 발부한 영장에 의하여 압수, 수색 또는 검증을 할 수 있다.

[전문개정 2011.7.18]

형사소송법 제216조

제216조 【영장에 의하지 아니한 강제처분】 ①검사 또는 사법경찰관은 제200조의2·제200조의3·제201조 또는 제212조의 규정에 의하여 피의자를 체포 또는 구속하는 경우에

필요한 때에는 영장없이 다음 처분을 할 수 있다. <개정 1995.12.29>

  1. 타인의 주거나 타인이 간수하는 가옥, 건조물, 항공기, 선거내에서의 피의자 수사

  2. 체포현장에서의 압수, 수색, 검증

②전항 제2호의 규정은 검사 또는 사법경찰관이 피고인에 대한 구속영장의 집행의 경우에 준용한다.

③범행중 또는 범행직후의 범죄 장소에서 긴급을 요하여 법원판사의 영장을 받을 수 없는 때에는 영장없이 압수, 수색 또는 검증을 할 수 있다. 이 경우에는 사후에 지체없이 영장을 받아야 한다. <신설 1961.9.1>

형사소송법 제221조

제221조 【제3자의 출석요구 등】 ①검사 또는 사법경찰관은 수사에 필요한 때에는 피의자가 아닌 자의 출석을 요구하여 진술을 들을 수 있다. 이 경우 그의 동의를 받아 영상녹화할 수 있다.

②검사 또는 사법경찰관은 수사에 필요한 때에는 감정·통역 또는 번역을 위촉할 수 있다.

③제163조의2제1항부터 제3항까지는 검사 또는 사법경찰관이 범죄로 인한 피해자를 조사하는 경우에 준용한다.

[전문개정 2007.6.1]

형사소송법 제221조의4

제221조의4 【감정에 필요한 처분, 허가장】 ①제221조의 규정에 의하여 감정의 위촉을 받은 자는 판사의 허가를 얻어 제173조제1항에 규정된 처분을 할 수 있다.

②제1항의 허가의 청구는 검사가 하여야 한다. <개정 1980.12.18>

③판사는 제2항의 청구가 상당하다고 인정할 때에는 허가장을 발부하여야 한다. <개정 1980.12.18>

④제173조제2항, 제3항 및 제5항의 규정은 제3항의 허가장에 준용한다. <개정 1980.12.18>

[본조신설 1973.1.25]

형사소송법 제308조의2

제308조의2 【위법수집증거의 배제】 적법한 절차에 따르지 아니하고 수집한 증거는 증거로 할 수 없다.

[본조신설 2007.6.1]

형사소송법 제318조

제318조 【당사자의 동의와 증거능력】 ①검사와 피고인이 증거로 할 수 있음을 동의한 서류 또는 물건은 진정한 것으로 인정한 때에는 증거로 할 수 있다.

②피고인의 출정없이 증거조사를 할 수 있는 경우에 피고인이 출정하지 아니한 때에는 전항의 동의가 있는 것으로 간주한다. 단, 대리인 또는 변호인이 출정한 때에는 예외로 한다.

구 도로교통법(2010. 7. 23. 법률 제10382호로 개정되기 전의 것) 제44조

제44조 【술에 취한 상태에서의 운전금지】 ①누구든지 술에 취한 상태에서 자동차등(「건설기계관리법」 제26조제1항 단서의 규정에 의한 건설기계 외의 건설기계를 포함한다. 이하 이 조, 제45조, 제47조, 제93조제1항제1호 내지 제4호 및 제150조에서 같다)을 운전하여서는 아니된다.

②경찰공무원(자치경찰공무원을 제외한다. 이하 이 항에서 같다)은 교통의 안전과 위험방지를 위하여 필요하다고 인정하거나 제1항의 규정을 위반하여 술에 취한 상태에서 자동차등을 운전하였다고 인정할 만한 상당한 이유가 있는 때에는 운전자가 술에 취하였는지의 여부를 호흡조사에 의하여 측정할 수 있다. 이 경우 운전자는 경찰공무원의 측정에 응하여야 한다. <개정 2006.7.19>

③제2항의 규정에 의하여 술에 취하였는지의 여부를 측정한 결과에 불복하는 운전자에 대하여는 그 운전자의 동의를 얻어 혈액채취 등의 방법으로 다시 측정할 수 있다.

④제1항의 규정에 따라 운전이 금지되는 술에 취한 상태의 기준은 혈중알콜농도가 0.05퍼센트 이상으로 한다.

도로교통법 제148조의2

제148조의2 【벌칙】 ①다음 각 호의 어느 하나에 해당하는 사람은 1년 이상 3년 이하의 징역이나 500만원 이상 1천

만원 이하의 벌금에 처한다.

  1. 제44조제1항을 2회 이상 위반한 사람으로서 다시 같은 조 제1항을 위반하여 술에 취한 상태에서 자동차등을 운전한 사람

  2. 술에 취한 상태에 있다고 인정할 만한 상당한 이유가 있는 사람으로서 제44조제2항에 따른 경찰공무원의 측정에 응하지 아니한 사람

②제44조제1항을 위반하여 술에 취한 상태에서 자동차등을 운전한 사람은 다음 각 호의 구분에 따라 처벌한다.

  1. 혈중알콜농도가 0.2퍼센트 이상인 사람은 1년 이상 3년 이하의 징역이나 500만원 이상 1천만원 이하의 벌금

  2. 혈중알콜농도가 0.1퍼센트 이상 0.2퍼센트 미만인 사람은 6개월 이상 1년 이하의 징역이나 300만원 이상 500만원 이하의 벌금

  3. 혈중알콜농도가 0.05퍼센트 이상 0.1퍼센트 미만인 사람은 6개월 이하의 징역이나 300만원 이하의 벌금

③제45조를 위반하여 약물로 인하여 정상적으로 운전하지 못할 우려가 있는 상태에서 자동차등을 운전한 사람은 3년 이하의 징역이나 1천만원 이하의 벌금에 처한다.

[전문개정 2011.6.8]

형사소송법 제307조

제307조 【증거재판주의】 ①사실의 인정은 증거에 의하여야 한다.

②범죄사실의 인정은 합리적인 의심이 없는 정도의 증명에 이르러야 한다.
[전문개정 2007.6.1]

형사소송법 제325조
제325조 【무죄의 판결】 피고사건이 범죄로 되지 아니하거나 범죄사실의 증명이 없는 때에는 판결로써 무죄를 선고하여야 한다.

♣ 대법원 2011.5.13. 선고 2009도10871 판결 ♣

【판시사항】
[1] 피의자의 동의 또는 영장 없이 채취한 혈액을 이용한 감정결과보고서 등의 증거능력 유무
[2] 피고인이 음주운전 중에 교통사고를 당하여 의식불명 상태에서 병원 응급실로 호송되었는데, 출동한 경찰관이 영장 없이 간호사로 하여금 채혈을 하도록 한 사안에서, 위 혈액을 이용한 혈중알코올농도에 관한 감정서 등의 증거능력을 부정하고 증거부족을 이유로 피고인에 대한 구 도로교통법 위반(음주운전)의 주위적 공소사실을 무죄로 인정한 원심판단을 수긍한 사례
【이 유】
수사기관이 법원으로부터 영장 또는 감정처분허가장을 발부받지 아니한 채 피의자의 동의 없이 피의자의 신체로부터 혈액을 채취하고 더구나 사후적으로도 지체없이 이에

대한 영장을 발부받지 아니하고서 위와 같이 강제 채혈한
피의자의 혈액 중 알코올농도에 관한 감정이 이루어졌다
면, 이러한 감정결과보고서 등은 형사소송법상 영장주의
원칙을 위반하여 수집하거나 그에 기초한 증거로서 그 절
차 위반행위가 적법절차의 실질적인 내용을 침해하는 정
도에 해당한다고 할 것이므로, 피고인이나 변호인의 증거
동의 여부를 불문하고 이 사건 범죄사실을 유죄로 인정하
는 증거로 사용할 수 없다고 보아야 한다.

21. 형법 제17조, 교통사고처리 특례법 제3조, 제4조, 도
    로교통법 제27조, 형법 제268조, 구 교통사고처리 특
    례법(2010. 1. 25. 법률 제9941호로 개정되기 전의 것)
    제3조, 제4조, 구 도로교통법(2009. 12. 29. 법률 제
    9845호로 개정되기 전의 것) 제27조

형법 제17조

제17조 【인과관계】 어떤 행위라도 죄의 요소 되는 위험발
생에 연결되지 아니한 때에는 그 결과로 인하여 벌하지
아니한다.

도로교통법 제27조

제27조 【보행자의 보호】 ①모든 차의 운전자는 보행자(제
13조의2제6항에 따라 자전거에서 내려서 자전거를 끌고
통행하는 자전거 운전자를 포함한다)가 횡단보도를 통행하
고 있을 때에는 보행자의 횡단을 방해하거나 위험을 주지

아니하도록 그 횡단보도 앞(정지선이 설치되어 있는 곳에서는 그 정지선을 말한다)에서 일시정지하여야 한다.

②모든 차의 운전자는 교통정리를 하고 있는 교차로에서 좌회전이나 우회전을 하려는 경우에는 신호기 또는 경찰공무원등의 신호나 지시에 따라 도로를 횡단하는 보행자의 통행을 방해하여서는 아니 된다.

③모든 차의 운전자는 교통정리를 하고 있지 아니하는 교차로 또는 그 부근의 도로를 횡단하는 보행자의 통행을 방해하여서는 아니 된다.

④모든 차의 운전자는 도로에 설치된 안전지대에 보행자가 있는 경우와 차로가 설치되지 아니한 좁은 도로에서 보행자의 옆을 지나는 경우에는 안전한 거리를 두고 서행하여야 한다.

⑤모든 차의 운전자는 보행자가 제10조제3항에 따라 횡단보도가 설치되어 있지 아니한 도로를 횡단하고 있을 때에는 안전거리를 두고 일시정지하여 보행자가 안전하게 횡단할 수 있도록 하여야 한다.

[전문개정 2011.6.8]

구 교통사고처리 특례법(2010. 1. 25. 법률 제9941호로 개정되기 전의 것) 제3조

제3조 【처벌의 특례】 ①차의 운전자가 교통사고로 인하여 형법 제268조의 죄를 범한 때에는 5년 이하의 금고 또는 2천만원 이하의 벌금에 처한다. <개정 1984.8.4,

1993.6.11, 1996.8.14>

②차의 교통으로 제1항의 죄중 업무상과실치상죄 또는 중과실치상죄와 도로교통법 제151조의 죄를 범한 운전자에 대하여는 피해자의 명시한 의사에 반하여 공소를 제기할 수 없다. 다만, 차의 운전자가 제1항의 죄중 업무상과실치상죄 또는 중과실치상죄를 범하고 피해자를 구호하는 등 도로교통법 제54조제1항의 규정에 의한 조치를 하지 아니하고 도주 하거나 피해자를 사고장소로부터 옮겨 유기하고 도주한 경우와 다음 각호의 1에 해당하는 행위로 인하여 동죄를 범한 때에는 그러하지 아니하다. <개정 1984.8.4, 1993.6.11, 1995.1.5, 1996.8.14, 2005.5.31, 2007.12.21>

1. 도로교통법 제5조의 규정에 의한 신호기 또는 교통정리를 하는 경찰공무원등의 신호나 통행의 금지 또는 일시정지를 내용으로 하는 안전표지가 표시하는 지시에 위반하여 운전한 경우

2. 도로교통법 제13조제3항의 규정에 위반하여 중앙선을 침범하거나 동법 제62조의 규정에 위반하여 횡단·유턴 또는 후진한 경우

3. 도로교통법 제17조제1항 또는 제2항의 규정에 의한 제한속도를 매시 20킬로미터를 초과하여 운전한 경우

4. 도로교통법 제21조제1항·제22조·제23조 또는 제60조제2항의 규정에 의한 앞지르기의 방법·금지시기·금지장소 또는 끼어들기의 금지에 위반하여 운전한 경우

5. 도로교통법 제24조의 규정에 의한 건널목 통과방법을 위반하여 운전한 경우

6. 도로교통법 제27조제1항의 규정에 의한 횡단보도에서의 보행자보호의무를 위반하여 운전한 경우

7. 도로교통법 제43조제1항, 건설기계관리법 제26조 또는 도로교통법 제96조의 규정에 위반하여 운전면허 또는 건설기계조종사면허를 받지 아니하거나 국제운전면허증을 소지하지 아니하고 운전한 경우. 이 경우 운전면허 또는 건설기계조종사면허의 효력이 정지중에 있거나 운전의 금지중에 있는 때에는 운전면허 또는 건설기계조종사면허를 받지 아니하거나 국제운전면허증을 소지하지 아니한 것으로 본다.

8. 도로교통법 제44조제1항의 규정에 위반하여 주취중에 운전을 하거나 동법 제45조의 규정에 위반하여 약물의 영향으로 정상한 운전을 하지 못할 염려가 있는 상태에서 운전한 경우

9. 도로교통법 제13조제1항의 규정에 위반하여 보도가 설치된 도로의 보도를 침범하거나 동법 제13조제2항의 규정에 의한 보도횡단방법에 위반하여 운전한 경우

10. 도로교통법 제39조제2항의 규정에 의한 승객의 추락방지의무를 위반하여 운전한 경우

11. 「도로교통법」 제12조제3항에 따른 어린이 보호구역에서 같은 조 제1항에 따른 조치를 준수하고 어린이의 안전에 유의하면서 운전하여야 할 의무를 위반하여 어린

이의 신체를 상해에 이르게 한 경우

구 교통사고처리 특례법(2010. 1. 25. 법률 제9941호로 개정되기 전의 것) 제4조

제4조 【보험등에 가입된 경우의 특례】 ①교통사고를 일으킨 차가 보험업법 제4조 및 제126조 내지 제128조, 육운진흥법 제8조 또는 화물자동차운수사업법 제36조의 규정에 의하여 보험 또는 공제에 가입된 경우에는 제3조제2항 본문에 규정된 죄를 범한 당해 차의 운전자에 대하여 공소를 제기할 수 없다. 다만, 제3조제2항 단서에 해당하는 경우나 보험계약 또는 공제계약이 무효 또는 해지되거나 계약상의 면책규정등으로 인하여 보험사업자 또는 공제사업자의 보험금 또는 공제금 지급의무가 없게 된 경우에는 그러하지 아니하다. ＜개정 1984.8.4, 1997.8.30, 2003.5.29＞

②제1항에서 "보험 또는 공제"라 함은 교통사고의 경우 보험업법에 의한 보험사업자나 육운진흥법 또는 화물자동차운수사업법에 의한 공제사업자가 인가된 보험약관 또는 승인된 공제약관에 의하여 피보험자 또는 공제조합원과 피해자간의 손해배상에 관한 합의 여부에 불구하고 피보험자 또는 공제조합원에 갈음하여 피해자의 치료비에 관하여는 통상비용의 전액을, 기타의 손해에 관하여는 보험약관 또는 공제약관에서 정한 지급기준금액을 대통령령이 정하는 바에 의하여 우선 지급하되, 종국적으로는 확정판

결 기타 이에 준하는 채무명의상 피보험자 또는 공제조합원의 교통사고로 인한 손해배상금 전액을 보상하는 보험 또는 공제를 말한다. <개정 1997.8.30>

③제1항의 보험 또는 공제에 가입된 사실은 보험사업자 또는 공제사업자가 제2항의 취지를 기재한 서면에 의하여 증명되어야 한다.

[2005헌마764, 2008헌마118(병합), 2009.2.26, 교통사고처리특례법(2003. 5. 29. 법률 제6891호로 개정된 것) 제4조 제1항 본문 중 업무상 과실 또는 중대한 과실로 인한 교통사고로 말미암아 피해자로 하여금 중상해에 이르게 한 경우에 공소를 제기할 수 없도록 규정한 부분은 헌법에 위반된다.]

♣ 대법원 2011.4.28. 선고 2009도12671 판결 ♣

【판시사항】

[1] 차의 운전자가 도로교통법 제27조 제1항에 따른 횡단보도에서의 보행자 보호의무를 위반하여 운전하는 행위로 상해의 결과가 발생한 경우, 위 상해가 횡단보도 보행자 아닌 제3자에게 발생하였더라도 교통사고처리 특례법 제3조 제2항 단서 제6호의 사유에 해당하는지 여부(한정 적극)

[2] 피고인이 자동차를 운전하다 횡단보도를 걷던 보행자 갑을 들이받아 그 충격으로 횡단보도 밖에서 갑과 동행하던 피해자 을이 밀려 넘어져 상해를 입은 사안에서, 위

행위가 구 교통사고처리 특례법 제3조 제2항 단서 제6호
의 사유에 해당한다고 한 사례

【판결요지】

[1] 교통사고처리 특례법(이하 '특례법'이라고 한다)
제3조 제2항 단서 제6호, 제4조 제1항 단서 제1호는 '
도로교통법 제27조 제1항의 규정에 의한 횡단보도에서의
보행자 보호의무를 위반하여 운전하는 행위로 인하여 업
무상과실치상의 죄를 범한 때'를 특례법 제3조 제2항,
제4조 제1항 각 본문의 처벌 특례 조항이 적용되지 않는
경우로 규정하고, 도로교통법 제27조 제1항은 모든 차의
운전자는 "보행자가 횡단보도를 통행하고 있는 때에는
그 횡단보도 앞에서 일시 정지하여 보행자의 횡단을 방해
하거나 위험을 주어서는 아니된다."라고 규정하고 있다.
따라서 차의 운전자가 도로교통법 제27조 제1항에 따른
횡단보도에서의 보행자에 대한 보호의무를 위반하고 이로
인하여 상해의 결과가 발생하면 그 운전자의 행위는 특례
법 제3조 제2항 단서 제6호에 해당하게 되는데, 이때 횡
단보도 보행자에 대한 운전자의 업무상 주의의무 위반행
위와 상해의 결과 사이에 직접적인 원인관계가 존재하는
한 위 상해가 횡단보도 보행자 아닌 제3자에게 발생한 경
우라도 위 단서 제6호에 해당하는 데에는 지장이 없다.
[2] 피고인이 자동차를 운전하다 횡단보도를 걷던 보행자
갑을 들이받아 그 충격으로 횡단보도 밖에서 갑과 동행하
던 피해자 을이 밀려 넘어져 상해를 입은 사안에서, 위

사고는, 피고인이 횡단보도 보행자 갑에 대하여 구 도로교통법(2009. 12. 29. 법률 제9845호로 개정되기 전의 것) 제27조 제1항에 따른 주의의무를 위반하여 운전한 업무상 과실로 야기되었고, 을의 상해는 이를 직접적인 원인으로 하여 발생하였다는 이유로, 피고인의 행위가 구 교통사고처리 특례법(2010. 1. 25. 법률 제9941호로 개정되기 전의 것) 제3조 제2항 단서 제6호에서 정한 횡단보도 보행자 보호의무의 위반행위에 해당한다고 한 사례.

22. 특정범죄 가중처벌 등에 관한 법률 제5조의3, 도로교통법 제54조, 구 도로교통법(2010. 7. 23. 법률 제10382호로 개정되기 전의 것) 제54조, 제148조, 구 특정범죄 가중처벌 등에 관한 법률(2010. 3. 31. 법률 제10210호로 개정되기 전의 것) 제5조의3

♣ 대법원 2011.3.10. 선고 2010도16027 판결 ♣

【판시사항】
[1] 사고운전자가 피해자가 사상을 당한 사실을 인식하고도 구호조치를 취하지 않은 채 사고현장을 이탈하면서 피해자에게 자신의 신원을 확인할 수 있는 자료를 제공하여 준 경우, 특정범죄 가중처벌 등에 관한 법률 제5조의3 제1항의 '도주한 때'에 해당하는지 여부(적극)
[2] 구 도로교통법 제54조 제1항에서 정한 '교통사고 후

운전자 등이 즉시 정차하여 사상자를 구호하는 등 필요한
조치를 하여야 할 의무'의 의미

[3] 혈중 알코올 농도 0.197%의 음주상태에서 차량을 운
전하다가 교통사고를 일으켜 피해자에게 상해를 입힌 운
전자가, 피해자 병원 이송과 경찰관 사고현장 도착 전에
견인차량 기사를 통해 피해자에게 신분증을 교부한 후 피
해자의 동의 없이 일방적으로 현장을 이탈하였다가 약 20
분 후 되돌아온 사안에서, 위 운전자의 행위가 구 특정범
죄 가중처벌 등에 관한 법률 제5조의3 제1항의 '피해자
를 구호하는 등 조치를 취하지 아니하고 도주한 때'에
해당한다고 한 사례

【이 유】

특정범죄 가중처벌 등에 관한 법률 제5조의3 제1항에 규
정된 '피해자를 구호하는 등 도로교통법 제54조 제1항의
규정에 의한 조치를 취하지 아니하고 도주한 때'라 함은
사고운전자가 사고로 말미암아 피해자가 사상을 당한 사
실을 인식하였음에도 불구하고 즉시 정차하여 피해자를
구호하는 등 '도로교통법 제54조 제1항의 규정에 의한
조치'를 취하지 아니하고 사고장소를 이탈하여 사고를
낸 사람이 누구인지 확정될 수 없는 상태를 초래하는 경
우를 말하는 것이므로, 사고운전자가 사고로 인하여 피해
자가 사상을 당한 사실을 인식하였음에도 불구하고 피해
자를 구호하는 등 도로교통법 제54조 제1항에 규정된 의
무를 이행하기 이전에 사고현장을 이탈하였다면, 사고운

전자가 사고현장을 이탈하기 전에 피해자에 대하여 자신의 신원을 확인할 수 있는 자료를 제공하여 주었다고 하더라도, '피해자를 구호하는 등 도로교통법 제54조 제1항의 규정에 의한 조치를 취하지 아니하고 도주한 때'에 해당한다 (대법원 1996. 4. 9. 선고 96도252 판결, 대법원 2002. 1. 11. 선고 2001도5369 판결, 대법원 2004. 3. 12. 선고 2004도250 판결 등 참조). 또한 구 도로교통법(2010. 7. 23. 법률 제10382호로 개정되기 전의 것, 이하 같다) 제148조 역시 '구 도로교통법 제54조 제1항의 규정에 의한 조치'를 이행하지 아니한 때 성립하는 것으로, 구 도로교통법 제54조 제1항에서 말하는 '교통사고 후 운전자 등이 즉시 정차하여 사상자를 구호하는 등 필요한 조치를 하여야 할 의무'라 함은 곧바로 정차함으로써 부수적으로 교통의 위험이 초래되는 등의 사정이 없는 한 즉시 정차하여 사상자에 대한 구호조치 등 필요한 조치를 취하여야 할 의무를 의미하는 것이다 (대법원 2006. 9. 28. 선고 2006도3441 판결, 대법원 2007. 12. 27. 선고 2007도6300 판결 등 참조).

23. 구 특정범죄 가중처벌 등에 관한 법률(2005. 5. 31. 법률 제7545호로 개정되기 전의 것) 제5조의3, 도로교통법 제54조, 제148조

♣ 대법원 2007. 10. 11. 선고 2007도1738 판결 ♣

【판시사항】

[1] 사고 운전자가 교통사고 현장에서 경찰관에게 동승자가 사고차량의 운전자라고 진술하거나 그에게 같은 내용의 허위신고를 하도록 하였더라도, 사고 직후 피해자가 병원으로 후송될 때까지 사고장소를 이탈하지 아니한 채 경찰관에게 위 차량이 가해차량임을 밝히고 경찰관의 요구에 따라 동승자와 함께 조사를 받기 위해 경찰 지구대로 동행한 경우, 구 특정범죄 가중처벌 등에 관한 법률 제5조의3의 '도주'에 해당하지 않는다고 한 사례

[2] 사고 운전자가 사고로 손괴된 피해자의 오토바이에 대한 조치를 직접 취하지 않았더라도 사고현장을 떠나기 전에 이미 구조대원 등 다른 사람이 위 오토바이를 치워 교통상 위해가 될 만한 다른 사정이 없었던 경우, 구 도로교통법 제106조 위반죄로 처벌할 수 없다고 한 사례

【판결요지】

[1] 사고 운전자가 교통사고 현장에서 경찰관에게 동승자가 사고차량의 운전자라고 진술하거나 그에게 같은 내용의 허위신고를 하도록 하였더라도, 사고 직후 피해자가 병원으로 후송될 때까지 사고장소를 이탈하지 아니한 채 경찰관에게 위 차량이 가해차량임을 밝히고 경찰관의 요구에 따라 동승자와 함께 조사를 받기 위해 경찰 지구대로 동행한 경우, 구 특정범죄 가중처벌 등에 관한 법률 (2005. 5. 31. 법률 제7545호로 개정되기 전의 것) 제5조

의3의 '도주'에 해당하지 않는다고 한 사례.

[2] 사고 운전자가 사고로 손괴된 피해자의 오토바이에 대한 조치를 직접 취하지 않았더라도 사고현장을 떠나기 전에 이미 구조대원 등 다른 사람이 위 오토바이를 치워 교통상 위해가 될 만한 다른 사정이 없었던 경우, 구 도로교통법(2005. 5. 31. 법률 제7545호로 전문 개정되기 전의 것) 제106조 위반죄로 처벌할 수 없다고 한 사례.

【이 유】

1. 무죄부분에 대하여

구 특정범죄 가중처벌 등에 관한 법률(2005. 5. 31. 법률 제7545호로 개정되어 2006. 6. 1.부터 시행되기 전의 것, 이하 같다) 제5조의3 제1항 소정의 '피해자를 구호하는 등 도로교통법 제50조 제1항의 규정에 의한 조치를 취하지 아니하고 도주한 때'란, 사고 운전자가 사고로 인하여 피해자가 사상을 당한 사실을 인식하였음에도 피해자를 구호하는 등 구 도로교통법(2005. 5. 31. 법률 제7545호로 전문 개정되어 2006. 6. 1.부터 시행되기 전의 것, 이하 같다) 제50조 제1항에 규정된 의무를 이행하기 이전에 사고현장을 이탈하여 사고를 낸 자가 누구인지 확정될 수 없는 상태를 초래하는 경우를 말하고(대법원 2005. 4. 14. 선고 2005도790 판결, 대법원 2006. 3. 9. 선고 2006도448 판결 등 참조), 한편 구 도로교통법 제50조 제1항의 취지는 도로에서 일어나는 교통상의 위험과 장해를 방지·제거하여 안전하고 원활한 교통을 확보하기 위한 것으로서 피해자의 피해를 회복시켜 주기 위한 것이 아니므로, 이 경우 운전자가 취하여야 할 조치는 사고의 내용과 피해의 정도 등 구체적 상황에 따라 적절히 강구되어야 하고 그 정도는 건전한 양식에 비추어 통상 요구되는 정도의 조치를 말하나(대법원 2002. 10. 22. 선고 2002도4452 판결, 위 대법원 2005도790 판결 등 참조), 이러한 조치는 반드시 사고 운전자 본인이 직접 할 필요는 없고, 자신의 지배하에 있는 자를 통하여 하거나, 현장을 이탈하기 전에 타인이 먼저 구호조치 등을 하여도 무방하다(대법원 2005. 12. 9. 선고 2005도5981 판결 등 참조).

원심이 그 판시와 같이 적법하게 확정한 사실관계를 위 법리 및 기록에 비추어 살펴보면, 비록 피고인이 교통사고 현장에서 출동한 119 구조대원 및 경찰관에게 이 사건 차량의 동승자인 공소외인이 위 차량의 운전자인 것으로 진술하거나 그녀로 하여금 그와 같이 허위신고하도록 하였다고 하더라도, 피고인은 사고 직후 피해자가 119 구급차량에 의하여 병원으로 후송될 때까지 사고장소를 이탈하지 아니하였고, 출동한 경찰관에게 이 사건 차량이 가해차량임을 명백히 밝혔으며, 피해자 후송조치를 마친 후 사고현장에서 위 경찰관의 요구에 따라 공소외인과 함께 조사를 받기 위해 경찰 지구대로 동행한 점 등 제반 사정에 비추어, 피고인이 피해자를 구호하는 등의 의무를 이행하기 전에 도주의 범의를 가지고 사고현장을 이탈하였다고 볼 수는 없다 하겠다.

또한 위 법리와 기록에 비추어 살펴보면, 이 사건 교통사고 후 도로상에 넘어진 피해자의 오토바이는 피고인이 위 사고현장을 떠나기 이전에 이미 위 구조대원 등 다른 사람에 의해 도로 한쪽으로 치워졌고, 달리 사고현장에 교통상의 위해가 될 만한 사정이 있었음을 인정할 자료가 보이지 아니하는바, 그렇다면 피고인이 사고현장을 떠날 당시 교통상의 위험과 장해를 방지·제거하기 위하여 더 이상의 특별한 조치가 필요하였다고 할 수 없으므로, 이런 상황이라면 설사 피고인이 사고로 피해자의 오토바이를 손괴한 후 직접 위 오토바이에 대한 조치를 취하지 않았다 하더라도 이에 대하여 따로 구 도로교통법 제106조 위반죄로 처벌할 수는 없다.

따라서 피고인의 행위는 구 특정범죄 가중처벌 등에 관한 법률 제5조의3 제1항 및 구 도로교통법 제106조에 해당하지 아니한다고 판단한 다음, 도로교통법 위반(교통사고 후 미조치)의 점에 대하여는 무죄를 선고하고, 특정범죄 가중처벌 등에 관한 법률 위반(도주차량)의 공소사실에 포함된 교통사고 처리 특례법 위반죄를 유죄로 인정하여 주문에서 그 형을 선고하면서 특정범죄 가중처벌 등에 관한 법률 위반(도주차량)의 점에 대하여는 주문에서 따로 무죄의 선고를 하지 아니한 원심의 조치는 결론에 있어서 정당하고, 상고이유로 주장하는 바와 같이 채증법칙을 위배하여 사실을 오인하거나 구 특정범죄 가중처벌 등에 관한 법률 제5조의3 제1항 소정의 도주에 관한 법리 또는 구 도로교통법 제50조 제1항 소정의 교통사고발생시의 조

치에 관한 법리를 오해하여 판결 결과에 영향을 미친 위
법이 없다.

24. 구 특정범죄 가중처벌 등에 관한 법률(2005. 5. 31. 법률 제7545호로 개정되기 전의 것) 제5조의3, 구 도로교통법(2005. 5. 31. 법률 제7545호로 전문 개정되기 전의 것) 제50조

구 도로교통법(2005. 5. 31. 법률 제7545호로 전문 개정되기 전의 것) 제50조

제50조 【사고발생시의 조치】 ①차의 교통으로 인하여 사람을 사상하거나 물건을 손괴(이하 "교통사고"라 한다)한 때에는 그 차의 운전자 그 밖의 승무원(이하 "운전자등"이라 한다)은 곧 정차하여 사상자를 구호하는 등 필요한 조치를 하여야 한다.

②제1항의 경우 그 차의 운전자등은 경찰공무원이 현장에 있는 때에는 그 경찰공무원에게, 경찰공무원이 현장에 없는 때에는 가장 가까운 경찰관서(지구대·파출소·출장소를 포함한다. 이하 같다)에 지체없이 사고가 일어난 곳, 사상자수 및 부상정도, 손괴한 물건 및 손괴정도 그 밖의 조치상황등을 신속히 신고하여야 한다. 다만, 운행중인 차만이 손괴된 것이 분명하고 도로에서의 위험방지와 원활한 소통을 위하여 필요한 조치를 한 때에는 그러하지 아니하다. <개정 1995.1.5, 2004.12.23>

③제2항의 신고를 받은 경찰공무원은 부상자의 구호 그 밖에 교통위험 방지상 필요하다고 인정하는 때에는 그 신고를 한 운전자등에 대하여 경찰공무원이 현장에 도착할 때까지 현장에서 대기할 것을 명할 수 있다.

④경찰공무원은 현장에서 교통사고를 낸 차의 운전자등에 대하여 부상자구호와 교통안전상 필요한 지시를 명할 수 있다.

⑤긴급자동차 또는 부상자를 운반중인 차 및 우편물자동차등의 운전자는 긴급한 경우에는 승무원으로 하여금 제1항과 제2항에 규정된 조치 또는 신고를 하게 하고 운전을 계속할 수 있다.

[89헌가118, 1990.8.27 도로교통법(1984.8.4. 법률 제3744호) 제50조제2항 및 동법 제111조제3호는 피해자의 구호 및 교통질서의 회복을 위한 조치가 필요한 상황에만 적용되는 것이고 형사책임과 관련되는 사항에는 적용되지 아니하는 것으로 해석하는 한 헌법에 위반되지 아니한다.]

♣ 대법원 2007.9.6. 선고 2005도4459 판결 ♣

【판시사항】

만취 운전자가 교통사고 직후 취중상태에서 사고현장으로부터 수십 미터까지 혼자 걸어가다 수색자에 의해 현장으로 붙잡혀 온 사안에서, 제반 사정상 적어도 위 운전자가 사고발생 사실과 그 현장을 이탈한다는 점을 인식하고 있었다고 보이므로 만취 등 사유만으로 도주의 범의를 부인

할 수 없다고 한 사례

【이 유】

기록에 의하면, 피고인이 1차 사고를 낸 후 계속 위 승용차를 운행하다가 교차로에 이르러 공소외 2 운전의 카렌스 승합차를 정면충돌하는 2차 사고 직후 정지하자 피고인을 추격한 위 공소외 1이 먼저 피고인 차량으로 가서 운전석 문을 열었으나 열리지 않아 억지로 차 문을 연 후 열쇠를 뽑고 나서 피고인을 차에서 내리게 한 다음 당시 술에 취하여 비틀거리는 피고인을 선수촌 진입로 고가도로 밑 안전지대에 앉혀 놓고 다시 카렌스 승합차로 다가가 하차해 있는 위 공소외 2에게 다친 데가 없는지 확인하고 고개를 돌려 피고인이 앉아 있던 곳을 둘러보았으나 피고인이 사라진 사실, 공소외 1이 위와 같이 사라진 피고인을 찾아 이리저리 돌아다니던 중 피고인이 원래 앉아 있던 곳에서 사고현장이 보이지 않는 우측 길로 돌아 들어가 두 손으로 머리를 감싼 채 멀찍이 비틀거리면서 수십 미터를 걸어가고 있는 것을 발견하고 붙잡아서 사고현장으로 데리고 온 사실, 피고인은 카렌스 승합차와의 충돌로 인하여 정신을 차리고 보니 피고인 차량이 중앙선을 넘어 피해차량과 정면충돌이 되어 있는 것을 보고 위 사고가 난 것을 알게 되었고, 위 사고 후 그 길을 왜 걸어가고 있었는지를 기억하지 못한다고 진술하면서도 사고현장을 떠나 어디론가 걸어가고 있었던 것은 기억하고 있는 사실, 공소외 1이 피고인을 뒤쫓아 와서 잡자, 손을 뿌리

치면서 "팔을 놓아라", "내가 내려가면 되지 않느냐"
라고 말한 사실을 알 수 있는바, 이러한 사실관계에 따르
면, 피고인이 2차 사고의 발생 직후에는 충돌로 인하여
정신을 차려 사고발생 사실을 인식하게 되었음에도 차량
에서 나와 사고현장 부근에 앉아 있다가 이유 없이 사고
현장에서는 보이지 않는 길로 걸어가 사고현장을 이탈하
였고, 피고인 자신도 사고현장에서 이탈한 사실을 알고
있었던 것으로 보이며, 사고 현장에서 이탈한 피고인을
찾아 이리저리 돌아다녀 피고인을 다시 붙잡아 사고현장
으로 데리고 온 공소외 1의 노력이 없었다면 피고인은 사
고현장으로 다시 돌아오지 않았으리라고 보이는바, 피고
인에게 도주의 범의가 없다고 할 수 없다.

25. 구 특정범죄 가중처벌 등에 관한 법률(2005. 5. 31. 법률 제7545호로 개정되기 전의 것) 제5조의3, 도로교통법 제54조

♣ 대법원 2006.9.28. 선고 2006도3441 판결 ♣

【판시사항】
[1] 구 특정범죄가중처벌 등에 관한 법률 제5조의3 제1항
의 '피해자를 구호하는 등 도로교통법 제50조 제1항의
규정에 의한 조치를 취하지 아니하고 도주한 때' 및 구
도로교통법 제50조 제1항의 교통사고 후 운전자 등이 즉
시 정차하여야 할 의무의 의미

[2] 피고인이 교통사고 후 비록 가해차량을 운전하여 사고 현장으로부터 약 400m 이동하여 정차하였고, 그로 인하여 피고인이 구 도로교통법 제50조 제1항의 규정에 의한 조치를 제대로 이행하지 못한 사안에서, 교통사고의 발생 경위, 도로여건 등에 비추어 피고인에게 도주의 범의가 있었다고 보기 어렵다고 한 사례

【판결요지】

[1] 구 특정범죄 가중처벌 등에 관한 법률(2005. 5. 31. 법률 제7545호로 개정되기 전의 것) 제5조의3 제1항 소정의 '피해자를 구호하는 등 도로교통법 제50조 제1항의 규정에 의한 조치를 취하지 아니하고 도주한 때'라 함은, 사고 운전자가 사고로 인하여 피해자가 사상을 당한 사실을 인식하였음에도 불구하고 피해자를 구호하는 등 도로교통법 제50조 제1항에 규정된 의무를 이행하기 전에 사고현장을 이탈하여 사고를 낸 자가 누구인지 확정할 수 없는 상태를 초래하는 경우를 말하고, 구 도로교통법(2005. 5. 31. 법률 제7545호로 전문 개정되기 전의 것) 제50조 제1항의 교통사고 후 운전자 등이 즉시 정차하여야 할 의무라 함은, 곧바로 정차함으로써 부수적으로 교통의 위험이 초래되는 등의 사정이 없는 한 즉시 정차하여야 할 의무를 말한다.

[2] 교통사고로 인하여 피고인이 받았을 충격의 정도, 사고 후 불가항력적으로 반대차선으로 밀려 역주행하다가 2차 사고까지 일으키게 된 정황, 정주행 차선으로 돌아온

후에도 후발사고의 위험이 없는 마땅한 주차 공간을 찾기 어려운 도로여건, 피고인이 스스로 정차한 후 개인택시조합 직원에게 사고처리를 부탁하는 전화를 마칠 무렵 경찰관이 도착한 사정 등에 비추어, 피고인이 교통사고 후 비록 가해차량을 운전하여 사고 현장으로부터 약 400m 이동하여 정차한 사실은 인정되나 이는 불가피한 것으로 볼 여지가 있고, 이로 인하여 피고인이 구 도로교통법(2005. 5. 31. 법률 제7545호로 전문 개정되기 전의 것) 제50조 제1항의 규정에 의한 조치를 제대로 이행하지 못하였다고 하더라도 피고인에게 도주의 범의가 있었다고 보기는 어렵다고 한 사례.

26. 도로교통법 제54조

♣ 대법원 2006.9.28. 선고 2005도6547 판결 ♣

【판시사항】
[1] 구 도로교통법 제50조 제1항의 취지 및 사고운전자가 취하여야 할 조치의 정도
[2] 교통사고로 인하여 피해차량이 경미한 물적 피해만을 입었고 파편물이 도로상에 비산되지는 않았다고 하더라도 가해차량이 즉시 정차하는 등 필요한 조치를 취하지 아니한 채 그대로 도주한 경우에는 교통사고 발생시의 필요한 조치를 다하였다고 볼 수 없다고 한 사례

【이 유】

  피고인은 공소사실 기재 일시·장소에서 위 화물차를 운
전하여 우회전을 하면서 가상의 중앙선을 넘어서 진행함
으로써 반대방향에서 오던 피해차량과 충돌하였는데, 당
시 피해차량에는 운전자 외에 2명의 여자가 더 탑승해 있
었고 피고인도 이를 알고 있었던 사실, 피고인은 사고 직
후 정차하지도 않은 채 그대로 도주하였고, 이에 피해차
량의 운전자가 경찰과 무선연락을 주고받으며 약 5km나
피고인을 추격하여 피고인을 검거한 사실, 사고지점은 목
포시 선창 부근으로 근처에 술집들이 밀집해 있는 곳이고
사고시각에는 차량들의 흐름이 적지 않았던 사실 등을 인
정할 수 있는바, 사실관계가 이와 같다면, 피고인은 법
제50조 제1항의 규정에 의한 즉시 정차하는 등 필요한 조
치를 취하지 아니한 채 그대로 도주하였을 뿐 아니라, 피
해자 등이 도주하는 피고인을 약 5km나 추격함으로써 새
로운 교통상의 위험과 장해를 초래하였음이 분명하므로,
비록 위 사고로 인하여 피해차량이 경미한 물적 피해만을
입었고 파편물이 도로상에 비산되지는 않았다고 하더라
도, 피고인이 법 제50조 제1항의 규정에 의한 교통사고
발생시의 필요한 조치를 다하였다고 볼 수는 없다고 할
것이다.

27. 민법 제750조 , 도로교통법 제61조 , 도로교통법 시
행규칙 제23조, 민법 제393조, 제763조, 민법 제396조

♣ 대법원 2004. 2. 27. 선고 2003다6873 판결 ♣

【판시사항】

선행 교통사고가 수습되어 사고 지점에 정차할 부득이한 사유가 없음에도 도로 2차로와 갓길을 절반 정도 차지한 상태로 견인차를 정차시켜 둠으로써 후행 교통사고가 발생한 경우, 견인차 운전자의 불법 정차와 후행 교통사고 사이에 상당인과관계가 있다고 인정한 사례

【판결요지】

견인차 운전자가 사고 지점에 도착하였을 때는 이미 다른 견인차에 의하여 선행 교통사고가 수습되어 사고 차량들이 갓길로 치워져 있었으므로 위 사고 지점에 견인차를 정차시켜 놓을 부득이한 사유가 있는 경우에 해당한다고 할 수 없을 뿐만 아니라, 그 정차 지점이 갓길과 2차로를 절반 가량씩 차지한 상태로 다른 차량의 진행에 방해를 주고 있는 데다가 단순히 경광등과 비상등만을 켜 놓았을 뿐 도로교통법 제61조 및 도로교통법시행규칙 제23조에 규정한 '고장 등 경우의 표지'를 해태하였으므로, 견인차 운전자의 이러한 형태의 갓길 정차는 불법 정차에 해당한다 할 것이고, 또한 견인차 운전자로서는 자동차전용도로를 진행하는 차량들이 긴급사태에 대피하거나 빙판에 미끄러지는 등의 돌발사태로 인하여 급하게 갓길쪽으로 진입할 수 있고 이러한 경우 갓길에 정차된 위 견인차와 충돌할 수 있다는 것을 충분히 예상할 수 있었다고 할 것이

어서 결국, 견인차 운전자의 불법 정차와 그로 인해 발생
한 교통사고 사이에 상당인과관계가 있다고 인정한 사례.

28. 구 도로교통법 시행규칙(2010. 8. 24. 행정안전부령 제156호로 개정되기 전의 것) 제6조, 구 교통사고처리 특례법(2011. 4. 12. 법률 제10575호로 개정되기 전의 것) 제3조, 도로교통법 제4조

♣ 대법원 2011.7.28. 선고 2011도3970 판결 ♣

【판시사항】
[1] '적색등화에 신호에 따라 진행하는 다른 차마의 교통을 방해하지 아니하고 우회전할 수 있다'는 구 도로교통법 시행규칙 제6조 제2항 [별표 2]의 취지

【판결요지】
[1] 구 도로교통법 시행규칙(2010. 8. 24. 행정안전부령 제156호로 개정되기 전의 것, 이하 '구 시행규칙'이라고 한다) 제6조 제2항 [별표 2]의 조문 체계, [별표 2]는 녹색등화에 우회전 또는 비보호좌회전표시가 있는 곳에서 좌회전을 하는 경우에도 다른 교통에 방해가 되지 아니하도록 진행하여야 하나 다만 좌회전을 하는 경우에만 다른 교통에 방해가 된 때에 신호위반책임을 진다고 명시적으로 규정하고 있는 점, 비보호좌회전표시가 있는 곳에서 녹색등화에 좌회전을 하다 다른 교통에 방해가 된 경우

신호위반의 책임을 지우는 대신 안전운전의무위반의 책임만 지우도록 하기 위하여 2010. 8. 24. 행정안전부령 제156호로 구 시행규칙 [별표 2] 중 녹색등화에 관한 규정을 개정하였으나 비보호좌회전표지·표시가 있는 곳에서 녹색등화에 좌회전을 하더라도 여전히 반대방면에서 오는 차량 또는 교통에 방해가 되지 아니하도록 하여야 하는 점에다가 우리나라의 교통신호체계에 관한 기본태도나 그 변화 등에 비추어 보면, 적색등화에 신호에 따라 진행하는 다른 차마의 교통을 방해하지 아니하고 우회전할 수 있다는 구 시행규칙 [별표 2]의 취지는 차마는 적색등화에도 원활한 교통소통을 위하여 우회전을 할 수 있되, 신호에 따라 진행하는 다른 차마의 신뢰 및 안전을 보호하기 위하여 다른 차마의 교통을 잘 살펴 방해하지 아니하여야 할 안전운전의무를 부과한 것이고, 다른 차마의 교통을 방해하게 된 경우에 신호위반의 책임까지 지우려는 것은 아니다.

29. 민법 제393조, 제750조, 제763조

♣ 대법원 2011. 5. 13. 선고 2009다100920 판결 ♣

【판시사항】
[1] 교통사고로 인한 피해자의 후유증이 사고와 피해자의 기왕증이 경합하여 나타난 경우, 손해배상 범위 및 후유증에 대한 기왕증 기여도 판정 방법

[2] 일실수입 산정의 기초가 되는 피해자 가동연한 인정
기준

【판결요지】
[1] 교통사고로 인한 피해자의 후유증이 사고와 피해자의
기왕증이 경합하여 나타난 것이라면 사고가 후유증이라는
결과 발생에 기여하였다고 인정되는 정도에 따라 상응한
배상액을 부담하게 하는 것이 손해의 공평한 부담이라는
견지에서 타당하고, 법원이 기왕증의 후유증 전체에 대한
기여도를 정할 때에는 반드시 의학적으로 정확히 판정하
여야 하는 것이 아니고 변론에 나타난 기왕증의 원인과
정도, 기왕증과 후유증의 상관관계, 피해자 연령과 직업,
건강상태 등 제반 사정을 고려하여 합리적으로 판단할 수
있다.
[2] 사실심법원이 일실수입 산정 기초가 되는 가동연한을
인정할 때에는 국민의 평균여명, 경제수준, 고용조건 등
사회적, 경제적 여건 외에 연령별 근로자 인구수, 취업률
또는 근로참가율 및 직종별 근로조건과 정년 제한 등 제
반 사정을 조사하여 이로부터 경험칙상 추정되는 가동연
한을 도출하든가, 당해 피해자의 연령, 직업, 경력, 건강
상태 등 구체적인 사정을 고려하여 가동연한을 인정할 수
있다.

30. 민법 제393조, 제396조, 제750조, 제763조

♣ 대법원 2011.1.13. 선고 2009다105062 판결 ♣

【판시사항】

[1] 좁은 도로에서 넓은 도로로 중앙선을 침범하여 좌회전을 한 트럭 운전자의 업무상 과실로 교통사고가 발생한 사안에서, 주취상태로 차량을 운전하면서 전방을 잘 살피지 않은 상대방 운전자의 과실도 있다고 보아 그 과실비율을 5 : 5로 본 원심판단을 수긍한 사례

[2] 불법행위로 인한 추상장애로 노동능력상실이 인정되는 경우

[3] 교통사고 피해자의 외모에 생긴 추상이 향후 2차례의 반흔성형술과 레이저박피술로 희미한 반흔이 남는 정도로 상당한 개선효과가 있을 것으로 보아 그 반흔에 대한 노동능력상실을 인정하지 않는다고 한 원심판단이 정당하다고 한 사례

[4] 제1심 준비서면 및 항소취지와 항소이유에서 지연손해금의 기산일을 불법행위일로 앞당겨 구하는 취지의 주장을 한 경우, 청구취지의 확장이 있는 것으로 보아야 한다고 한 사례

【판결요지】

[1] 좁은 도로에서 편도 2차로 도로로 시속 20 내지 30km의 속력으로 중앙선을 침범하여 좌회전을 한 트럭 운전자

의 업무상 과실로 교통사고가 발생한 사안에서, 혈중알콜
농도 0.128%의 주취상태로 차량을 운전하면서 전방을 잘
살피지 않아 위 사고를 피하거나 손해의 확대를 막지 못
한 상대방 운전자의 과실도 있다고 보아 트럭 운전자와
상대방 운전자의 과실비율을 5 : 5로 본 원심판단이 형평
의 원칙에 비추어 현저히 불합리하다고 볼 수 없다고 한
사례.

[2] 불법행위로 인한 후유장애로 말미암아 외모에 추상이
생긴 경우에 그 추상의 부위 및 정도, 피해자의 성별, 나
이 등과 관련하여 그 추상이 장래의 취직, 직종선택, 승
진, 전직에의 가능성 등에 영향을 미칠 정도로 현저한 경
우에 한하여 추상장애로 인하여 노동능력상실이 있다고
볼 수 있다.

[3] 교통사고 피해자의 외모에 생긴 추상이 향후 2차례의
반흔성형술과 레이저박피술로 희미한 반흔이 남는 정도로
상당한 개선효과가 있을 것으로 보아 그 수술비를 향후치
료비로 인정하는 외에 별도로 반흔에 대한 노동능력상실
을 인정하지 않는다고 한 원심판단이 정당하다고 한 사
례.

31. 민법 제166조, 제179조, 상법 제662조

민법 제166조

제166조 【소멸시효의 기산점】 ①소멸시효는 권리를 행사할
수 있는 때로부터 진행한다.

②부작위를 목적으로 하는 채권의 소멸시효는 위반행위를 한 때로부터 진행한다.

민법 제179조

제179조 【무능력자와 시효정지】 소멸시효의 기간만료전 6월내에 무능력자의 법정대리인이 없는 때에는 그가 능력자가 되거나 법정대리인이 취임한 때로부터 6월내에는 시효가 완성하지 아니한다.

제179조 【제한능력자의 시효정지】 소멸시효의 기간만료 전 6개월 내에 제한능력자에게 법정대리인이 없는 경우에는 그가 능력자가 되거나 법정대리인이 취임한 때부터 6개월 내에는 시효가 완성되지 아니한다.
[전문개정 2011.3.7]
[시행일 : 2013.7.1]

상법 제662조

제662조 【소멸시효】 보험금액의 청구권과 보험료 또는 적립금의 반환청구권은 2년간, 보험료의 청구권은 1년간 행사하지 아니하면 소멸시효가 완성한다.

♣ 대법원 2010.5.27. 선고 2009다44327 판결 ♣

【판시사항】
교통사고로 심신상실의 상태에 빠진 갑이 을 보험회사를 상대로 교통사고 발생일로부터 2년이 경과한 시점에 보험계약에 기한 보험금의 청구를 내용으로 하는 소를 제기한 사안에서, 을 보험회사가 주장하는 소멸시효 완성의 항변을 받아들이는 것은 신의성실의 원칙에 반하여 허용되지 아니한다고 판단하여 갑의 보험금청구를 인용한 원심판단을 수긍한 사례

【판결요지】

교통사고로 심신상실의 상태에 빠진 갑이 을 보험회사를 상대로 교통사고 발생일로부터 2년이 경과한 시점에 보험계약에 기한 보험금의 청구를 내용으로 하는 소를 제기한 사안에서, 보험금청구권에 대하여는 2년이라는 매우 짧은 소멸시효기간이 정해져 있으므로 보험자 스스로 보험금청구권자의 사정에 성실하게 배려할 필요가 있다는 점, 권리를 행사할 수 없게 하는 여러 장애사유 중 권리자의 심신상실상태에 대하여는 특별한 법적 고려를 베풀 필요가 있다는 점, 갑이 보험사고로 인하여 의식불명의 상태에 있다는 사실을 그 사고 직후부터 명확하게 알고 있던 을 보험회사는 갑의 사실상 대리인에게 보험금 중 일부를 지급하여 법원으로부터 금치산선고를 받지 아니하고도 보험금을 수령할 수 있다고 믿게 하는 데 일정한 기여를 한 점 등을 종합하여 보면, 을 보험회사가 주장하는 소멸시효 완성의 항변을 받아들이는 것은 신의성실의 원칙에 반하여 허용되지 아니한다고 판단하여 갑의 보험금청구를 인용한 원심판단을 수긍한 사례.

32. 민법 제393조, 제750조, 제763조

♣ 대법원 2009.7.23. 선고 2008다59674 판결 ♣

【판시사항】

[1] 사고로 인한 입원기간 동안에는 노동능력을 전부 상실하였다고 보아야 하는지 여부(원칙적 적극)

[2] 교통사고 피해자에게 하지 완전마비, 상지 부전마비 등의 자각적 증상이 있고, 그 증상의 원인으로 연관될 수 있는 외상후 스트레스장애가 후유증으로 남아 있다면, 그 증상의 치료를 위한 입원기간 동안에도 피해자의 노동능력은 전부 상실한 것으로 보아야 한다고 한 사례

[3] 상해 후유증의 지속기간을 결정하는 기준

[4] 교통사고 피해자의 신체감정을 담당한 전문의가 사고로 인한 외상후 스트레스장애가 영구적일 것이라는 의학적 판단을 하였다면 그 판단 근거를 제시하지 아니하였거나 그 근거에 대한 법원의 사실조회에 회신하지 아니하였다는 사정만으로 그 판단을 후유증 지속기간의 결정에 참작할 사정에서 배제할 수 없다고 한 사례

【이 유】

일반적으로 사고로 인하여 입원치료를 받는 경우 그 치료가 당해 사고와 관계가 없는 상해에 대한 것이거나 의학적으로 입원치료가 필요하지 않음에도 치료를 빙자하여 입원을 한 것이라거나 상해의 부위나 정도, 치료의 경과

등에 비추어 입원기간이 명백하게 장기이어서 과잉진료로 인정되는 사정이 있다는 등 그 입원치료의 전부 또는 일부가 상당하지 아니한 것이라고 볼 만한 특별한 사정이 없는 한, 사고로 인한 입원기간 동안에는 노동능력을 전부 상실하였다고 보아야 한다(대법원 2000. 6. 9. 선고 99다49521 판결, 2003. 12. 12. 선고 2003다49252 판결 등 참조).

상해의 후유증이 어느 정도 지속될 것인가 하는 점은 의학적 판단에다가 그 후유증의 구체적 내용, 피해자의 연령, 직업의 성질과 직업경력 등 여러 가지 사정을 참작하여 경험법칙에 의하여 결정하여야 하는바(대법원 1994. 9. 27. 선고 94다25339 판결, 1995. 10. 12. 선고 95다28410 판결 등 참조), 위 신체감정을 담당한 전문의가 위 원고의 외상후 스트레스장애가 영구적일 것이라는 의학적 판단에 대한 근거를 제시하지 아니하였다거나 그 근거에 대한 원심의 사실조회에 대해 회신하지 아니하였다는 사정만으로는 위 의학적 판단을 참작할 사정에서 배제할 수는 없고, 통상 외상후 스트레스장애를 2년 내지 10년 정도의 한시장애로 본다는 점에 대한 근거가 기록상 불명확하므로, 위 원고의 외상후 스트레스장애를 한시장애라고 단정할 자료가 충분하다고 하기 어렵다.

그런데도 위 원고의 외상후 스트레스장애를 이 사건 사고일로부터 10년까지의 한시장애로 인정한 원심판결에는 후유증의 지속기간에 관한 심리를 다하지 아니하여 사실을 오인함으로써 판결에 영향을 미친 위법이 있다.

33. 민법 제396조, 제763조, 민법 제750조

♣ 대법원 2009.7.9. 선고 2008다91180 판결 ♣

【판시사항】

[1] 자동차교통사고 피해자의 안전띠 미착용의 점이 과실상계의 사유가 되는지 여부(적극)

[2] 불법행위로 인한 손해배상사건에서 피해자의 일실수입 손해액의 산정 방법

[3] 신체장애로 인한 노동능력상실률의 결정방법

【판결요지】

[1] 고속도로나 자동차전용도로 이외의 도로를 운행하는 승합자동차의 뒷좌석에 탑승한 승객에 대하여는 안전띠의 착용이 법규상 강제되는 것은 아니지만, 무릇 안전띠의 착용은 불의의 사고발생시 자신의 안전을 위하여 필요한 것이며 위 고속도로 등의 외에서 운행하는 차량이라 하여 불의의 사고가 발생하지 않는다는 보장이 없으므로, 안전띠가 설치되어 있음에도 이를 착용하지 않고 있다가 사고가 발생하게 되었고 안전띠를 착용하였더라면 그로 인한 피해를 줄일 수 있었던 것으로 인정되는 경우에는 안전띠 미착용의 점은 그 사고장소가 시내인지 또는 시외인지 등을 가릴 것 없이 과실상계의 사유가 된다.

[2] 불법행위로 인한 손해배상사건에서 피해자의 일실수

입은 사고 당시 피해자의 실제소득을 기준으로 하여 산정할 수도 있고 통계소득을 포함한 추정소득에 의하여 평가할 수도 있는 것인바, 피해자가 일정한 수입을 얻고 있었던 경우 신빙성 있는 실제 수입에 대한 증거가 현출되지 아니하는 경우에는 피해자가 종사하였던 직종과 유사한 직종에 종사하는 자들에 대한 통계소득에 의하여 피해자의 일실수입을 산정하여야 한다.

[3] 불법행위의 피해자가 입은 소극적 손해를 산정함에 있어 노동능력상실률을 적용하는 방법에 의할 경우에는 그 노동능력상실률은 단순한 신체적 장애율이 아니라 피해자의 연령, 교육 정도, 종전 직업의 성질과 직업 경력 및 기술숙련 정도, 신체장애의 부위 및 정도, 유사 직종이나 타 직종에의 전업가능성과 그 확률 기타 사회적, 경제적 조건을 모두 참작하여 경험법칙에 따라 도출하는 합리적이고 객관성 있는 노동능력상실률을 도출해야 한다.

제3편

교통사고 관련사례

1. 교통사고처리특례법상 예외사유

「교통사고처리특례법」상 예외사유에는 어떤 것이 있는지요?

➡「교통사고처리특례법」이란 업무상과실 또는 중대한 과실로 교통사고를 일으킨 운전자에 관한 형사처벌 등의 특례를 정함으로써 교통사고로 인한 피해의 신속한 회복을 촉진하고 국민생활의 편익을 증진함을 목적으로 제정된 법률입니다.

이에 의하면 교통사고 피해자가 사망하지 않고, 피해자가 운전자의 처벌을 원치 않을 때에는 검사가 공소를 제기하지 못하도록 되어 있습니다. 피해자가 운전자의 처벌을 원치 않을 경우란 통상 피해자와 합의를 함으로써 인정되고, 또한 가해차량이 자동차종합보험이나 공제조합에 가입되어 있을 경우에도 마찬가지입니다(같은 법 제4조).

그러나 피해자가 사망한 경우와 차의 운전자가 피해자를 구호조치하지 않고 도주하거나 피해자를 사고장소로부터 옮겨 유기하고 도주한 경우의 뺑소니운전자 및 같은 법 제3조 제2항 단서 규정의 11가지 사유에 해당되는 경우에는 피해자와의 합의나 종합보험가입 여부에 상관없이 처벌을 받게됩니다. 특례의 예외규정 11가지는 다음과 같습니다.

1)신호위반 : 교통신호기 또는 교통정리를 위한 경찰관(이를 보조하는 교통순시원, 전투경찰대원 포함)의 신호나 통행의 금지 또는 일시정지를 내용으로 하는 안

전표지가 표시하는 지시에 위반한 경우

2)중앙선 침범 : 차선이 설치된 도로의 중앙선을 침범하거나 횡단, 회전이 금지된 도로에서 횡단 또는 회전하는 경우

3)속도위반: 제한속도를 시속 20킬로미터를 초과하여 운전한 경우

4)앞지르기방법 또는 금지 위반의 경우

5)건널목 통과방법 위반의 경우

6)보행자보호 위반과 횡단보도상의 사고

7)무면허운전

8)음주운전

9)보도 설치된 도로의 보도를 침범하거나, 보도횡단방법에 위반한 경우

10)승객의 추락방지의무를 위반하여 운전한 경우

11)어린이보호구역에서 어린이에게 상해를 가한 경우

한편 교통사고처리 특례법(시행 2010. 1.25. 법률 제9941호) 개정으로 교통사고를 일으킨 차가 종합보험 등에 가입되어 있는 경우에는 업무상 과실 또는 중대한 과실로 인한 교통사고로 피해자가 중상해에 이르게 된 때에도 공소를 제기할 수 없도록 규정한 부분에 대하여 헌법재판소가 재판절차 진술권 및 중상해자와 사망자 사이의 평등권을 침해한다는 이유로 위헌결정(헌재 2009. 2. 26. 선고 2005헌마764, 2008헌마118 병합)함에 따라, 이 경우 피해자가 「형법」 제258조 제1항 또는 제2항의 중상해에 이르게 된 때에는 공소를 제기할 수 있도록 개정되었으며, 교통사고 야기자가 술에 취한 상태에서 자동차 등을 운전하였다고 인정할 만한 상당한 이유가 있음에도 경찰공무원의 음주측정요구

에 불응할 경우 음주운전 사고 운전자와 동일하게 처벌
하도록 신설 하였습니다. [법률구조공단자료. 참고만 하세요]

2. 횡단보도상에 누워있는 사람을 충격한 경우의 형사책임

도로상에서 본인 소유 승용차를 운행하던 중 음주 후 횡단보도 위에 누워있는 피해자를 발견하지 못하고 상해를 입혔습니다. 이 경우 횡단보도상의 교통사고로 처벌받게 되는지요?

➡ 도로에 횡단보도를 설치하는 이유에 있어서 도로 중의 차도는 원칙적으로 차의 통행을 위주로 하는 곳이므로 사람의 통행(횡단)을 제한하되(도로교통법 제10조 제2항), 어린이가 보호자 없이 도로를 횡단하는 때, 도로에서 앉아 있거나 서있는 때 또는 도로에서 놀이를 하는 때 등 어린이에 대한 교통사고의 위험이 있는 것을 발견한 때, 앞을 보지 못하는 사람이 흰색지팡이를 가지거나 맹도견을 동반하고 도로를 횡단하고 있는 때, 지하도 또는 육교 등 도로횡단시설을 이용할 수 없는 지체장애인 등이 도로를 횡단하고 있는 때에는 일시 정지하여야 한다는 등 차도 중의 특정부분을 횡단보도로 지정하여 그 속에는 사람이 차보다 더 우선적으로 통행하도록 하고 이를 보장하기 위하여 차의 운전자로 하여금 보행자가 횡단보도를 통행하고 있는 때에는 일시 정지하는 등 그 통행을 방해하지 아니하도록 하여 고도의 주의의무를 부과하고 있는 것입니다(도로교통법 제49조 제1항 제2호).

즉, 횡단보도상의 보행자 보호의무에 관한 위 규정은 차도 중에서 특정부분을 보행자로 하여금 우선적으로 횡단하게 할 뿐 아니라 운전자에게 고도의 주의의무를 부과함으로써 보행자의 안전을 도모하고, 다른 한편으로는 횡단보도를 제외한 차도의 통행을 제한함으로써 교통의 원활도 함께 도모하고 있는 것입니다.

결국 이 사건의 문제는 횡단보도에 엎드려(누워) 있었던 것이 「도로교통법」 제27조 제1항의 보행자가 횡단보도를 통행하고 있는 때에 해당하는가가 문제의 초점이 될 것입니다.

이 문제와 관련하여 「도로교통법」 상 횡단보도상의 사고에 대하여 살펴보면, 첫째로 '보행자' 이어야 합니다. 여기서 보행자란 말 그대로 걸어다니는 사람을 뜻합니다. 즉, 차를 운전하여 횡단보도를 횡단하거나 자전거나 원동기자동차를 타고 횡단하는 경우는 여기에 해당되지 않습니다.

둘째로 '횡단보도' 이어야 합니다. 횡단보도란 보행자가 도로를 횡단할 수 있도록 안전표지로써 표시한 도로의 부분을 말합니다(도로교통법 제2조 제11호). 「도로교통법 시행규칙」 제11조에는 횡단보도설치시는 횡단보도표시와 횡단보도표지판을 같이 설치하는 것을 원칙으로 하고, 다만 횡단보행자용 신호기가 설치되어 있는 경우에는 횡단보도표시만을, 도로가 포장되지 아니하여 횡단보도를 표시를 할 수 없는 경우에는 횡단보도표지판만을 설치하도록 하고 있습니다.

셋째로 '통행하고 있는 때' 라야 합니다. 횡단보도는 사람이 차도를 횡단하기 위하여 지정한 곳이므로 보행자가 횡단보도를 통행하고 있어야 합니다. 따라서 사람이 횡단보도에 존재하고 있었다는 이유만으로 운전자에게 위 규정상의 의무가 부과되는 것이 아니라 할 것입니다.

 판례도 "구 도로교통법 제48조 제3호(현행 도로교통법 제27조 제1항)의 보행자가 횡단보도를 통행하고 있는 때라 함은 사람이 횡단보도에 있는 모든 경우를 의미하는 것이 아니라, 도로를 횡단할 의사로 횡단보도를 통행하고 있는 경우에 한하다 할 것이므로, 피해자가 사고 당시 횡단보도에 엎드려 있었다면 횡단보도를 통행하고 있지 아니함이 명백하고, 그러한 피해자에 대한 관계에서는 횡단보도 보행자의 보호의무가 없다."라고 하였습니다(대법원 1993. 8. 13. 선고 93도1118 판결).

 따라서 위 사안의 경우 피해자가 비록 횡단보도상에 있었더라도 횡단보도상에서 횡단보도를 통행하려는 의사가 없어 통행인이 아니므로, 질문자는 횡단보도상의 교통사고로 책임을 지지 않을 것으로 보입니다.

[법률구조공단자료. 참고만 하세요]

3. 횡단보도상의 적색신호시에 횡단하는 자를 충격한 경우

택시운전자가 도로상에서 직진신호를 받고 진행하던 중 보행자신호등이 적색신호임에도 불구하고 무단횡단 하는 보행자를 발견하지 못하여 전치 8주의 부상을 입게 한 경우, 「교통사고처리특례법」상의 횡단보도 사고로 처벌되는지요?

➡ 「교통사고처리특례법」 제3조 제1항은 차의 운전자가 업무상과실·중과실치사상죄를 범한 때에는 5년 이하의 금고 또는 2,000만원 이하의 벌금으로 처벌함이 원칙이나 다만, 업무상과실치상죄 등을 범한 때에는 피해자가 처벌을 원하지 아니하면 가해자는 처벌받지 아니한다고 규정하고 있습니다.

그러나 예외적으로 업무상과실치상죄 등을 범한 경우에도 처벌하는 경우가 있으며, 이에는 횡단보도에서의 보행자 보호의무를 위반하여 운전한 경우도 포함됩니다(같은 법 제3조 제2항 제6호).

그런데 신호등 있는 횡단보도상에서 보행자신호가 적색신호일 경우에도 이러한 보행자 보호의무가 있다고 하여야 할 것인지 문제됩니다.

이에 관하여 판례는 "도로를 통행하는 보행자나 차마는 신호기 또는 안전표지가 표시하는 신호 또는 지시 등을 따라야 하는 것이고(도로교통법 제5조), '보행등의 녹색등화의 점멸신호'의 뜻은, 보행자는 횡단을 시작하여서는 아니되고 횡단하고 있는 보행자는 신속하게 횡단을 완료하거나 그 횡단을 중지하고 보도로 되돌아와야 한다는 것인바[도로교통법시행규칙 제5조 제2항 별표 3(현행 도로교통법 시행규칙 제6조 제2항 별표 2)], 피해자가 보행신호등의 녹색등화가 점멸되고 있는 상태에서 횡단보도를 횡단하기 시작하여 횡단을 완료하기 전에 보행신호등이 적색등화로 변경된 후 차량신호등의 녹색등화에 따라서 직진하던 피고인 운전차량에 충격된 경우에, 피해자는 신호기가 설치된 횡단보도에서 녹색등화의 점멸신호에 위반하여 횡단보도를 통행하고 있었던 것이어서 횡단보도를 통행중인 보행자라고 보기는 어렵다고 할 것이므로, 피고인에게 운전자로서 사고발생방지에 관한 업무상 주의의무위반의 과실이 있음은 별론으로 하고 도로교통법 제24조 제1항(현행 도로교통법 제27조 제1항) 소정의 보행자보호의무를 위반한 잘못이 있다고는 할 수 없다." 라고 하였습니다(대법원 2001. 10. 9. 선고 2001도2939 판결).

또한, 교통사고 발생 당시의 신호가 차량진행신호였다면 사고지점이 비록 교통신호대가 있는 횡단보도상이라 하더라도 운전자가 그 횡단보도 앞에서 감속하거나 일단정지하지 아니하였다 하여 횡단보도에서의 보행자 보호의무를 위반하였다 할 수 없다고 한 바 있습니다(대법원 1985. 9. 10. 선고 85도1228 판결).

따라서 위 사안에 있어서 대법원 판례의 취지에 따르면 택시운전자는 「교통사고처리특례법」 상의 횡단보도 사고로 처벌되지 않을 것으로 사료되므로, 위 택시 운전자의 차량이 종합보험공제에 가입되어 있거나 피해자와 합의된 경우에는 형사처벌을 받지 않을 것으로 보입니다. [법률구조공단자료. 참고만 하세요]

4. 녹색등화가 점멸되고 있을 때 횡단
보도 진입 후 사고당한 경우

운전자가 차량을 운전하면서 보행신호등이 적색등화로 변경되고 차량신호등이 녹색등화로 된 상태에서 신호를 따라 진행하던 중, 보행신호등의 녹색등화가 점멸되고 있는 상태에서 횡단보도에 진입한 보행자를 충격하여 중상을 입히는 교통사고를 야기하였습니다. 이 경우 운전자는 횡단보도상의 사고에 해당하는지요?

➡ 「도로교통법」 제27조 제1항은 "모든 차의 운전자는 보행자가 횡단보도를 통행하고 있는 때에는 그 횡단보도 앞(정지선이 설치되어 있는 곳에서는 그 정지선을 말한다)에서 일시 정지하여 보행자의 횡단을 방해하거나 위험을 주어서는 아니 된다." 라고 규정하고 있고, 「교통사고처리특례법」 제3조 제2항 및 단서 제6호는 「도로교통법」 제27조 제1항의 규정에 의한 횡단보도에서의 보행자 보호의무를 위반하여 운전하다가 업무상과실치상죄 또는 중과실치상죄를 범한 운전자에 대하여는 피해자의 명시한 의사에 반하여 공소를 제기할 수 있도록 규정하고 있습니다.

그러므로 위 사안에 있어서도 보행신호등의 녹색등화가 점멸되고 있는 상태에서 횡단보도에 진입한 보행자가 보행신호등이 적색등화로 변경된 후 차량신호등의 녹색등화에 따라 진행하던 운전자의 차량에 충격된 경우 횡단보도상의 사고에 해당하는지 문제됩니다.

그런데 이와 관련하여 판례는 "도로를 통행하는 보행

자나 차마는 신호기 또는 안전표지가 표시하는 신호 또는 지시 등을 따라야 하는 것이고(도로교통법 제5조), '보행등의 녹색등화의 점멸신호' 의 뜻은, 보행자는 횡단을 시작하여서는 아니 되고 횡단하고 있는 보행자는 신속하게 횡단을 완료하거나 그 횡단을 중지하고 보도로 되돌아와야 한다는 것인바[도로교통법시행규칙 제5조 제2항 별표 3(현행 도로교통법 시행규칙 제6조 제2항 별표2)], 피해자가 보행신호등의 녹색등화가 점멸되고 있는 상태에서 횡단보도를 횡단하기 시작하여 횡단을 완료하기 전에 보행신호등이 적색등화로 변경된 후 차량신호등의 녹색등화에 따라서 직진하던 피고인 운전차량에 충격된 경우에, 피해자는 신호기가 설치된 횡단보도에서 녹색등화의 점멸신호에 위반하여 횡단보도를 통행하고 있었던 것이어서 횡단보도를 통행중인 보행자라고 보기는 어렵다고 할 것이므로, 피고인에게 운전자로서 사고발생방지에 관한 업무상 주의의무위반의 과실이 있음은 별론으로 하고 도로교통법 제24조 제1항(현행 도로교통법 제27조 제1항) 소정의 보행자 보호의무를 위반한 잘못이 있다고는 할 수 없다." 라고 하였습니다(대법원 2001. 10. 9. 선고 2001도2939 판결).

따라서 위 사안에 있어서도 운전자에게 보행자 보호의무를 위반한 횡단보도상의 사고라고 할 수는 없을 것으로 보입니다. [법률구조공단자료. 참고만 하세요]

5. 횡단보도상 사고 발생시킨 운전자가 구속되지 않을 수 있는지

저는 신호등 없는 횡단보도를 건너던 중 과속으로 달려오던 영업택시에 충격 당하여 전치 3주의 상해를 입고 입원치료를 받고 있습니다. 「교통사고처리특례법」상 이른바 11개 항목에 해당되면 가해운전자는 무조건 구속이라고 하는데, 가해운전자는 여전히 택시를 운행하고 있습니다. 가해운전자가 구속되지 않는 이유는 무엇인지요?

➡ 「형사소송법」 제70조는 법원은 피고인이 죄를 범하였다고 의심할 만한 상당한 이유가 있고 피고인이 ① 일정한 주거가 없는 때, ② 증거를 인멸할 염려가 있는 때, ③ 도망하거나 도망할 염려가 있는 때 등의 경우에는 피고인을 구속할 수 있고, 다액 50만원 이하의 벌금, 구류 또는 과료에 해당하는 사건에 관하여는 일정한 주거가 없는 경우를 제한 외에는 구속할 수 없다고 규정하고 있습니다.

이와 같이 피의자를 구속하려면 검사는 관할지방법원판사에게 청구하여 구속영장을 발부 받아 피의자를 구속할 수 있으며 사법경찰관은 검사에게 신청하여 검사의 청구로 관할지방법원판사의 구속영장을 받아 피의자를 구속할 수 있습니다(같은 법 제201조 제1항).

구속영장의 청구에는 구속의 필요를 인정할 수 있는 자료를 제출하여야 하고, 이 청구를 받은 지방법원판사는 신속히 구속영장의 발부 여부를 결정하여야 합니다

(같은 법 제201조 제2항, 제3항).

 그러나 위 사안의 경우 가해운전자가 「교통사고처리특례법」 위반으로 처벌되는 것은 별론으로 하고 일정한 주거가 있고 증거인멸이나 도망 또는 도망할 염려가 없는 경우에 해당된다면 검사는 불구속상태에서 수사를 하면서 공소제기 여부를 결정할 수도 있는 것입니다.

[법률구조공단자료. 참고만 하세요]

6. 진행차선의 장애물을 피하기 위한 경우 중앙선침범 여부

운전자가 편도 1차선 국도에서 자기 소유 자동차를 운행하던 중 도로전방 30미터 지점 우측 농로상에서 과속으로 진입해오는 오토바이를 피하기 위하여 황색실선의 중앙선을 침범하였는데, 때마침 반대방향에서 달려오던 차량과 충돌하여 상대방 차량의 운전자에게 전치 4주의 상해를 입혔습니다. 이 경우 운전자는 「교통사고처리특례법」상의 중앙선침범사고로 처벌받게 되는지요?

➡ 「교통사고처리특례법」 제4조는 교통사고를 일으킨 차가 「보험업법」 제4조 및 제126조 내지 제128조, 「여객자동차 운수사업법」 제64조 또는 「화물자동차 운수사업법」 제36조의 규정에 의하여 보험이나 공제에 가입된 경우에는 업무상과실치상 또는 중과실치상죄와 「도로교통법」 제151조(차의 운전자가 업무상 필요한 주의를 게을리 하거나 중대한 과실로 다른 사람의 건조물이나 그 밖의 재물을 손괴한 때)의 죄를 범한 당해 차의 운전자에 대하여 공소를 제기할 수 없고, 다만 교통사고 야기 후 구호조치를 취하지 않고 도주하거나, 신호위반 등 「교통사고처리특례법」 제3조 제2항 단서 등의 경우는 그러하지 않다고 규정하고 있습니다.

위 사례의 경우 「교통사고처리특례법」 제3조 제2항 제2호에 규정된 중앙선침범 사고인지 여부가 문제된다 하겠습니다.

관련 판례를 보면 "교통사고처리특례법 제3조 제2항

단서 제2호 전단이 규정하는 '도로교통법 제12조 제3항(현행 도로교통법 제13조 제3항)의 규정에 위반하여 차선이 설치된 도로의 중앙선을 침범하였을 때'라 함은 교통사고의 발생지점이 중앙선을 넘어선 모든 경우를 가리키는 것이 아니라 부득이한 사유가 없이 중앙선을 침범하여 교통사고를 발생케 한 경우를 뜻하며, 여기서 '부득이한 사유'라 함은 진행차로에 나타난 장애물을 피하기 위하여 다른 적절한 조치를 취할 겨를이 없었다거나 자기 차로를 지켜 운행하려고 하였으나 운전자가 지배할 수 없는 외부적 여건으로 말미암아 어쩔 수 없이 중앙선을 침범하게 되었다는 등 중앙선침범 자체에는 운전자를 비난할 수 없는 객관적 사정이 있는 경우를 말하는 것이며, 중앙선침범행위가 교통사고발생의 직접적인 원인이 된 이상 사고장소가 중앙선을 넘어선 반대차선이어야 할 필요는 없으나, 중앙선침범행위가 교통사고발생의 직접적인 원인이 아니라면 교통사고가 중앙선침범운행 중에 일어났다고 하여 모두 이에 포함되는 것은 아니고, 피고인 운전차량에게 들이 받힌 차량이 중앙선을 넘으면서 마주 오던 차량들과 충격 하여 일어난 사고가 중앙선침범사고로 볼 수 없다."라고 하였으며(대법원 1998. 7. 28. 선고 98도832 판결), "차량충돌 사고장소가 편도 1차선의 아스팔트 포장도로이고, 피고인 운전차량이 제한속도(시속 60킬로미터)의 범위 안에서 운행하였으며(시속 40킬로미터 내지 50킬로미터), 비가 내려 노면이 미끄러운 상태였고, 피고인이 우회전을 하다가 전방에 정차하고 있는 버스를 발견하고 급제동조치를 취하였으나 빗길 때문에 미끄러져 미치지 못하고 중앙선을 침범하기에 이른 것이라면,

피고인이 버스를 피하기 위하여 다른 적절한 조치를 취할 방도가 없는 상황에서 부득이 중앙선을 침범하게 된 것이어서 교통사고처리특례법 제3조 제2항 단서 제2호에 해당되지 않는다.”라고 하였습니다(대법원 1990. 5. 8. 선고 90도606 판결).

그러므로 중앙선 침범행위가 진행차선에 나타난 장애물을 피하기 위하여 다른 적절한 조치를 취할 겨를이 없이 이루어졌다거나, 자기 차선을 지켜 운행하려 하였으나 운전자가 지배할 수 없는 외부적 여건으로 말미암아 어쩔 수 없이 이루어진 경우 등은 「교통사고처리특례법」상의 중앙선침범 사고가 아니라고 할 것입니다.

따라서 위 사안의 경우도 갑자기 진행차선에 뛰어든 오토바이를 피하려고 부득이 중앙선을 침범한 사고라고 볼 수 있다면, 위 판례의 취지에 비추어 귀하의 자동차가 위와 같은 보험이나 공제에 가입한 경우에는 공소권 없음에 해당되어 달리 처벌을 받지 아니하게 될 가능성이 많다고 하겠습니다.

다만, 헌법재판소 전원재판부는 2009. 2. 26. 교통사고를 당해 뇌손상으로 인한 안면마비 등 중상해를 입은 조모씨 등 3명이 “종합자동차보험에 가입할 경우 음주운전, 과속 등 12개 중대법규위반을 제외하고는 중상해 교통사고를 내도 형사처벌이 면제되도록 규정되어 있는 교통사고처리특례법 제4조 제1항은 국가의 기본권 보호의무에 관한 과소보호금지 원칙에 위배되고, 청구인들의 평등권 및 재판절차진술권을 침해했다”며 낸 헌법소원(2005헌마764)에서 7대2로 위헌결정을 내렸습니다. 이에 따라 중과실에 의한 중상해 교통사고를 낸 운전자는 헌법재판소의 결정이 난 이후부터는 종합보험

가입 여부에 상관없이 모두 형사처벌 대상이 됩니다.
[법률구조공단자료. 참고만 하세요]

7. 편도 1차로에 정차한 버스 앞서려고
황색실선 중앙선 넘어간 경우

운전자가 승용차를 운전하여 편도 1차로 도로를 진행하다가 앞서 가던 버스가 정차하여 진로를 막고 있어 황색실선의 중앙선을 넘어 추월을 하려다가 반대편에서 마주 오던 차량과 충돌하는 교통사고가 발생하였습니다. 이 경우 승용자의 운전자가 중앙선을 침범한 것이 되는지요?

➡ 「도로교통법」 제13조 제3항은 "차마의 운전자는 도로(보도와 차도가 구분된 도로에서는 차도)의 중앙(중앙선이 설치되어 있는 경우에는 그 중앙선을 말한다.)우측부분을 통행하여야 한다."라고 규정하고 있습니다.

그런데 편도 1차로 도로에서 정차한 버스를 앞서가기 위하여 황색실선의 중앙선을 넘어가는 행위가 허용되는지에 관하여 판례는 "도로에 중앙선이 설치되어 있는 경우, 차마는 도로의 중앙선으로부터 우측부분을 통행하여야 하고, 다만 도로의 우측부분의 폭이 6미터가 되지 아니하는 도로에서 다른 차를 앞지르고자 하는 때에는, 그 도로의 좌측부분을 확인할 수 있으며 반대방향의 교통을 방해할 염려가 없고 안전표지 등으로 앞지르기가 금지 또는 제한되지 아니한 경우에 한하여 도로의 중앙이나 좌측 부분을 통행할 수 있도록 되어 있으나, 한편 도로교통법 제3조, 제4조, 도로교통법시행규칙 제3조, 제10조, [별표1]에 의하면, 중앙선표지는 안전표지 중 도로교통법 제13조에 따라 도로의 중앙선을 표시하는 노면표지로서 그 중 황색실선은 자동차가 넘어갈 수 없음을 표시하는 것이라고 규정되어 있으므로, 편도 1차로 도로로서 황색실선의 중앙선표지가 있는 장소에서는 설사 앞서가던 버스가 정차하여 후행 차량의 진행로를 막고 있었다고 하더라도, 그 버스를 피하여 앞서가기 위하여 황색실선의 중앙선을 넘어 자동차를 운행할 수는 없다."라고 하였으며(대법원 1997. 7. 25. 선고 97도927 판결), "사고지점에 표시된 중앙선이 자동차가 통과할 수 없음을 표시하는 황색실선이었다면 설령 앞서가던 버스가 정차하여 진행로를 가로막고 있었다 하더라도 이를 피해 앞서가기 위해 그 중앙선을 침범하여 자동차를 운행 할 수는 없는 곳이므로 이에 위반한 행위는 차선이 설치된 도로의 중앙선을 침범한 경우에 해당한다."라고 하였습니다(대법원 1985. 9. 10. 선고 85도1264 판결).

따라서 위 사안에서 승용차의 운전자는 중앙선침범 사고로 처리되어 「교통사고처리특례법」 제3조 제2항 단서 제2호 '도로교통법 제13조 제3항의 규정에 위반하여 중앙선을 침범하거나'에 해당되어 처벌될 것으로 보입니다. [법률구조공단자료. 참고만 하세요]

8. 절취한 승용차를 운전하다가 손괴한
경우의 형사책임

이갑돌은 김을숙의 승용차를 절취하여 운행하다가 운전부주의로 그 승용차가 손상되는 사고를 발생시켰습니다. 이 경우 이갑돌에게 절도죄 이외에 「도로교통법」 제151조에 의한 처벌도 가능한지요?

➡ 「도로교통법」 제151조는 "차의 운전자가 업무상 필요한 주의를 게을리 하거나 중대한 과실로 다른 사람의 건조물이나 그 밖의 재물을 손괴한 때에는 2년 이하의 금고나 500만원 이하의 벌금에 처한다." 라고 규정하고 있습니다.

그런데 절취한 승용차를 운전하다가 사고로 그 승용차를 손괴한 경우에 「도로교통법」 제151조 위반이 될 수 있을 것인지에 관하여 판례는 "도로교통법 제108조(현행 도로교통법 제151조) 소정의 다른 사람의 건조물이나 그 밖의 재물을 손괴한 때라 함은 차의 운전자가 자기소유이든 타인소유이든 불문하고 어떤 차량을 운전함에 있어 업무상 필요한 주의를 게을리 하거나 중대한 과실로 범행의 수단 또는 도구로써 제공된 차량을 제외한 다른 사람의 건조물이나 그 밖의 재물을 손괴한 경우만을 말하는 것이어서 절취한 승용차를 운전하고 가다가 운전미숙 등으로 그 차량을 손괴한 경우는 이에 해당하지 않는다." 라고 하였습니다(대법원 1986. 10. 14. 선고 86도1387 판결).

따라서 위 사안에서 이갑돌도 절도죄는 별론으로 하고, 「도로교통법」 제151조 위반으로 처벌되지는 않을 것으로 보입니다. [법률구조공단자료. 참고만 하세요]

9. 피해자를 병원에 후송 후 연락처를
남기지 않은 경우 도주인지

새벽에 승용차를 운행하던 중 보행자에게 2주간의 상해를 입히는 교통사고를 낸 후 근처 병원으로 보행자를 후송하여 접수창구 의자에 앉히고 접수직원에게 "교통사고 피해자이니 치료를 잘 부탁한다. 날이 밝으면 다시 오겠다." 라고 말한 경우, 피해자를 병원으로 후송하였고 치료도중 병원에 있을 수 없어 다음날 아침 다시 오겠다고 말한 후 병원을 나왔는데, 사고 후 경황이 없어 경찰에 신고를 하지 않은 것만 가지고 뺑소니사고를 냈다고 할 수 있는지요?

➡ 자동차를 운전하다가 사람을 사상하거나 물건을 손괴하는 교통사고를 낸 경우 운전자는 즉시 정차하여 피해자를 구호하는 등의 필요한 조치를 취할 의무가 있고 만일 이러한 조치를 취하지 아니하고 도주한 때에는 「특정범죄가중처벌 등에 관한법률」에 의하여 가중 처벌되게 됩니다(같은 법 제5조의3 제1항).

관련 판례를 보면 "특정범죄가중처벌등에관한법률 제5조의3 제1항 소정의 '피해자를 구호하는 등 도로교통법 제50조 제1항(현행 도로교통법 제54조 제1항)의 규정에 의한 조치를 취하지 아니하고 도주한 때' 라 함은 사고운전자가 사고로 인하여 피해자가 사상을 당한 사실을 인식하였음에도 불구하고 피해자를 구호하는 등 도로교통법 제50조 제1항(현행 도로교통법 제54조 제1항)에 규정된 의무를 이행하기 이전에 사고현장을 이탈하여 사고를 낸 자가 누구인지 확정될 수 없는 상태를 초래하는 경우를 말하고, 교통사고 야기자가 피해자를 병원에 데려다 준 다음 피해자나 병원 측에 아무런 인적사항을 알리지 않고 병원을 떠났다가 경찰이 피해자가 적어 놓은 차량번호를 조회하여 신원을 확인하고 연락을 취하자 2시간쯤 후에 파출소에 출석한 경우, 특정범죄가중처벌등에관한법률 제5조의3 제1항 소정의 '도주'에 해당한다."라고 하였습니다(대법원 1999. 12. 7. 선고 99도2869 판결).

따라서 위 사례의 경우, 피해자를 즉시 병원으로 후송하기는 하였으나 연락처를 남겨놓지 않았으므로, 교통사고 후 도주한 때에 해당하여 가중처벌을 받을 수 있다 하겠습니다. 다만, 치료를 위해 병원에 옮기는 등의 행위는 이른바 재판과정에서 형량을 정하는데 참작이 될 수는 있을 것입니다. [법률구조공단자료. 참고만 하세요]

10. 교통사고 후 처에게 뒤처리를 부탁 하고 현장 이탈한 경우

甲은 자신의 승용차를 운전하던 중 운전부주의로 乙의 차량을 추돌 하여 인적·물적 피해를 입혔습니다. 甲은 사고직후 동승한 그의 처 丙에게 사고처리를 부탁한 후 자신은 사고현장을 이탈하 였으며 丙이 피해자의 구호조치 및 사고처리를 하였습니다. 이 경우 甲은 도주한 것으로 되어 가중처벌을 받아야 하는지요?

➡ 흔히 '뺑소니'라고 속칭되는 도주죄를 규율하는 「특정범죄가중처벌 등에 관한 법률」 제5조의3 제1항 은 "「도로교통법」 제2조에 규정된 자동차·원동기장 치자전거의 교통으로 인하여 「형법」 제268조의 죄를 범한 해당 차량의 운전자(이하 "사고운전자"라 한다) 가 피해자를 구호(救護)하는 등 「도로교통법」 제54 조제1항에 따른 조치를 하지 아니하고 도주한 경우에는 가중처벌한다."라고 규정하고 있고, 「도로교통법」 제 54조 제1항은 "차의 운전 등 교통으로 인하여 사람을 사상(死傷)하거나 물건을 손괴(이하 "교통사고"라 한 다)한 경우에는 그 차의 운전자나 그 밖의 승무원(이하 "운전자등"이라 한다)은 즉시 정차하여 사상자를 구 호하는 등 필요한 조치를 하여야 한다."라고 규정하고 있습니다.

그런데 위 사안에서는 甲이 위와 같은 구호조치를 하 지 않고 사고현장을 이탈하였으며 그의 처(妻)인 丙에 게 부탁하여 丙이 피해자의 구호조치 및 사고처리를 하였으므로, 이러한 경우에도 위 규정에 위반한 것으로서 도주차량운전자로서 가중처벌이 되는지 여부가 문제된다 하겠습니다.

이에 관하여 판례는 "교통사고시 피고인이 피해자와 사고여부에 관하여 언쟁하다가 동승했던 아내에게 '네가 알아서 처리해라.' 라고 하며 현장을 이탈하고 그의 아내가 사후처리를 한 경우 피고인이 피해자를 구호하지 아니하고 사고현장을 이탈하여 사고야기자로서 확정될 수 없는 상태를 초래한 경우에 해당하지 않는다." 라고 하였습니다(대법원 1997. 1. 21. 선고 96도2843 판결).

따라서 甲이 업무상과실치상죄 등으로 처벌되는 것은 별론으로 하고 「특정범죄가중처벌 등에 관한 법률」상의 도주차량운전자의 가중처벌규정에는 해당되지 않을 것으로 보입니다. [법률구조공단자료. 참고만 하세요]

11. 교통사고 후 구호의무를 위반하고 도주한 경우의 가중처벌

술을 약간 마시고 도로를 주행하던 중 무단횡단 하던 피해자를 발견하지 못하여 중상을 입히는 사고를 일으켰으나, 일단 그 자리를 피한 후 술이 깨고 나면 사고신고를 하려고 그 현장을 떠나 있던 중 검거된 사안에서, 사고발생 다음날 피해자측과 모든 합의를 하였으나 경찰에서는 구속한다고 하는데, 어떻게 하면 되는지요?

➡ 이 사안의 경우 음주운전에 의한 교통사고를 낸 행위에 대하여는 피해자와의 합의여부 등에 관계없이 「교통사고처리특례법」 제3조 제2항 단서에 의하여 당연히 처벌대상이 된다고 하겠습니다.

그런데 문제는 가해자의 행위가 「특정범죄가중처벌등에 관한 법률」상 교통사고를 낸 후 구호조치의무를 위반하고 도주한 행위에 해당하여 가중처벌의 대상이 되는가 하는 것입니다.

즉, 위 법 제5조의3은 "「도로교통법」 제2조에 규정된 자동차·원동기장치자전거의 교통으로 인하여 「형법」 제268조의 죄를 범한 해당 차량의 운전자(이하 "사고운전자"라 한다)가 피해자를 구호(救護)하는 등 「도로교통법」 제54조제1항에 따른 조치를 하지 아니하고 도주한 경우에는 다음 각 호의 구분에 따라 가중처벌한다." 라고 규정하고 있습니다.

이와 관련하여 판례는 "특정범죄가중처벌등에관한법

률 제5조의3 제1항 소정의 '피해자를 구호하는 등 도로교통법 제50조 제1항(현행 도로교통법 제54조 제1항)의 규정에 의한 조치를 취하지 아니하고 도주한 때'라 함은 사고운전자가 사고로 인하여 피해자가 사상을 당한 사실을 인식하였음에도 불구하고 피해자를 구호하는 등 도로교통법 제50조 제1항(현행 도로교통법 제54조 제1항)에 규정된 의무를 이행하기 이전에 사고현장을 이탈하여 사고를 낸 자가 누구인지 확정될 수 없는 상태를 초래하는 경우를 말한다."라고 하였습니다(대법원 2000. 3. 28. 선고 99도5023 판결, 2002. 11. 26. 선고 2002도4986 판결, 2010. 10. 14. 선고 2010도1330 판결).

따라서 운전자가 운전 중 사람을 다치게 하거나 죽게 한 때에는 즉시 차를 멈추어 사상자를 구호하는 등 필요한 조치를 취하여야 하는데, 이를 위반하여 연락처도 알리지 않고 사고현장을 떠난 이상 비록 사후조치를 취할 마음을 갖고 떠났다 하더라도 구호 등 조치의무위반의 책임이 있다 하겠습니다.

특히 위 가해자의 경우는 교통사고가 발생하고 사고발생으로 사람이 충격 당하여 도로상에 쓰러져 즉시 구호조치를 취하지 않으면 심각한 결과가 초래될지도 모른다는 인식이 있었음에도 불구하고 음주사실을 숨기기 위하여 사고장소를 임의로 떠난 것으로 보이므로, 피해자와의 합의사실 여부와 관계없이 위 규정상의 도주행위에 해당되어 가중처벌을 받아야 할 것으로 판단됩니다.

참고로 사고 후 현장을 이탈한 것이 다시 음주를 함으로써 음주운전사실을 은폐하기 위한 것이라는 경우 판레는 "특정범죄가중처벌등에관한법률 제5조의3 제1항 소정의 '피해자를 구호하는 등 도로교통법 제50조 제1항(현행 도로교통법 제54조 제1항)의 규정에 의한 조치를 취하지 아니하고 도주한 때'라 함은 사고 운전자가 사고로 인하여 피해자가 사상을 당한 사실을 인식하였음에도 불구하고 피해자를 구호하는 등 도로교통법 제50조 제1항(현행 도로교통법 제54조 제1항)에 규정된 의무를 이행하기 이전에 사고현장을 이탈하여 사고를 낸 자가 누구인지 확정될 수 없는 상태를 초래하는 경우를 말하는 것이고, 여기에서 말하는 사고로 인하여 피해자가 사상을 당한 사실에 대한 인식의 정도는 반드시 확정적임을 요하지 아니하고 미필적으로라도 인식하면 족한 것이고, 사고 후 현장을 이탈한 것이 다시 음주를 함으로써 음주운전사실을 은폐하기 위한 것이라는 등의 이유로 도주의 범의를 인정하지 아니한 원심판결은 제반 사정에 비추어 도주차량에 관한 법리를 오해하거나 채증법칙을 위배한 위법이 있다."라는 이유로 파기한 사례가 있습니다(대법원 2001. 1. 5. 선고 2000도2563 판결). [법률구조공단자료. 참고만 하세요]

12. 교통사고 피해자의 상해가 경미하 여 구호조치 않은 경우

甲은 신호를 대기하면서 정차중인 乙의 승용차의 뒷부분을 충격하였으나, 乙의 승용차에는 가볍게 흠집만 난 상태이고, 乙에게 아픈 곳이 있는지 물었으나 아픈 곳이 없다고 하여 별일이 없는 것으로 알고 연락처도 알려주지 않고 현장을 떠났습니다. 그 후 乙은 허리부분에 통증이 있어 전치 1주의 상해가 발생하였다고 하면서 뺑소니로 문제삼겠다고 합니다. 그런데 乙의 허리통증은 특별한 치료를 요하지 않고 시일이 경과되면 나을 수 있는 경우라고 하는바, 이 경우에도 甲이 뺑소니로 문제되는지요?

➡ 「도로교통법」 제54조 제1항은 "차의 교통으로 인하여 사람을 사상하거나 물건을 손괴한 때에는 그 차의 운전자 그 밖의 승무원은 곧 정차하여 사상자를 구호하는 등 필요한 조치를 하여야 한다."라고 규정하고 있으며, 도주차량운전자의 가중처벌에 관하여 「특정범죄가중처벌 등에 관한 법률」 제5조의3 제1항은 "「도로교통법」 제2조에 규정된 자동차·원동기장치자전거의 교통으로 인하여 「형법」 제268조의 죄를 범한 해당 차량의 운전자(이하 "사고운전자"라 한다)가 피해자를 구호(救護)하는 등 「도로교통법」 제54조 제1항에 따른 조치를 하지 아니하고 도주한 경우에는 다음 각 호의 구분에 따라 가중처벌한다.

  1.피해자를 사망에 이르게 하고 도주하거나, 도주 후에 피해자가 사망한 경우에는 무기 또는 5년 이상의 징

역에 처한다.

2.피해자를 상해에 이르게 한 경우에는 1년 이상의 유기징역 또는 500만원 이상 3천만원 이하의 벌금에 처한다.”라고 규정하고 있습니다.

그런데 「특정범죄가중처벌 등에 관한 법률」 제5조의3 제1항 소정의 도주운전죄가 성립하기 위한 상해의 정도에 관하여 판례는 “특정범죄가중처벌등에관한법률 제5조의3 제1항이 정하는 ‘피해자를 구호하는 등 도로교통법 제50조 제1항(현행 도로교통법 제54조 제1항)에 의한 조치를 취하지 아니하고 도주한 때’라고 함은 사고운전자가 사고로 인하여 피해자가 사상을 당한 사실을 인식하였음에도 불구하고, 피해자를 구호하는 등 도로교통법 제50조 제1항(현행 도로교통법 제54조 제1항)에 규정된 의무를 이행하기 이전에 사고현장을 이탈하여 사고를 낸 자가 누구인지 확정할 수 없는 상태를 초래하는 경우를 말하는 것이므로, 위 도주운전죄가 성립하려면 피해자에게 사상의 결과가 발생하여야 하고, 생명·신체에 대한 단순한 위험에 그치거나 형법 제257조 제1항에 규정된 ‘상해’로 평가될 수 없을 정도의 극히 하찮은 상처로서 굳이 치료할 필요가 없는 것이어서 그로 인하여 건강상태를 침해하였다고 보기 어려운 경우에는 위 죄가 성립하지 않는다.”라고 하였으며(대법원 1997. 12. 12. 선고 97도2396 판결, 2002. 10. 22. 선고 2002도4452 판결, 2003. 4. 25. 선고 2002도6903 판결), 교통사고로 인하여 피해자가 입은 요추부통증이 굳이 치료할 필요가 없이 자연적으로 치유될 수 있는 것으로서 ‘상해’에 해당한다고 볼 수 없다는 이유로 특정범죄가중처벌등에관한법률 제5조의3 제1항 소정의 도주운전죄의 성립을 부정한 사례가 있습니다(대법원 2000. 2. 25. 선고 99도3910 판결, 2008. 10. 9. 선고 2008도3078 판결).

 따라서 위 사안의 경우에도 甲에게 도주운전죄의 책임을 묻기는 어려울 것으로 보입니다.

[법률구조공단자료. 참고만 하세요]

13. 경찰에 의해 피해자와 함께 병원에 후송된 후 말 없이 나온 경우

A는 친척소유의 차량을 운전하다가 과실로 교통사고를 야기하여 자기도 부상을 입었고 B과 C에게 상해를 입혔습니다. A는 사고현장에 출동한 경찰관에 의해 B C과 함께 병원으로 후송되어 응급치료를 받았습니다. 그런데 병원에서 정밀검사를 받을 것을 요구하므로 A는 병원비가 없어 나중에 치료받을 생각으로 아무런 말도 없이 병원에서 나왔습니다. 경찰에서는 A가 주민등록증이나 운전면허증을 소지하지 않았으므로 차량등록증만을 건네받고 후송을 하였는바, A는 그 후 경찰에도 아무런 연락을 취하지 않았습니다. 이 경우 도주운전죄가 성립되는지요?

➡ 「도로교통법」 제54조 제1항은 "차의 교통으로 인하여 사람을 사상하거나 물건을 손괴한 때에는 그 차의 운전자 그 밖의 승무원은 곧 정차하여 사상자를 구호하는 등 필요한 조치를 하여야 한다." 라고 규정하고 있고, 「특정범죄가중처벌 등에 관한 법률」 제5조의3 제1항은 '도로교통법 제2조에 규정된 자동차·원동기장치자전차 또는 궤도차의 교통으로 인하여 형법 제268조(업무상과실·중과실치상)의 죄를 범한 당해 차량의 운전자가 피해자를 구호하는 등 도로교통법 제54조 제1항의 규정에 의한 조치를 취하지 아니하고 도주한 때' 에는 가중 처벌하도록 규정하고 있습니다.

「특정범죄가중처벌 등에 관한 법률」 제5조의3 제1항 소정의 '피해자를 구호하는 등 도로교통법 제54조

제1항의 규정에 의한 조치를 취하지 아니하고 도주한 때’의 의미에 관하여 판례는 “특정범죄가중처벌등에관한법률 제5조의3 제1항 소정의 ‘피해자를 구호하는 등 도로교통법 제50조 제1항(현행 도로교통법 제54조 제1항)의 규정에 의한 조치를 취하지 아니하고 도주한 때’라 함은 사고운전자가 사고로 인하여 피해자가 사상을 당한 사실을 인식하였음에도 불구하고, 피해자를 구호하는 등 도로교통법 제50조 제1항(현행 도로교통법 제54조 제1항)에 규정된 의무를 이행하기 전에 사고장소를 이탈하여 사고야기자로서 확정될 수 없는 상태를 초래하는 경우를 말한다.”라고 하였습니다(대법원 2001. 1. 5. 선고 2000도2563 판결, 2003. 3. 25. 선고 2002도5748 판결).

그런데 위 사안에서와 같이 경찰관에 의해 구호조치가 이루어진 경우에도 도주운전죄가 성립되는지에 관하여 판례는 “피고인은 그 자신이 부상을 입고 경찰에 의하여 병원으로 후송된 것일 뿐 스스로 사고장소에서 이탈한 것이 아니고, 피고인이 그 후 병원으로 후송되어 치료를 받던 도중 아무런 말이 없이 병원에서 나와 경찰에 연락을 취하지 아니하였다 하더라도 그 당시에는 이미 경찰에 의하여 피해자를 구호하는 등의 조치가 이루어진 후이므로, 이를 두고 피고인이 피해자를 구호하는 등 도로교통법 제50조 제1항(현행 도로교통법 제54조 제1항)에 규정된 의무를 이행하기 전에 사고장소를 이탈하여 사고야기자로서 확정될 수 없는 상태를 초래한 경우에 해당한다고 볼 수도 없다.”라고 하였습니다(대법원 1999. 4. 13. 선고 98도3315 판결, 2002. 11. 26. 선고 2002도4986 판결).

따라서 위 사안에서 A가 도주운전죄로 가중 처벌되지는 않을 것으로 보입니다. [법률구조공단자료. 참고만 하세요]

14. 위법한 강제연행 과정에서 음주측 정 요구에 응하여야 하는지

운전을 하다가 교통사고를 낸 운전자가 상대방 운전자의 신고로 출동한 경찰관이 음주운전을 하였다는 의심할 만한 사유가 있다 는 이유로 음주측정을 요구하자 이를 거부하였고, 그 과정에서 체포되어 경찰서로 강제 연행된 후 다시 음주측정요구에 불응하 여 도로교통법위반(음주측정거부)로 기소되었는데 이 경우 처벌 을 받는지요?

➡ 「도로교통법」 제44조 제2항은 "경찰공무원은 교 통의 안전과 위험방지를 위하여 필요하다고 인정하거나 제1항의 규정을 위반하여 술에 취한 상태에서 자동차등 을 운전하였다고 인정할 만한 상당한 이유가 있는 때에 는 운전자가 술에 취하였는지의 여부를 호흡조사에 의 하여 측정할 수 있다. 이 경우 운전자는 경찰공무원의 측정에 응하여야 한다." 라고 규정하고 있고, 같은 법 제148조의2 제1항 제2호에서 "술에 취한 상태에 있 다고 인정할 만한 상당한 이유가 있는 사람으로서 제 44조제2항에 따른 경찰공무원의 측정에 응하지 아니한 사람은 1년 이상 3년 이하의 징역이나 500만원 이상 1천만원 이하의 벌금에 처한다." 라고 규정하고 있습니 다.

그런데 음주측정을 위해 운전자를 강제로 연행하는 것 이 적법한 공무집행인지 또한 강제연행을 위한 절차 및 위법한 체포상태에서 이루어진 음주측정요구에 불응한 행위를 처벌할 수 있는지가 문제됩니다.

이에 관하여 판례는 "음주측정을 거절하는 운전자를 음주측정할 목적으로 파출소로 끌고 가려한 행위를 적법한 공무집행으로 볼 수 없다."라고 하였으며(대법원 1994. 10. 25. 선고 94도2283 판결), 또한 운전자가 위법하게 강제연행된 상태에서 음주측정을 거부한 경우에 관하여 "교통안전과 위험방지를 위한 필요가 없음에도 주취운전을 하였다고 인정할 만한 상당한 이유가 있다는 이유만으로 이루어지는 음주측정은 이미 행하여진 주취운전이라는 범죄행위에 대한 증거 수집을 위한 수사절차로서의 의미를 가지는 것인데, 구 도로교통법(2005. 5. 31. 법률 제7545호로 전문 개정되기 전의 것)상의 규정들이 음주측정을 위한 강제처분의 근거가 될 수 없으므로 위와 같은 음주측정을 위하여 당해 운전자를 강제로 연행하기 위해서는 수사상의 강제처분에 관한 형사소송법상의 절차에 따라야 하고, 이러한 절차를 무시한 채 이루어진 강제연행은 위법한 체포에 해당한다. 이와 같은 위법한 체포 상태에서 음주측정요구가 이루어진 경우, 음주측정요구를 위한 위법한 체포와 그에 이은 음주측정요구는 주취운전이라는 범죄행위에 대한 증거 수집을 위하여 연속하여 이루어진 것으로서 개별적으로 그 적법 여부를 평가하는 것은 적절하지 않으므로 그 일련의 과정을 전체적으로 보아 위법한 음주측정요구가 있었던 것으로 볼 수밖에 없고, 운전자가 주취운전을 하였다고 인정할 만한 상당한 이유가 있다 하더라도 그 운전자에게 경찰공무원의 이와 같은 위법한 음주측정요구에 대해서까지 그에 응할 의무가 있다고 보아 이를 강제하는 것은 부당하므로 그에 불응하였다고 하여 음주측정거부에 관한 도로교통법 위반죄로 처벌할 수 없다." 라고 하였습니다(대법원 2006. 11. 9. 선고 2004도8404 판결).

 따라서 위 사안의 경우 사고를 낸 운전자가 체포되어 경찰서로 강제연행 되는 과정에서 만약 그 체포가 위법한 체포로 인정된다면 경찰관의 음주측정요구 또한 위법한 것으로 인정되어서 그에 응하지 아니하였다 하더라도 처벌을 받지 않게 될 것이나, 반대로 그 운전자에 대한 체포절차가 적법하다면 운전자는 「도로교통법」상 음주측정거부죄로 처벌을 받게 될 것입니다.

[법률구조공단자료. 참고만 하세요]

15. 만취 후 운전하여 교통사고를 낸
경우 심신장애로 인한 감경 여부

제 친구는 평소 직장에서의 불화로 고민하다가 음주운전을 하겠다는 생각으로 음주하여 만취된 후 자동차를 운전하다가 피해자를 상해하는 등의 교통사고를 일으키고 현재 구속기소 되었습니다. 이 경우 만취상태였으므로 심신장애로 인한 형의 감경을 받을 수 있는지요?

➡ 심신장애자의 처벌에 관하여 「형법」 제10조는 "①심신장애로 인하여 사물을 변별할 능력이 없거나 의사를 결정할 능력이 없는 자의 행위는 벌하지 아니한다. ②심신장애로 인하여 전항의 능력이 미약한 자의 행위는 형을 감경(減輕)한다. ③위험의 발생을 예견하고 자의로 심신장애를 야기한 자의 행위에는 전 2항의 규정을 적용하지 아니한다." 라고 규정하고 있습니다.
　행위자가 고의 또는 과실로 자기를 심신상실 또는 심신미약의 상태에 빠지게 한 후 이러한 상태에서 범죄를 실행하는 것을 '원인에 있어서 자유로운 행위'라고 합니다. 예컨대, 살인을 결심한 자가 용기를 얻기 위하여 음주 대취한 후 명정상태에서 범행을 저지른 경우 등을 말하는데, 이 경우 행위자는 비록 심신미약이나 심신상실의 상태에서 행위를 하였다고 할지라도 형이 감경되거나 면제되지 아니하고 「형법」 제10조 제3항에 따라 그 행위에 대한 완전한 책임을 부담하게 됩니다.

관련 판례를 보면, "피고인이 자신의 차를 운전하여 술집에 가서 술을 마신 후 운전을 하다가 교통사고를 일으켰다면, 이는 피고인이 음주할 때 교통사고를 일으킬 수 있다는 위험성을 예견하고도 자의로 심신장애를 야기한 경우에 해당하여, 가사 사고 당시 심신미약 상태에 있었다고 하더라도 심신미약으로 인한 형의 감경을 할 수 없다." 라고 하였으며(대법원 1994. 2. 8. 선고 93도2400 판결, 1995. 6. 13. 선고 95도826 판결, 2002. 11. 8. 2002도5109 판결), 또한 "형법 제10조 제3항은 고의에 의한 원인에 있어서의 자유로운 행위만이 아니라 과실에 의한 원인에 있어서의 자유로운 행위까지도 포함하는 것으로서, 위험의 발생을 예견할 수 있었는데도 자의로 심신장애를 야기한 경우도 그 적용대상이 된다고 할 것이어서, 피고인이 음주운전을 할 의사를 가지고 음주만취 한 후 운전을 결행하여 교통사고를 일으켰다면 피고인은 음주시에 교통사고를 일으킬 위험성을 예견하였는데도 자의로 심신장애를 야기한 경우에 해당하므로 위 법 조항에 의하여 심신장애로 인한 감경 등을 할 수 없다." 라고 하였습니다(대법원 1992. 7. 28. 선고 92도999 판결).

따라서 귀하의 친구의 경우에도 비록 고의에 의하지 아니하였다고 하더라도 음주운전의 위험성을 예견한 경우에 해당한다 할 것이므로 심신미약을 이유로 형의 감경을 인정받기는 어려울 것으로 보입니다.

[법률구조공단자료. 참고만 하세요]

16. 구호조치 취함 없이 목격자인 양 행동한 때 도주운전죄 여부

교통사고를 일으킨 자가, 출동한 경찰 순찰차에 실려 피해자가 병원으로 후송되자 현장조사를 하는 경찰관에게 목격자인 것처럼 행세하다가 귀가하였으나, 그 이후 차량의 사고흔적으로 인하여 입건되었습니다. 이 경우 교통사고를 일으킨 자에게 도주운전죄가 성립되지 않는지요?

➡ 「특정범죄가중처벌 등에 관한 법률」 제5조의3 제1항 소정의 '피해자를 구호하는 등 도로교통법 제54조 제1항의 규정에 의한 조치를 취하지 아니하고 도주한 때'의 의미에 관하여 판례는 "특정범죄가중처벌등에관한법률 제5조의3 제1항 소정의 '피해자를 구호하는 등 도로교통법 제50조 제1항(현행 도로교통법 제54조 제1항)의 규정에 의한 조치를 취하지 아니하고 도주한 때'라 함은 사고운전자가 사고로 인하여 피해자가 사상을 당한 사실을 인식하였음에도 불구하고, 피해자를 구호하는 등 도로교통법 제50조 제1항(현행 도로교통법 제54조 제1항)에 규정된 의무를 이행하기 전에 사고장소를 이탈하여 사고야기자로서 확정될 수 없는 상태를 초래하는 경우를 말한다."라고 하였습니다(대법원 2001. 1. 5. 선고 2000도2563 판결, 2002. 11. 26. 선고 2002도4986 판결, 2003. 4. 25. 선고 2002도6903 판결).

그리고 사고야기자가 사고현장에서 목격자처럼 행세한

경우에 대하여 판례는 "피고인은 교통사고를 일으킨 다음 사고현장 부근에 정차하였으나, 출동한 경찰관의 요청으로 파출소에 임의 동행하여 사고야기 여부에 관하여 추궁을 받으면서도 피고인 차량에 충격 흔적이 발견되었다는 지적을 받기까지는 사고사실을 부인하고, 사고현장에서도 피해자에 대하여 아무런 구호조치도 취하지 아니한 채 목격자인 양 행동한 사실이 인정되는바, 그렇다면 피고인이 비록 사고현장을 바로 이탈하지는 아니하였다고 하더라도, 사고야기사실 자체를 부인하면서 피해자에 대한 구호조치를 취하지 아니하고 있다가 사고현장을 떠난 이상, 특정범죄가중처벌등에관한법률 제5조의3 제1항에서 말하는 '도주'에 해당한다고 보지 않을 수 없다."라고 하였습니다(대법원 1999. 11. 12. 선고 99도3781 판결, 2003. 3. 25. 선고 2002도5748 판결).

 따라서 위 사안에서 이 사고를 일으킨 운전자는 도주운전죄의 책임을 면하기 어려울 것으로 보입니다.

[법률구조공단자료. 참고만 하세요]

17. 공소권 없음으로 처리될 진범 대신 허위 진술한 경우 처벌 여부

甲은 친구 乙이 운전하고 종합보험에 가입한 乙소유 승용차에 동승하고 있던 중 乙이 운전부주의로 甲에게 전치 4주의 상해가 발생하는 교통사고를 야기하였음에도 불구하고, 乙이 그 이전에도 교통사고를 야기한 사실이 있었다는 말을 듣고 교통사고를 조사하는 경찰관에게 적극적으로 甲 자신이 운전하다 사고를 내었다고 허위의 진술을 하였습니다. 그런데 그 후 진술의 앞뒤가 맞지 않아 乙이 진범임이 밝혀졌으나 乙은 조사 받기를 회피하고 있으며, 甲은 범인도피죄로 조사를 받고 있습니다. 이 경우 乙이 자동차종합보험에 가입하여 「교통사고처리특례법」에 의하여 공소권 없음으로 처리될 수 있는 경우에도 범인도피죄가 문제될 수 있는지요?

➡ 「형법」 제151조 제1항은 "벌금이상의 형에 해당하는 죄를 범한 자를 은닉 또는 도피하게 한 자는 3년 이하의 징역 또는 500만원 이하의 벌금에 처한다."라고 규정하고 있습니다.

판례는 "형법 제151조에 의하면 규정하는 범인도피죄는 범인은닉 이외의 방법으로 범인에 대한 수사, 재판 및 형의 집행 등 형사사법의 작용을 곤란 또는 불가능하게 하는 행위를 말하는 것으로서, 그 방법에는 어떠한 제한이 없고, 또한 위 죄는 위험범으로서 현실적으로 형사사법의 작용을 방해하는 결과가 초래될 것이 요구되지 아니할 뿐만 아니라, 형법 제151조 소정의

'벌금 이상의 형에 해당하는 죄를 범한 자'라 함은 범죄의 혐의를 받아 수사대상이 되어 있는 자도 포함하고, 벌금 이상의 형에 해당하는 자에 대한 인식은 실제로 벌금 이상의 형에 해당하는 범죄를 범한 자라는 것을 인식함으로써 족하고 그 법정형이 벌금 이상이라는 것까지 알 필요는 없으며, 범인이 아닌 자가 수사기관에 범인임을 자처하고 허위사실을 진술하여 진범의 체포와 발견에 지장을 초래하게 한 행위는 위 죄에 해당한다.”라고 하면서 “범인에 대하여 적용 가능한 죄가 도로교통법위반죄로부터 교통사고처리특례법위반죄를 거쳐 상해죄에 이르기까지 다양하고, 그 죄들은 모두 벌금 이상의 형을 정하고 있으며 범인에게 적용될 수 있는 죄가 교통사고처리특례법위반죄에 한정된다고 하더라도 자동차종합보험 가입사실만으로 범인의 행위가 형사소추 또는 처벌을 받을 가능성이 없는 경우에 해당한다고 단정할 수 없을 뿐 아니라, 피고인이 수사기관에 적극적으로 범인임을 자처하고 허위사실을 진술함으로써 실제 범인을 도피하게 하였다.”는 이유로 범인도피죄의 성립을 인정한 사례가 있습니다(대법원 2000. 11. 24. 선고 2000도4078 판결, 2003. 2. 14. 선고 2002도5374 판결).

위 판례의 이유를 구체적으로 살펴보면, 운전자의 행위가 「교통사고처리특례법」 제3조 제1항 위반죄에 한정된다고 하더라도, 자동차종합보험 가입사실은 같은 법 제4조 제1항이 규정하는 바와 같이 공소를 제기할 수 없다는 소송조건에 해당하는 것으로서, 그것도 같은 법 제3조 제2항에 의하여 피해자가 나중에 사망에 이르거나 또는 같은 법 제3조 제2항이 규정하는 10가지의 단서, 특히 음주나 과속운전 등에 해당하는 경우에는 적용되지 아니하는 것이므로, 이러한 경우 수사기관으로서는 위 단서의 적용여부를 가리기 위하여 운전자의 행위에 대하여 얼마든지 수사를 할 수 있는 것이고, 그 결과에 따라 운전자에 대한 소추나 처벌 여부가 가려지게 되는 것이므로, 자동차종합보험 가입사실만으로 운전자의 행위가 형사소추 또는 처벌을 받을 가능성이 없는 경우에 해당한다고 단정할 수 없는 것임은 물론이고, 허위진술자가 수사기관에 적극적으로 자신이 운전자라는 허위사실을 진술함으로써 실제 운전자를 도피하게 하였다면 그로써 수사권의 행사를 비롯한 국가의 형사사법 작용은 곤란 또는 불가능하게 되는 것이라고 아니할 수 없으므로(예컨대, 수사기관이 초동단계에서 실제 운전자에 대한 음주측정을 하지 못하여 교통사고처리특례법위반죄로 기소하지 못하게 되는 상황이 발생할 수 있음), 허위진술자는 범인도피죄에 해당한다는 것입니다.

따라서 위 사안에서 乙이 자동차종합보험에 가입하여 결과적으로 「교통사고처리특례법」에 의하여 공소권이 없는 것으로 된다고 하여도, 甲은 적극적으로 자신이 운전자라는 허위사실을 진술함으로써 실제 운전자를 도피하게 하였으므로 범인도피죄가 성립될 여지가 있다고 하겠습니다. [법률구조공단자료. 참고만 하세요]

18. 무권대리인의 자격모용에 의한 사
문서작성죄의 성립 여부

저는 교통사고로 수개월간 입원치료를 받고 퇴원한 후 가해차량이 가입한 보험회사에 찾아가 손해배상금을 달라고 요청하였으나, 보험회사에서는 형이 대리인으로 작성한 합의서를 보여주며 보험금도 형에게 주었다고 하였습니다. 저는 형에게 보험회사에 가서 보험금액 등을 알아보라고만 하였는데, 형은 대리인 자격으로 합의서를 작성하고 합의금을 수령하여 임의로 소비하였습니다. 이 경우 합의서 작성에 관하여 형에게 형사책임을 물을 수 있는지요?

　➡ 「형법」 제232조는 행사할 목적으로 타인의 자격을 모용(冒用)하여 권리·의무 또는 사실증명에 관한 문서 또는 도화를 작성한 자는 5년 이하의 징역 또는 1,000만원 이하의 벌금에 처한다고 규정하고 있습니다.
　귀하의 질문내용을 보면 아무런 대리권도 없는 형이 귀하의 대리자격을 사칭하여 합의서를 작성하였다는 것으로서, 이 경우 합의서의 작성명의인을 귀하로 합의서를 작성하였다면 문서위조가 될 것이나, 형이 대리인자격으로 귀하 명의의 문서를 대신 작성하였으므로 자격모용에 의한 문서작성죄의 성립이 가능할 수 있습니다(형법 제231조, 제232조).
　이와 관련하여 자격모용에 의한 사문서작성죄에 있어서 행사할 목적과 이에 대한 고의의 의미에 관하여 판례는 "자격모용에 의한 사문서작성죄는 행사할 목적으로 타인의 자격을 모용하여 권리·의무 또는 사실증명에 관한 문서를 작성함으로써 성립하는 것인바, 여기에서 '행사할 목적'이라 함은 다른 사람으로 하여금 그 문서가 정당한 권한에 기하여 작성된 것으로 오신하게 할 목적을 말하므로, 사문서를 작성하는 자가 다른 사람의 대리인 또는 대표자로서의 자격을 모용하여 문서를 작성한다는 것을 인식·용인하면서 이를 진정한 문서로서 어떤 효용에 쓸 목적으로 사문서를 작성하였다면, 자격모용에 의한 사문서작성죄의 행사의 목적과 고의가 있는 것으로 보아야 한다." 라고 하였습니다(대법원 2007. 7. 27. 선고 2006도2330 판결, 2008. 2. 14. 선고 2007도9606 판결).

또한, 대리권이 있다고 하더라도 그 권한 이외의 사항에 관하여 대리권자 명의의 문서를 작성하는 경우와 권한을 단순히 보조하는 자가 권한 있는 자의 대리자격을 모용하여 권한 있는 자 명의의 문서를 작성하는 경우도 이에 해당합니다. [법률구조공단자료. 참고만 하세요]

19. 피해자의 승낙을 받고 상해를 가한
   경우에도 처벌되는지

A와 B는 교통사고를 일으켜 보험금을 받아 내기로 공모하고 A는
자신이 운전하는 자동차로 B가 운전하는 자동차를 충격하였습니
다. 그런데 이 충돌로 인하여 A와 B가 의도한 바와 달리 B는 중
상을 입게 되었습니다. 이와 같이 B가 미리 승낙한 경우에도 A는
상해죄로 처벌받는지요?

➡「형법」 제24조는 "처분할 수 있는 자의 승낙에
의하여 그 법익을 훼손한 행위는 법률에 특별한 규정이
없는 한 벌하지 아니한다." 라고 규정하고 있습니다.
그러나 판례는 "형법 제24조의 규정에 의하여 위법
성이 조각되는 소위 피해자의 승낙은 해석상 개인적 법
익을 훼손하는 경우에 법률상 이를 처분할 수 있는 사
람의 승낙을 말할 뿐만 아니라 그 승낙이 윤리적, 도덕
적으로 사회상규에 반하는 것이 아니어야 한다고 풀이
하여야   할   것이다." 라고   하였습니다(대법원
2008.12.11. 선고 2008도9606 판결).
위 사안의 경우 보험사기를 위한 B의 승낙은 사회상
규에 반하는 것이므로 이에 의하여 A의 행위의 위법성
이 조각된다고 할 수는 없을 것으로 보이며, 따라서 A
의 행위는 상해죄에 해당할 것입니다.
판례는 피고인이 다른 피고인과 함께 피해자의 몸에서
잡귀를 물리친다면서 뺨을 때리고 팔과 다리를 붙잡고
배와 가슴을 손과 무릎으로 힘껏 누르고 밟는 등 하여

피해자를 사망에 이르게 한 사안에서 "폭행에 의하여 사람을 사망에 이르게 하는 따위의 일에 있어서 피해자의 승낙은 범죄성립에 아무런 장애가 될 수 없는 윤리적, 도덕적으로 허용될 수 없는 즉 사회상규에 반하는 것이라고 할 것이므로 피고인 등의 행위가 피해자의 승낙에 의하여 위법성이 조각된다는 상고논지는 받아들일 수가 없다."고 판시한 바 있습니다(대법원 1985. 12. 10. 선고 85도1892 판결).

한편 피해자의 승낙은 자유로운 의사에 의한 진지한 승낙이어야 하는바, 판례는 "산부인과 전문의 수련과정 2년차인 의사가 자신의 시진, 촉진결과 등을 과신한 나머지 초음파검사 등 피해자의 병증이 자궁 외 임신인지, 자궁근종인지를 판별하기 위한 정밀한 진단방법을 실시하지 아니한 채 피해자의 병명을 자궁근종으로 오진하고 이에 근거하여 의학에 대한 전문지식이 없는 피해자에게 자궁적출술의 불가피성만을 강조하였을 뿐 위와 같은 진단상의 과오가 없었으면 당연히 설명 받았을 자궁 외 임신에 관한 내용을 설명 받지 못한 피해자로부터 수술승낙을 받았다면 위 승낙은 부정확 또는 불충분한 설명을 근거로 이루어진 것으로서 수술의 위법성을 조각할 유효한 승낙이라고 볼 수 없다."라고 하여 의사에게 업무상 과실치상죄를 인정하였습니다(대법원 1993. 7. 27. 선고 92도2345 판결).

[법률구조공단자료. 참고만 하세요]

20. 다른 상해보험 가입 사실에 대한 고지의무 위반으로 인한 보험계약 해지 여부

사망자 갑은 2005. 12. 29. 을 보험회사와 피보험자를 갑, 사망보험금 수익자는 법정상속인으로 하는 보험계약을 체결하였습니다. 갑은 위 보험계약 체결 당시 이미 그와 동일하거나 유사한 10건의 보험에 가입하고 있었고, 그 이후에도 3개의 보험에 더 가입하였습니다. 그런데 당시 보험약관에는 "계약을 맺을 때에 계약자, 피보험자 또는 이들의 대리인은 청약서의 기재사항에 관하여 아는 사실을 빠짐없이 그대로 회사에 알려야 합니다. 계약자, 피보험자 또는 이들의 대리인의 고의나 중대한 과실로 청약서의 기재사항에 관하여 사실대로 알리지 아니하였을 때에는 보험회사는 손해 발생의 전후를 묻지 아니하고 이 보험계약을 해지할 수 있습니다."라고 기재되어 있었고, 보험청약서에는 보험계약자가 알릴 사항의 하나로서 다른 보험계약의 존재를 기재하도록 하는 별도의 질문표를 마련해 두고 있었습니다. 그러나 갑은 보험청약서의 질문란에 다른 보험계약의 존재 사실을 기재하지 아니하였고, 추가로 보험계약을 체결하였다는 사실을 통지하지 않았습니다. 그 후 갑은 2006년 10월경 교통사고로 사망하였고, 갑의 상속인들은 을 보험회사에 보험금지급을 청구하였으나 을 보험회사는 갑이 다른 보험계약의 존재를 알리지 아니하였다는 이유로 보험계약을 해지한다는 내용의 내용증명우편을 발송하였습니다. 을 보험회사의 계약해지가 정당한 것인지요?

➡ 「상법」 제652조 제1항은 "보험기간중에 보험계

약자 또는 피보험자가 사고발생의 위험이 현저하게 변경 또는 증가된 사실을 안 때에는 지체없이 보험자에게 통지하여야 한다. 이를 해태한 때에는 보험자는 그 사실을 안 날로부터 1월내에 한하여 계약을 해지할 수 있다."라고 규정하고 있고, 같은 법 제651조는 "보험계약 당시에 보험계약자 또는 피보험자가 고의 또는 중대한 과실로 인하여 중요한 사항을 고지하지 아니하거나 부실의 고지를 한 때에는 보험자는 그 사실을 안 날로부터 1월내에, 계약을 체결한 날로부터 3년내에 한하여 계약을 해지할 수 있다. 그러나 보험자가 계약당시에 그 사실을 알았거나 중대한 과실로 인하여 알지 못한 때에는 그러하지 아니하다."라고 규정하고 있습니다.

그런데 「상법」 제652조 제1항 소정의 통지의무의 대상으로 규정된 '사고발생의 위험이 현저하게 변경 또는 증가된 사실'이라 함은 그 변경 또는 증가된 위험이 보험계약의 체결 당시에 존재하고 있었다면 보험자가 보험계약을 체결하지 아니하였거나 적어도 그 보험료로는 보험을 인수하지 아니하였을 것으로 인정되는 사실을 말하는 것으로서, 상해보험계약 체결 후 다른 상해보험에 다수 가입하였다는 사정만으로 사고발생의 위험이 현저하게 변경 또는 증가된 경우에 해당한다고 할 수 없습니다(대법원 2001. 11. 27. 선고 99다33311판결, 2003. 11. 13. 선고 2001다49630 판결).

또한 보험계약자나 피보험자가 보험계약 당시에 보험자에게 고지할 의무를 지는 상법 제651조에서 정한 '중요한 사항'이란 보험자가 보험사고의 발생과 그로 인한 책임부담의 개연율을 측정하여 보험계약의 체결

여부 또는 보험료나 특별한 면책조항의 부가와 같은 보험계약의 내용을 결정하기 위한 표준이 되는 사항으로서 객관적으로 보험자가 그 사실을 안다면 그 계약을 체결하지 아니하든가 또는 적어도 동일한 조건으로는 계약을 체결하지 아니하리라고 생각되는 사항을 말하고, 어떠한 사실이 이에 해당하는 가는 보험의 종류에 따라 달라질 수밖에 없는 사실인정의 문제로서 보험의 기술에 비추어 객관적으로 관찰하여 판단되어야 하는 것이나, 보험자가 서면으로 질문한 사항은 보험계약에 있어서 중요한 사항에 해당하는 것으로 추정되고(상법 제651조의2), 여기의 서면에는 보험청약서도 포함될 수 있으므로, 보험청약서에 일정한 사항에 관하여 답변을 구하는 취지가 포함되어 있다면 그 사항은 상법 제651조에서 말하는 '중요한 사항'으로 추정됩니다(대법원 2004. 6. 11. 선고 2003다18494 판결).

그러나 보험자가 다른 보험계약의 존재 여부에 관한 고지의무 위반을 이유로 보험계약을 해지하려면 보험계약자 또는 피보험자가 다른 보험계약의 존재를 알고 있는 외에 그것이 고지를 요하는 중요한 사항에 해당한다는 사실을 알고도, 또는 중대한 과실로 알지 못하여 고지의무를 다하지 아니한 사실을 입증하여야 합니다(대법원 2001. 11. 27. 선고 99다33311판결).

따라서 위 판례에 비추어 보면 을 보험회사의 계약해지는 부당한 것으로 보이며 갑의 상속인들은 보험회사를 상대로 보험금을 청구해볼 수 있을 것으로 보입니다. [법률구조공단자료. 참고만 하세요]

21. 교통사고 합의 후 국민건강보험의 보험급여 부담 여부

저는 갑이 운전하는 오토바이에 충격 당하여 전치 6주의 상해를 입었으나 갑이 치료비를 지급하지 않아 국민건강보험으로 치료를 받고 있습니다. 그런데 갑이 형사사건과 관련하여 합의하자고 하는바, 만일 제가 갑과 합의한다면 국민건강보험공단에서 병원에 지급한 치료비 등을 부담하여야 한다는 말이 있는데 어떻게 되는지요?

➡ 「국민건강보험법」 제53조는 공단은 제3자의 행위로 인한 보험급여사유가 발생하여 가입자에게 보험급여를 한 때에는 그 급여에 소요된 비용의 한도 내에서 그 제3자에 대한 손해배상청구의 권리를 얻으며, 이 경우에 있어 보험급여를 받은 자가 제3자로부터 이미 손해배상을 받은 때에는 공단은 그 배상액의 한도 내에서 보험급여를 하지 아니한다고 규정하고 있습니다.

그리고 국민건강보험공단의 위 구상권 취득시점에 관하여 판례는 "피보험자가 요양기관에서 치료를 받았을 때 현실적으로 보험급여가 이루어지므로 의료보험조합은 그 보험급여의 한도 내에서 제3자에 대한 구상권을 취득한다." 라고 하였습니다(대법원 1989. 8. 8. 선고 89다2240 판결, 1994. 12. 9. 선고 94다46046 판결, 2010. 4. 29. 선고 2010다7294 판결).

또한, 「국민건강보험법」상의 요양급여는 원칙적으로 보험자 또는 보험자단체가 지정한 요양취급기관에 의하여 질병 또는 부상이 치유되기까지 요양케 하는 현물급여의 형태로 이루어지므로, 피보험자가 요양취급기관에서 치료를 받았을 때 현실적으로 보험급여가 이루어지고 그때 국민건강보험공단은 그 보험급여의 한도 내에서 제3자에 대한 구상권을 취득한다고 보아야 할 것입니다.

그런데 위 사안에서 갑의 불법행위로 인하여 귀하가 상해를 입었으므로 국민건강보험으로 처리한 경우라 하여도 국민건강보험공단에서 구상권을 취득하는 범위는 '급여에 소요된 비용'에 대한 것이므로, 귀하의 본인부담분 및 기타의 손해에 대하여는 귀하가 갑에게 청구할 수 있다 하겠습니다.

그러나 귀하가 보험급여를 지급 받은 후에 甲과 손해배상의 전부에 대하여 합의를 한다면 국민건강보험급여에 대하여는 귀하가 치료를 받았을 때 이미 공단이 구상권을 취득한 것이므로 甲은 무권리자인 귀하에게 변제한 것이 되므로 원칙적으로 그 변제는 무효이나(대법원 1997. 11. 11. 선고 97다37609 판결), 예외적으로 갑이 선의·무과실이면 채권의 준점유자에 대한 변제로서 유효가 될 수도 있을 것입니다(민법 제472조, 제470조). 그러한 경우에는 국민건강보험공단은 갑을 상대로 한 구상권을 상실하게 되고, 따라서 국민건강보험공단은 귀하에 대해 갑으로부터 귀하에게 이미 지급된 치료비 등의 보험급여를 환수하게 될 것으로 보입니다.

따라서 귀하는 갑과 합의할 때 해당 국민건강보험공단에 문의하여 확인한 후 국민건강보험급여도 고려한 합의금액을 정하여 합의를 하여야 할 것입니다. 즉, 귀하는 귀하의 모든 손해액 중에서 국민건강보험공단에 문의하여 확인된 보험급여 부분을 뺀 본인부담금 및 기타의 손해에 대해서만 합의금을 수수하면 될 것이고, 이에 따라 이후 국민건강보험공단은 위 법 제53조 제1항에 의해 제3자인 갑에 대해 보험급여 부분에 관한 손해배상을 청구하게 될 것입니다.

참고로 보험자가 피보험자를 상대로 보험자대위권침해를 이유로 부당이득반환 또는 손해배상청구를 하기 위한 요건과 그 입증책임에 관하여 판례는 "보험금을 지급한 보험자가 피보험자를 상대로 보험자대위권침해를 이유로 부당이득반환 또는 손해배상청구를 하기 위해서는 보험자가 피보험자에게 보험금을 지급한 사실, 피보험자가 보험금을 수령한 후 무권한자임에도 불구하고 제3자로부터 손해배상을 받은 사실(피보험자가 보험자로부터 받은 보험금이 실제 발생된 손해액에 미치지 못한 경우에는 피보험자는 그 차액부분에 관하여는 여전히 제3자에 대하여 자신의 권리를 가지고 있으므로 피보험자가 이를 초과하여 제3자로부터 손해배상을 받은 사실), 제3자의 피보험자에 대한 손해배상이 채권의 준점유자에 대한 변제로서 유효한 사실을 주장·입증하여야 할 것이고, 이 경우에 채권의 준점유자에 대한 변제가 유효하기 위한 요건으로서의 선의라 함은 준점유자에게 변제수령의 권한이 없음을 알지 못하는 것뿐만 아니라 적극적으로 진정한 권리자라고 믿었음을 요하는 것이고, 무과실이란 그렇게 믿는 데에 과실이 없음을 의미하므로, 제3자가 피보험자가 보험에 가입하여 보험금을 수령한 사실을 전혀 모르고 이 점에 대하여 과실이 없이 피보험자에게 손해배상을 한 경우, 또는 제3자가 피보험자가 보험에 가입하여 이미 보험금을 수령한 사실을 알고 있었던 경우에는 피보험자가 입은 손해액과 피보험자가 보험자로부터 보험금을 수령함으로써 보험자대위권의 대상이 된 금액을 살펴, 피보험자에게 아직도 자신에 대한 손해배상청구권이 남아 있다고 믿고 손해배상을 한 경우에만 선의·무과실에 해당된다고 할 수 있을 것이고, 위 요건의 주장·입증책임도 보험자에게 있다.”라고 하였습니다(대법원 1999. 4. 27. 선고 98다61593 판결). [법률구조공단자료. 참고만 하세요]

22. 고의로 교통사고를 발생시킨 경우 자동차보험 적용 여부

저는 얼마 전 택시기사와의 말다툼 끝에 위 택시기사가 저희 차를 가로막고 진행을 방해하여 "비키지 않으면 치어 버리겠다."라고 경고하였으나 듣지 않아 홧김에 그대로 출발하였습니다. 그런데 예상과 달리 그가 비키지 않아 상해를 입혔는데, 이 경우에도 자동차보험을 적용 받을 수 있는지요?

➡ 「상법」 제659조는 "보험사고가 보험계약자 또는 피보험자나 보험수익자의 고의 또는 중대한 과실로 인하여 생긴 때에는 보험자는 보험금액을 지급할 책임이 없다."라고 규정하고 있으며, 자동차보험의 약관상으로도 보험회사는 피보험자가 자동차의 사고로 법률상 손해배상책임을 짐으로써 입은 손해를 보험약관에서 정한 바에 따라 보상하는 책임을 지게 되나 보험계약자, 피보험자의 고의에 의한 손해는 보상하지 아니한다고 규정하고 있습니다.

교통사고의 경우는 일반적으로 운전자의 안전운전 주의의무위반, 즉 과실에 의한 사고를 말하지만, 위 사안의 경우는 고의 내지 미필적 고의에 의한 사고로서 형사적으로는 위험한 물건에 의한 폭행치상 내지 상해에 해당하므로 「폭력행위 등 처벌에 관한 법률」 위반의 처벌까지 받게된다 하겠습니다.

관련 판례도 "자동차보험약관상 면책사유인 '피보험자의 고의에 의한 사고'에서의 '고의'라 함은 자신의 행위에 의하여 일정한 결과가 발생하리라는 것을 알면서 이를 행하는 심리상태를 말하고, 여기에는 확정적 고의는 물론 미필적 고의도 포함된다고 할 것이며, 고의와 같은 내심의 의사는 이를 인정할 직접적인 증거가 없는 경우에는 사물의 성질상 고의와 상당한 관련성이 있는 간접사실을 증명하는 방법에 의하여 입증할 수밖에 없고, 무엇이 상당한 관련성이 있는 간접사실에 해당할 것인가는 사실관계의 연결상태를 논리와 경험칙(經驗則)에 의하여 합리적으로 판단하여야 할 것이다."라고 하면서 "출발하려는 승용차 보닛 위에 사람이 매달려 있는 상태에서 승용차를 지그재그로 운행하여 도로에 떨어뜨려 상해를 입게 한 경우, 운전자에게 상해발생에 대한 미필적 고의가 있다."라고 하였습니다(대법원 2001. 3. 9. 선고 2000다67020 판결, 2010. 1. 28. 선고 2009다72209 판결).

따라서 위 사안과 같은 경우는 고의로 평가되는 행위로 인한 사고로서 보험적용을 받을 수 없다 할 것이며 민·형사상의 책임을 면하기는 어려울 것으로 보입니다. [법률구조공단자료. 참고만 하세요]

23. 공동불법행위자의 보험자 상호간 발생한 직접구상권의 소멸시효기간

A와 B는 쌍방의 과실로 C를 사망하게 하는 교통사고를 일으켰습니다. 그런데 A에 대한 자동차종합보험의 보험자인 D보험회사에서 C의 상속인들에게 손해배상금을 모두 지급하였는바, 이 경우 D보험회사에서 B에 대한 자동차종합보험의 보험자인 E보험회사에 대하여 직접 구상권을 행사할 수 있는지, 그러한 구상권 행사가 가능할 경우 그 소멸시효기간은 어떻게 되는지요?

➡ 「상법」 제724조 제2항 본문은 "제3자는 피보험자가 책임을 질 사고로 입은 손해에 대하여 보험금액의 한도 내에서 보험자에게 직접 보상을 청구할 수 있다."라고 규정하고 있으며, 이 규정에 의한 피해자의 보험자에 대한 직접청구권의 성질에 관하여 판례는 "상법 제724조 제2항에 의하여 피해자에게 인정되는 직접청구권의 법적 성질은 보험자가 피보험자의 피해자에 대한 손해배상채무를 병존적(竝存的)으로 인수한 것으로서 피해자가 보험자에 대하여 가지는 손해배상청구권이고 피보험자의 보험자에 대한 보험금청구권의 변형 내지는 이에 준하는 권리가 아니며, 또한 피해자의 보험자에 대한 손해배상채권과 피해자의 피보험자에 대한 손해배상채권은 별개 독립의 것으로서 병존한다."라고 하였습니다(대법원 2000. 6. 9. 선고 98다54397 판결, 2005. 10. 7. 선고 2003다6774 판결).

그렇다면 위 사안에서 D회사와 E회사는 부진정연대채무관계에 있게 되는데, 「민법」 제425조 제1항은 "어느 연대채무자가 변제 기타 자기의 출재로 공동면책이 된 때에는 다른 연대채무자의 부담부분에 대하여 구상권을 행사할 수 있다."라고 규정하고 있습니다.

그리고 공동불법행위자의 보험자 상호간에 위 규정에 의한 직접 구상권을 행사할 수 있는지에 관하여 판례는 "공동불법행위에 있어서 공동불법행위자들과 각각 보험계약을 체결한 보험자들은 그 공동불법행위의 피해자에 대한 관계에서 상법 제724조 제2항에 의한 손해배상채무를 각자 직접 부담하는 것이므로, 이러한 관계에 있는 보험자들 상호간에 있어서는 공동불법행위자 중의 1인과 사이에 보험계약을 체결한 보험자가 피해자에게 손해배상금을 보험금으로 모두 지급함으로써 공동불법행위자들의 보험자들이 공동면책 되었다면 그 손해배상금을 지급한 보험자는 다른 공동불법행위자들의 보험자들이 부담하여야 할 부분에 대하여 직접 구상권을 행사할 수 있다고 봄이 상당하다고 할 것이다."라고 하였습니다(대법원 1998. 9. 18. 선고 96다19765 판결, 1999. 2. 12. 선고 98다44956 판결, 1999. 6. 11. 선고 99다3143 판결, 2009. 12. 24. 선고 2009다53499 판결).

또한, "승용차 운전자인 갑과 을 회사 소유 화물차 운전자의 과실이 경합하여 병 회사의 버스 승객들이 상해를 입은 사고에서, 병 회사는 그 운전자의 과실이 없다고 하더라도 위 버스의 운행자로서 위 피해자들에 대하여 자동차손해배상보장법상의 배상책임을 부담하고, 한편 을 회사와 갑 역시 위 화물차 및 승용차의 운행자 또는 공동불법행위자로서 위 피해자들에 대하여 손해배상책임을 부담하며, 병 회사와 을 회사 및 갑의 위 각 책임은 부진정연대채무의 관계에 있다고 할 것인즉, 이러한 경우 병 회사의 보험자가 병 회사와 체결한 보험계약에 따라 위 피해자들에게 그 손해배상금을 보험금으로 모두 지급함으로써 을 회사와 갑도 공동면책이 되었다면, 병 회사는 을 회사에게 그 부담 부분에 대한 구상권을 행사할 수 있다."라고 하였습니다(대법원 1998. 12. 22. 선고 98다40466 판결).

그리고 보험자대위에 의하지 아니하고 공동불법행위자의 보험자 상호간에 직접 구상권을 행사할 경우 보험자 상호간의 구상권의 소멸시효에 관하여 판례를 보면, "공동불법행위자들과 각각 상행위인 보험계약을 체결한 보험자들 상호간에 있어서 공동불법행위자 중의 1인과 사이에 보험계약을 체결한 보험자가 피해자에게 손해배상금을 보험금액의 범위 내에서 지급하고 다른 공동불법행위자의 보험자가 부담하여야 할 부분에 대하여 직접 구상권을 행사하는 경우 그 손해배상금 지급행위는 상인이 영업을 위하여 하는 행위라고 할 것이므로, 그 구상금채권은 '보조적 상행위로 인한 채권'으로서 그 권리를 행사할 수 있는 때로부터 5년 간 행사하지 아니하면 소멸시효가 완성한다."라고 하였습니다(대법원 1998. 7. 10. 선고 97다17544 판결).

따라서 위 사안에서도 D보험회사에서는 E보험회사가 부담하였어야 할 부분까지도 변제하였으므로 E보험회사에 대하여 그 부분에 대하여는 직접 구상권을 행사할 수 있을 것으로 보이고, 그 직접 구상권의 소멸시효기간은 5년으로 보아야 할 듯합니다. 다만, 위 사안에서

D보험회사가 보험자대위의 법리에 의하여 취득한 A의 B의 보험자인 E보험회사에 대한 구상권을 E보험회사에게 행사하는 경우에는 그 소멸시효기간은 10년이 될 것입니다(대법원 1998. 12. 22. 선고 98다40466 판결).

 참고로 불법행위에 있어서 부진정연대채무자에게 구상권을 행사하는 경우, 부담부분의 비율을 판단하는 기준에 관하여 판례는 "불법행위에 있어서 부진정연대채무의 관계에 있는 복수의 책임주체 중 1인이 자기 부담부분 이상을 변제하여 공동의 면책을 얻게 하고 다른 부진정연대채무자에 대하여 그 부담부분의 비율에 따라 구상권을 행사하는 경우 부담부분의 비율을 판단함에 있어서는, 불법행위 및 손해와 관련하여 그 발생 내지 확대에 대한 각 부진정연대채무자의 주의의무의 정도에 상응한 과실의 정도를 비롯한 기여도 등 사고 내지 손해와 직접적으로 관련된 대외적 요소를 고려하여야 함은 물론, 나아가 부진정연대채무자 사이에 특별한 내부적 법률관계가 있어 그 실질적 관계를 기초로 한 요소를 참작하지 않으면 현저하게 형평에 어긋난다고 인정되는 경우에는 그 대내적 요소도 참작하여야 하며, 일정한 경우에는 그와 같은 제반 사정에 비추어 손해의 공평한 분담이라는 견지에서 신의칙상(信義則上) 상당하다고 인정되는 한도 내에서만 구상권을 행사하도록 제한할 수도 있다."라고 하였습니다(대법원 2001. 1. 19. 선고 2000다33607 판결, 2002. 9. 24. 선고 2000다69712 판결). [법률구조공단자료. 참고만 하세요]

24. 보험자가 보험자대위로 취득한 다른 보험자에 대한 구상권의 소멸시효

甲과 乙은 쌍방의 과실로 丙을 사망하게 하는 교통사고를 일으켰습니다. 그런데 甲의 자동차종합보험의 보험자인 丁보험회사에서 丙의 상속인들에게 손해배상금을 모두 지급하였는바, 이 경우 丁보험회사에서 「상법」 제682조에 의한 보험자대위에 의하여 乙의 자동차종합보험의 보험자인 戊보험회사에 대하여 구상권을 행사할 수 있는지, 그러한 구상권 행사가 가능할 경우 그 소멸시효 기간은 어떻게 되는지요?

➡ 제3자에 대한 보험대위에 관하여 「상법」 제682조는 "손해가 제3자의 행위로 인하여 생긴 경우에 보험금액을 지급한 보험자는 그 지급한 금액의 한도에서 그 제3자에 대한 보험계약자 또는 피보험자의 권리를 취득한다. 그러나 보험자가 보상할 보험금액의 일부를 지급한 때에는 피보험자의 권리를 해하지 아니하는 범위 내에서 그 권리를 행사할 수 있다."라고 규정하고 있고, 같은 법 제724조 제2항은 "제3자는 피보험자가 책임을 질 사고로 입은 손해에 대하여 보험금액의 한도 내에서 보험자에게 직접 보상을 청구할 수 있다. 그러나 보험자는 피보험자가 그 사고에 관하여 가지는 항변으로써 제3자에게 대항할 수 있다."라고 규정하고 있습니다.

그런데 판례는 "공동불법행위자 중의 1인과 사이에

체결한 보험계약이나 공제계약에 따라 보험자나 공제사업자가 피해자에게 손해배상금을 보험금액으로 모두 지급함으로써 공동불법행위자들이 공동면책이 된 경우 보험계약이나 공제계약을 체결한 공동불법행위자가 변제 기타 자기의 출재로 공동면책이 된 때와 마찬가지로 그 공동불법행위자는 다른 공동불법행위자의 부담부분에 대하여 구상권을 행사할 수 있고, 보험금액을 지급한 보험자나 공제사업자는 상법 제682조 소정의 보험자대위의 제도에 따라 공동불법행위자의 다른 공동불법행위자에 대한 위와 같은 구상권을 취득한다.”라고 하였고 (대법원 1993. 1. 26. 선고 92다4871 판결), “공동불법행위자의 보험자들 상호간에는 그 중 하나가 피해자에게 보험금으로 손해배상금을 지급함으로써 공동면책 되었다면 그 보험자는 상법 제682조의 보험자대위의 법리에 따라 피보험자의 다른 공동불법행위자의 부담부분에 대한 구상권을 취득하여 그의 보험자에 대하여 행사할 수 있다.”라고 하였으며(대법원 1999. 6. 11. 선고 99다3143 판결). “상법 제682조 소정의 보험자대위에 의하여 취득한 구상권의 소멸시효의 기산점과 그 기간은 대위에 의하여 이전되는 권리자체를 기준으로 판단하여야 하며, 그와 같은 구상권은 그 소멸시효에 관하여 법률에 따로 정한 바가 없으므로 일반원칙으로 돌아가 일반채권과 같이 그 소멸시효는 10년으로 완성된다고 해석함이 상당하고, 그 기산점은 구상권이 발생한 시점, 즉 구상권자가 현실로 피해자에게 지급한 때이다.”라고 하였습니다(대법원 1994. 1. 11. 선고 93다32958 판결).

따라서 위 사안에서도 丁보험회사는 甲이 戊보험회사

에 대하여 가지는 구상권(乙의 부담부분 한도 내)을 「상법」 제682조의 보험자대위에 의하여 취득하게 되고, 그 구상권의 소멸시효기간은 피해자에게 보험금을 지급한 때로부터 10년의 소멸시효기간이 경과되어야 시효로 소멸하게 될 것으로 보입니다(대법원 1998. 12. 22. 선고 98다40466 판결). [법률구조공단자료. 참고만 하세요]

25. 합의금 지급 전에 피보험자가 보험 회사에 보험금청구 가능한지

피보험자가 교통사고 피해자와 손해배상에 관하여 '합의서'를 작성하였으나 합의금은 아직 지급하지 않은 상태에서 피보험자가 보험자에게 위 보험금의 지급을 청구할 수 있는지요?

➡ 「상법」 제723조는 "①피보험자가 제3자에 대하여 변제, 승인, 화해 또는 재판으로 인하여 채무가 확정된 때에는 지체 없이 보험자에게 그 통지를 발송하여야 한다. ②보험자는 특별한 기간의 약정이 없으면 위 통지를 받은 날로부터 10일 내에 보험금액을 지급하여야 한다. ③피보험자가 보험자의 동의 없이 제3자에 대하여 변제, 승인 또는 화해를 한 경우에는 보험자가 그 책임을 면하게 되는 합의가 있는 때에도 그 행위가 현저하게 부당한 것이 아니면 보험자는 보상할 책임을 면하지 못한다."라고 규정하고 있고, 또한 같은 법 제724조 제1항, 제2항은 "①보험자는 피보험자가 책임을 질 사고로 인하여 생긴 손해에 대하여 제3자가 그 배상을 받기 전에는 보험금액의 전부 또는 일부를 피보험자에게 지급하지 못한다. ②제3자는 피보험자가 책임을 질 사고로 입은 손해에 대하여 보험금액의 한도 내에서 보험자에게 직접 보상을 청구할 수 있다. 그러나 보험자는 피보험자가 그 사고에 관하여 가지는 항변으로써 제3자에게 대항할 수 있다."라고 규정하고 있습니다.

그리고 판례는 "상법 제724조 제1항은 피보험자가 상법 제723조 제1항, 제2항의 규정에 의하여 보험자에 대하여 갖는 보험금청구권과 제3자가 상법 제724조 제2항의 규정에 의하여 보험자에 대하여 갖는 직접청구권의 관계에 관하여, 제3자의 직접청구권이 피보험자의 보험청구권에 우선한다는 것을 선언하는 규정이라고 할 것이므로, 보험자로서는 제3자가 피보험자로부터 배상을 받기 전에는 피보험자에 대한 보험금지급으로 직접청구권을 갖는 피해자에게 대항할 수 없고, 따라서 보험자는 제3자가 피보험자로부터 배상을 받기 전에는 상법 제724조 제1항의 규정을 들어 피보험자의 보험금지급청구를 거절할 권리를 갖게 된다." 라고 하였습니다 (대법원 1995. 9. 26. 선고 94다28093 판결, 2007. 1. 12. 선고 2006다43330 판결).

피보험자로서는 그 약관 소정의 요건을 충족하기만 하면 보험자에 대하여 보험금청구권을 행사할 수 있으며, 이 경우 피보험자로부터 보험금지급청구를 받은 보험자로서는 「상법」 제724조 제2항에 의하여 직접청구권을 갖는 피해자에게 직접 보험금을 지급함으로써 보험금의 이중지급의 위험을 회피하려 할 것입니다.

따라서 위 사안의 경우 피보험자는 우선 제3자에게 합의금을 지급하고 난 이후 보험자에게 보험금의 지급을 청구하여야 할 것으로 보입니다. [법률구조공단자료. 참고만 하세요]

26. 피보험자가 피해자와 서면 합의한 배상액에 보험자는 구속되는지

자동차종합보험에 가입된 피보험자가 교통사고 피해자와 피해액 전체에 대하여 합의를 하였을 경우 보험회사에서는 그 합의금액에 대해 항상 전액을 지급해야 하는지요?

➡ 자동차종합보험 보통약관에 피보험자는 대한민국 법원에 의한 판결의 확정, 재판상의 화해, 중재 또는 서면에 의한 합의로 손해액이 확정되었고, 손해배상청구권자가 그 손해배상을 받은 경우에는 보험금을 피보험자에게 지급하도록 규정하고 있으며, 이러한 경우 지급한도는 보험약관의 보험금지급기준에 의하여 산출한 금액을 보상하되, 다만 소송이 제기되었을 경우에는 대한민국 법원의 확정판결에 의하여 피보험자가 손해배상청구권자에게 배상하여야 할 금액(지연배상금 포함)을 보상하도록 정하고 있습니다.

판례도 "확정판결에 의하지 아니하고 피보험자와 피해자 사이에 서면에 의한 합의로 배상액이 결정된 경우에는 보험회사는 그 보험약관에서 정한 보험금지급기준에 의하여 산출된 금액의 한도 내에서 보험금을 지급할 의무가 있다."라고 하고 있습니다(대법원 1994. 4. 23. 선고 93다11807 판결, 1995. 11. 7. 선고 95다1675 판결).

또한, "자동차종합보험 보통약관에서 대인배상의 보상한도에 관하여 '약관의 보험금지급기준에 의하여 산

출한 금액을 보상하되, 다만 소송이 제기되었을 경우에
는 대한민국 법원의 확정판결에 의하여 피보험자가 손
해배상청구권자에게 배상하여야 할 금액'을 보상하도
록 규정하고 있는 경우, 위 약관조항은 보험계약의 당
사자인 보험계약자와 보험자간에 합의에 의하여 계약내
용에 편입된 것으로서 보험자가 원칙적으로 위와 같은
약관상의 지급할 보험금을 기준으로 하여 보험료를 책
정하고 보험계약자로서도 이를 용인하였다고 보여지고,
위 보험약관에 정한 보험금지급기준에 의하여 산출된
금액이 법원의 확정판결에 의하여 인정된 금액보다 적
다고 하더라도 피보험자와 보험자간에 보험금지급에 관
하여 합의가 이루어지지 아니한 경우에는 법원의 판결
에 의한 손해배상액을 보상하여 주는 것인 이상, 피보
험자로서는 보험자와의 사이에 합의가 이루어지지 않는
다고 하여 피해자와 성급하게 서면합의를 할 것이 아니
고 우선 손해배상금의 일부조로 피해자에게 지급하고
나머지 손해배상액은 보험자에게 소송을 해서 받기로
하는 등의 조치를 취할 수 있는 점 등에 비추어 보면,
위 약관의 보험금지급기준에 관한 조항이 신의칙(信義
則)에 위반되거나 피보험자에게 부당하게 불리한 조항
이어서 약관의규제에관한법률 제6조의 규정에 위배되어
무효라고 볼 수 없으므로, 위와 같은 보험약관 아래서
확정판결에 의하지 아니하고 피보험자와 피해자 사이의
서면에 의한 합의로 배상액이 결정된 경우에는 보험자
는 위 보험약관에서 정한 보험금지급기준에 의하여 산
출된 금액의 한도 내에서 보험금을 지급할 의무가 있
다."라고 하였습니다(대법원 1998. 3. 24. 선고 96다
38391 판결).

　따라서 피보험자와 피해자의 합의가 서면에 의하여 작성된 경우에 보험자는 보험약관상의 보험금지급기준에 의한 산출금액한도에서만 지급하게 될 것입니다. 다만, 합의금액이 보험약관상의 보험금지급기준에 의한 산출금액보다 적을 경우에는 피보험자가 피해자에게 지급한 손해배상액(합의금)을 초과하여 지급하지는 않을 것으로 보입니다. [법률구조공단자료. 참고만 하세요]

27. 무단운전자가 보험계약자의 동거 가족인 경우 상법상 보험자대위 여부

A는 B보험회사와 사이에 A소유 승용차에 관하여 만 26세 이상 한정운전 및 가족운전자 한정운전 특별약관부와 무면허운전 면책약관부 자동차종합보험계약을 체결하였는데, A의 아들로서 18세 남짓이던 C가 보험계약 기간 중 가족이 잠자고 있는 사이에, 안방의 열려진 문갑서랍 안에 있던 승용차 예비열쇠를 몰래 가지고 나와 집 앞에 주차해둔 위 승용차를 면허 없이 운전하기 시작하여 새벽에 교통사고를 야기하고 아무런 조치없이 그대로 도주하였습니다. 그런데 위 사고는 만 26세 이상 한정운전 특별약관의 단서조항의 '피보험자동차가 도난당하였을 경우'에 해당되고, C의 무단운전을 사전에 엄격하게 금지하지 아니하고 차량의 열쇠를 허술하게 관리한 A의 과실과 위 승용차를 무단으로 운전하다 사고를 일으킨 C의 과실이 경합하여 일어난 것이라는 이유로 피해자가 B보험회사를 상대로 제기한 손해배상청구소송에서 B보험회사의 패소로 B보험회사는 피해자에게 보험금을 지급하였습니다. 이 경우 B보험회사에서 C를 상대로 「상법」 제682조 소정의 보험자대위의 법리에 따라 구상금청구를 할 수 있는지요?

➡ 「상법」 제682조는 "손해가 제3자의 행위로 인하여 생긴 경우에 보험금액을 지급한 보험자는 그 지급한 금액의 한도에서 그 제3자에 대한 보험계약자 또는 피보험자의 권리를 취득한다. 그러나 보험자가 보상할 보험금액의 일부를 지급한 때에는 피보험자의 권리를 해

하지 아니하는 범위 내에서 그 권리를 행사할 수 있다."라고 규정하고 있습니다.

그런데 운전자연령한정운전특별약관부 자동차종합보험계약에서 연령미달의 임의운전자가 보험계약자 또는 피보험자의 동거가족인 경우, 위 같은 법 제682조 소정의 보험자대위권행사의 대상인 제3자에 포함되는지에 관하여 판례는 "피보험자의 동거친족에 대하여 피보험자가 배상청구권을 취득한 경우, 통상은 피보험자는 그 청구권을 포기하거나 용서의 의사로 권리를 행사하지 않은 상태로 방치할 것으로 예상되는데, 이러한 경우 피보험자에 의하여 행사되지 않는 권리를 보험자가 대위취득 하여 행사하는 것을 허용한다면 사실상 피보험자는 보험금을 지급 받지 못한 것과 동일한 결과가 초래되어 보험제도의 효용이 현저히 해하여진다 할 것이고, 운전자연령한정운전특별약관은 보험약관에 있어서의 담보위험을 축소하고 보험료의 할인을 가능하게 하는데 그 취지가 있는 것이므로 보험계약자의 의사는 보험료를 할인 받는 대신 특약위반시 보험혜택을 포기하는 것이라고 할 것이나, 그 경우에도 피보험자의 명시적이거나 묵시적인 의사에 기하지 아니한 채 연령 미달자가 피보험자동차를 운전한 경우에는 면책조항의 예외로서 보험자가 책임을 지는 점에 미루어 연령 미달의 임의운전자가 동거가족인 경우에도 보험자의 대위권 행사의 대상이 되는 것으로 해석한다면, 임의운전자가 가족이라는 우연한 사정에 의하여 특약에 위배되지 않은 보험계약자에게 사실상 보험혜택을 포기시키는 것이어서 균형이 맞지 않는 점 등에 비추어, 운전자연령한정운전특별약관부 보험계약에서 연령 미달의 동거가족의 경우 특별한 사정이 없는 한 상법 제682조 소정의 제3자의 범위에 포함되지 않는다고 봄이 타당하다.”라고 하였습니다(대법원 2000. 6. 23. 선고 2000다9116 판결, 2002. 9. 6. 선고 2002다32547 판결, 2009. 8. 20. 선고 2009다27452 판결).

따라서 위 사안에서 B보험회사가 C에게 위 같은 법 제682조에 기하여 보험자 대위권을 행사하여 구상금청구를 할 수는 없을 것으로 보입니다.

[법률구조공단자료. 참고만 하세요]

28. 무면허운전 사실을 인식 못한 경우 무면허운전 면책약관의 적용 여부

A회사는 폐엔진오일을 운반하는 화물차량(적재중량 3,840㎏, 적재용량 4,456ℓ)에 대한 자동차종합보험계약을 B보험회사와 체결하였습니다. 그런데 B보험회사에서는 보험계약 체결 시 위 차량을 대형면허소지자가 운전하여야 함을 알려주지 않았고, A회사에서는 위 차량을 제1종 보통면허로 운전함이 허용되는 줄로만 알고서 A회사 소속으로 제1종 보통면허만을 소지한 C에게 위 차량을 운전하도록 하던 중, C가 그의 과실로 교통사고를 발생시켰습니다. 이 경우 B보험회사에서 무면허운전으로 발생된 사고임을 들어 보험금을 지급하지 않을 수 있는지요?

➡ 「상법」 제638조의3는 "①보험자는 보험계약을 체결할 때에 보험계약자에게 보험약관을 교부하고 그 약관의 중요한 내용을 알려주어야 한다. ②보험자가 제1항의 규정에 위반한 때에는 보험계약자는 보험계약이 성립한 날부터 1월내에 그 계약을 취소할 수 있다." 라고 규정하고 있고, 「약관의 규제에 관한 법률」 제3조는 "① 사업자는 고객이 약관의 내용을 쉽게 알 수 있도록 한글로 작성하고, 표준화·체계화된 용어를 사용하며, 약관의 중요한 내용을 부호, 색채, 굵고 큰 문자 등으로 명확하게 표시하여 알아보기 쉽게 약관을 작성하여야 한다. ② 사업자는 계약을 체결할 때에는 고객에게 약관의 내용을 계약의 종류에 따라 일반적으로 예상되는 방법으로 분명하게 밝히고, 고객이 요구할 경우

그 약관의 사본을 고객에게 내주어 고객이 약관의 내용을 알 수 있게 하여야 한다. 다만, 다음 각 호의 어느 하나에 해당하는 업종의 약관에 대하여는 그러하지 아니하다. 1. 여객운송업, 2. 전기·가스 및 수도사업, 3. 우편업, 4. 공중전화 서비스 제공 통신업, ③ 사업자는 약관에 정하여져 있는 중요한 내용을 고객이 이해할 수 있도록 설명하여야 한다. 다만, 계약의 성질상 설명하는 것이 현저하게 곤란한 경우에는 그러하지 아니하다. ④ 사업자가 제2항 및 제3항을 위반하여 계약을 체결한 경우에는 해당 약관을 계약의 내용으로 주장할 수 없다." 라고 규정하고 있습니다.

한편 위험물 등을 운반하는 적재중량 3톤 이하 또는 적재용량 3천리터 이하의 화물자동차는 제1종 보통면허가 있어야 운전을 할 수 있고, 적재중량 3톤 초과 또는 적재용량 3천 리터 초과의 화물자동차는 제1종 대형면허가 있어야 운전할 수 있습니다(도로교통법 시행규칙 제53조에 의한 [별표 18]).

위 사안에서 C는 제1종 보통면허로 적재중량 3톤 초과, 적재용량 3천리터 초과의 화물자동차를 운전하다가 교통사고를 야기한 경우인데, 어떤 면허를 가지고 피보험자동차를 운전하여야 무면허운전이 되지 않는지도 보험자의 약관설명의무의 범위에 포함되는지에 관하여 판례는 "상법 제638조의3 제1항 및 약관의규제에관한법률 제3조의 규정에 의하여 보험자는 보험계약을 체결할 때에 보험계약자에게 보험약관에 기재되어 있는 보험상품의 내용, 보험료율의 체계, 보험청약서상 기재 사항의 변동 및 보험자의 면책사유 등 보험계약의 중요한 내용에 대하여 구체적이고 상세한 명시·설명의무를 지고 있다고 할 것이어서, 만일 보험자가 이러한 보험약관의 명시·설명의무에 위반하여 보험계약을 체결한 때에는 그 약관의 내용을 보험계약의 내용으로 주장할 수 없지만, 어떤 면허를 가지고 피보험자동차를 운전하여야 무면허운전이 되지 않는지는 보험자의 약관설명의무의 범위에 포함되지 않는다.”라고 하였습니다.

 또한, 운전자가 무면허운전 사실을 인식하지 못한 경우에도 자동차종합보험면책약관상의 무면허운전에 해당하는지에 관하여 판례는 “자동차종합보험 보통약관상의 무면허운전 면책조항은 사고발생의 원인이 무면허운전에 있음을 이유로 한 것이 아니라 사고발생시에 무면허운전 중이었다는 법규위반상황을 중시하여 이를 보험자의 보험대상에서 제외하는 사유로 규정한 것으로서, 운전자가 그 무면허운전 사실을 인식하지 못하였다고 하더라도 면책약관상의 무면허운전에 해당된다.”라고 하였습니다(대법원 2000. 5. 30. 선고 99다66236 판결).

 따라서 위 사안의 경우 B보험회사에서는 C의 무면허운전 중 발생된 교통사고에 대하여 보험금을 지급할 책임을 면하게 될 것으로 보입니다. [법률구조공단자료. 참고만 하세요]

29. 피보험자가 손해배상판결에 항소 하지 않아 확정시킨 경우 보험자 면책되는지

甲은 乙보험회사와 화물자동차에 관하여 기명피보험자를 甲으로 하는 업무용자동차종합보험계약을 체결하였는데, 丙이 무면허로 甲 몰래 위 화물자동차를 운전하다가 丁을 사망케 하는 교통사고를 야기하였습니다. 그런데 丁의 유족들은 甲과 乙보험회사를 공동피고로 하여 丁의 사망으로 인한 손해배상청구의 소송을 제기해 왔으며, 甲은 乙보험회사와 별도로 소송대리인을 선임하여 소송을 수행하였고, 제1심 판결 후 甲은 항소를 하지 않았으나, 乙보험회사는 항소를 하여 조정이 성립됨으로써 제1심 판결금액을 감액시켰습니다. 그러자 丁의 유족들은 乙보험회사에 대한 승소금을 수령하고, 그 금액과 甲에 대한 승소금과의 차액을 甲에게 청구하기 위하여 甲의 채권을 압류하였습니다. 이 경우 乙보험회사에서 위 차액을 甲에게 지급하여야 되는지요?

➡「상법」 제723조는 "①피보험자가 제3자에 대하여 변제, 승인, 화해 또는 재판으로 인하여 채무가 확정된 때에는 지체 없이 보험자에게 그 통지를 발송하여야 한다. ②보험자는 특별한 기간의 약정이 없으면 전항의 통지를 받은 날로부터 10일 내에 보험금액을 지급하여야 한다. ③피보험자는 보험자의 동의 없이 제3자에 대하여 변제, 승인 또는 화해를 한 경우에는 보험자가 그 책임을 면하게 되는 합의가 있는 때에도 그 행위가 현저하게 부당한 것이 아니면 보험자는 보상할 책임을 면

하지 못한다." 라고 규정하고 있습니다.

　그런데 위 사안과 관련된 판례는 "업무용자동차종합보험약관 제13조 제1항에는 피보험자가 손해배상청구를 받은 경우 피보험자의 동의를 얻어 보험자가 그 소송을 대행할 수 있다고만 규정되어 있을 뿐이어서 피보험자가 반드시 보험자로 하여금 그 소송을 대행하도록 할 의무가 있는 것으로는 보이지 않으므로(피보험자가 소송의 대행을 동의하지 않는 경우에는 보험자는 보조참가 할 수 있을 것임), 피보험자가 손해배상청구소송을 보험자로 하여금 대행하도록 하지 않고 법률전문가인 변호사를 소송대리인으로 선임하여 독자적으로 수행하였다고 하여 곧 위 약관조항을 위배하였다거나 또는 피보험자가 정당한 이유 없이 손해배상청구소송에서 보험자에게 협조하지 않을 경우 그로 말미암아 늘어난 손해에 대하여 보상하지 아니하도록 규정한 약관조항에 해당한다고 할 수 없다." 라고 하면서, "책임보험계약의 피보험자가 보험자의 동의 없이 제3자에 대하여 변제, 승인 또는 화해를 한 경우에는 보험자가 그 책임을 면하게 되는 합의가 있는 때에도 그 행위가 현저하게 부당한 것이 아니면 보험자는 보상할 책임을 면하지 못한다고 규정하고 있는 상법 제723조 제3항의 취지에 비추어 보면, 피보험자가 제3자로부터 재판상 손해배상청구를 받아 그 소송에서 손해배상을 명하는 판결을 선고받고 항소하지 않은 채 이를 확정 시켰다고 하더라도 그것이 '현저하게 부당한 경우'로 평가되지 않는 한 보험자는 보상할 책임을 면할 수 없으며, 피해자가 피보험자 및 보험자를 공동피고로 하여 제기한 손해배상청구소송의 제1심 판결에 대하여 피보험자는 항소하지 않고 보험자만이 항소하여 항소심에서 제1심 판결 금액보다 감액된 금액으로 조정이 성립되었다는 사실만으로 피보험자의 항소부제기를 '현저하게 부당한 경우'로 평가하여 보험자가 그 차액 상당의 보험금지급의무를 면한다고 볼 수 없다."라고 하였습니다(대법원 2000. 4. 21. 선고 99다72293 판결).

　따라서 위 사안에서 乙보험회사로서는 甲이 단순히 항소를 하지 않았다는 사유만으로, 丁의 유족들이 甲에 대하여 확정된 제1심 판결의 승소금과 제2심에서 乙보험회사와 조정이 성립된 금액의 차액을 甲에게 지급할 책임을 면하지는 못할 것으로 보입니다.

[법률구조공단자료. 참고만 하세요]

30. 보험자가 피해자에 대한 손해배상 확정판결상의 지연손해금까지 부담하는지

A는 B보험회사와 업무용자동차종합보험계약을 체결하였습니다. 그런데 A의 과실로 인하여 교통사고가 발생하였고, 피해자 C는 A를 피고로 하여 손해배상청구의 소송을 제기하여 승소하였습니다. 이 경우 B보험회사에서 C가 A를 상대로 제기한 소송의 확정판결에서 지급을 명한 「소송촉진 등에 관한 특례법」 소정의 지연손해금까지 지급할 책임이 있는지요?

➡ 업무용자동차보험약관 제2조와 제16조는 피고 회사가 지급하는 보험금은 '이 약관의 보험금 지급기준에 의하여 산출한 금액으로 하되, 다만 소송이 제기되었을 경우에는 대한민국 법원의 확정판결에 의하여 피보험자가 손해배상청구권자에게 배상하여야 할 금액(지연배상금 포함)'이라고 규정하고 있습니다.

그리고 책임보험(자동차보험도 책임보험에 해당됨)의 보험자가 피해자와 피보험자 사이의 손해배상 확정판결에서 지급을 명한 「소송촉진 등에 관한 특례법」 소정의 지연손해금까지 지급할 책임이 있는지에 관하여 판례는 "피보험자에게 지급할 보험금액에 관하여 확정판결에 의하여 피보험자가 피해자에게 배상하여야 할 지연손해금을 포함한 금액으로 규정하고 있는 자동차종합보험약관의 규정취지에 비추어 보면, 보험자는 피해자와 피보험자 사이에 판결에 의하여 확정된 손해액은 그

것이 피보험자에게 법률상 책임이 없는 부당한 손해라는 등의 특별한 사정이 없는 한 원본이든 지연손해금이든 모두 피보험자에게 지급할 의무가 있다.”라고 하였습니다(대법원 1995. 9. 15. 선고 94다17888 판결, 2000. 10. 13. 선고 2000다2542 판결).

 따라서 위 사안에서도 A에게 법률상 책임이 없는 부당한 손해라는 등의 특별한 사정이 없는 한 B보험회사는 위 확정판결에서 지급을 명한 「소송촉진 등에 관한 특례법」 소정의 지연손해금까지 지급할 책임이 있다고 할 것입니다. [법률구조공단자료. 참고만 하세요]

31. 합의의 중요부분에 착오가 있는 경우 합의의 취소가 가능한지

제 아들이 교통사고로 의식불명상태에 있는 동안 가해차량 보험회사의 직원이 위 교통사고가 오로지 제 아들의 과실로 인하여 발생한 것이라고 하였습니다. 저는 그 말만 믿고 사고 10일 후 치료비일부만을 받고는 일체의 손해배상청구권을 포기하기로 합의하였으나, 그 후 가해자의 과실이 경합되어 발생하였다는 사실이 밝혀졌는데, 이러한 경우 착오를 이유로 위 합의를 취소할 수 있는지요?

➡ 민법상 법률행위내용의 중요한 부분에 착오가 있는 경우 의사표시자의 중대한 과실이 없는 한 착오로 취소할 수 있으나(민법 제109조), 화해계약에 있어서는 착오를 이유로 취소하지 못하고 다만, 화해당사자의 자격 또는 화해의 목적인 분쟁 이외의 사항에 착오가 있는 때에 한하여 취소할 수 있습니다(민법 제733조).

화해계약의 취소에 관한 판례를 보면, 민법상의 화해계약을 체결한 경우 당사자는 착오를 이유로 취소하지 못하고, 다만 화해당사자의 자격 또는 화해의 목적인 분쟁 이외의 사항에 착오가 있는 때에 한하여 이를 취소할 수 있으며, 여기서 '화해의 목적인 분쟁 이외의 사항' 이란 분쟁대상이 아니라 분쟁의 전제 또는 기초가 된 사항으로서, 쌍방당사자가 예정한 것이어서 상호 양보의 내용으로 되지 않고 다툼이 없는 사실로 양해된 사항을 말하고, 교통사고에 가해자의 과실이 경합되어 있는데도 오로지 피해자의 과실로 인하여 발생한 것으로 착각하고 치료비를 포함한 합의금으로 실제 입은 손해액보다 훨씬 적은 금원만을 받고 일체의 손해배상청구권을 포기하기로 합의한 경우, 그 사고가 피해자의 전적인 과실로 인하여 발생하였다는 사실은 쌍방당사자 사이에 다툼이 없어 양보의 대상이 되지 않았던 사실로서 화해의 목적인 분쟁대상이 아니라 그 분쟁의 전제가 되는 사항에 해당하는 것이므로 피해자측은 착오를 이유로 화해계약을 취소할 수 있다고 하였습니다(대법원 1992.7.14. 선고 91다47208 판결, 1997. 4. 11. 선고 95다48414 판결).

 따라서 위 사안의 경우 귀하 등은 위 합의를 취소하고 추가로 손해배상을 청구할 수 있을 것으로 보입니다.

[법률구조공단자료. 참고만 하세요]

32. 교통사고의 손해배상에 관한 합의 시 불공정행위로 무효가 되는 경우

저의 남편은 사업을 하다가 교통사고로 사망하였는데, 남편의 채무가 많아서 채권자들이 남편의 사망으로 인한 손해배상금에 대하여 법적 조치를 할 우려가 많고, 그 손해배상금도 채권자들의 법적조치 전에 수령하지 않으면 어린 자녀들을 부양할 대책이 없어 저는 사고 후 4일만에 가해차량 보험회사사가 제시하는 금액에 합의를 하였습니다. 그런데 그 후 알아본 바로는 너무 적은 금액에 합의를 하였다고 하므로 위 합의를 번복하고 추가로 손해배상을 청구할 수는 없는지요?

➡ 귀하가 보험회사와 행한 합의는 그 성질상 「민법」상의 화해계약으로 보아야 할 것인데, 화해는 당사자가 상호 양보하여 당사자 사이의 분쟁을 중지(終止)할 것을 약정함으로써 그 효력이 생기는 계약으로서(민법 제731조), 화해계약은 당사자일방이 양보한 권리가 소멸되고 상대방이 화해로 인하여 그 권리를 취득하는 효력(화해의 창설적 효력)이 있습니다(민법 제732조). 그러므로 위 사안에서 귀하도 위와 같은 '화해의 창설적 효력'으로 인하여 화해(합의)의 내용에 따라야 함이 원칙입니다.

그러나 화해계약도 법률행위이므로 법률행위의 무효·취소·해제 등 법률행위에 관한 통칙적 규정이 모두 적용됩니다. 다만, 화해계약은 착오를 이유로 하여 취소하지 못하지만, 화해당사자의 자격 또는 화해의 목적인 분쟁이외의 사항에 착오가 있는 때에는 착오로 인한 취소도 가능합니다(민법 제733조).

그런데 「민법」 제104조에서는 당사자의 궁박(窮迫), 경솔 또는 무경험으로 인하여 현저하게 공정을 잃은 법률행위는 무효로 한다고 규정하여 '불공정한 법률행위'를 무효로 한다고 규정하고 있습니다. 이러한 불공정한 법률행위의 요건 및 판단기준에 관하여 판례를 보면, 「민법」 제104조에 규정된 불공정한 법률행위는 객관적으로 급부와 반대급부 사이에 현저한 불균형이 존재하고, 주관적으로 그와 같이 균형을 잃은 거래가 피해당사자의 궁박, 경솔 또는 무경험을 이용하여 이루어진 경우에 성립하는 것으로서, 약자적 지위에 있는 자의 궁박, 경솔 또는 무경험을 이용한 폭리행위를 규제하려는 데에 그 목적이 있고, 불공정한 법률행위가 성립하기 위한 요건인 궁박, 경솔, 무경험은 모두 구비되어야 하는 요건이 아니라 그 중 일부만 갖추어져도 충분한데, 여기에서 '궁박'이란 '급박한 곤궁'을 의미하는 것으로서 경제적 원인에 기인할 수도 있고 정신적 또는 심리적 원인에 기인할 수도 있으며, 당사자가 궁박한 상태에 있었는지는 그의 나이와 직업, 교육 및 사회경험의 정도, 재산 상태 및 그가 처한 상황의 절박성의 정도 등 여러 사정을 종합하여 구체적으로 판단하여야 하며, 한편 피해당사자가 궁박한 상태에 있었더라도 그 상대방당사자에게 그러한 피해자 측의 사정을 알면서 이를 이용하려는 의사, 즉 폭리행위의 악의가 없었다거나 또는 객관적으로 급부와 반대급부 사이에 현저한 불균형이 존재하지 아니한다면 「민법」 제104조에 규정된 불공정 법률행위는 성립하지 않는다고 하였으며(대법원 2011. 1. 27. 선고 2010다53457 판결), 교통사고로 스포츠용품 대리점과 실내골프연습장을 운영하던 피해자가 사망한 후 망인의 채권자들이 그 손해배상청구권에 대하여 법적 조치를 취할 움직임을 보이자 전업주부로 가사를 전담하던 망인의 처가 망인의 사망 후 5일 만에 친지와 보험회사 담당자의 권유에 따라 보험회사와 사이에 보험약관상 인정되는 최소금액의 손해배상금만을 받기로 하고 부제소(不提訴)합의를 한 경우, 그 합의는 불공정한 법률행위에 해당한다고 한 바 있습니다(대법원 1999. 5. 28. 선고 98다58825 판결, 2002. 10. 22. 선고 2002다38927 판결).

그렇다면 귀하도 위 판례에 비추어 귀하의 궁박을 이용한 보험회사와의 위 합의의 무효를 주장해보는 것도 가능할 듯합니다. [법률구조공단자료. 참고만 하세요]

33. 교통사고 합의서양식에 인쇄된 '부제소(不提訴) 합의' 문구의 효력

저는 교통사고 직후 그로 인한 손해배상에 관하여 구속된 가해자가 형사처벌을 가볍게 받기를 원하여 가해자의 대리인 인 가해자의 아버지(乙)과 합의를 하면서 소액의 합의금을 지급받고 후유증이나 장해에 관하여는 가해차량보험회사(丙)사와 합의할 것을 당연하게 여기고 가해자의 아버지가 가져온 일반적인 교통사고 합의서양식에 따라 부동문자(不動文字)로 인쇄된 합의서에 날인해주었습니다. 그런데 제가 보험회사에 장해에 관한 보상을 요청하자 보험회사는 위 합의서에 부동문자(不動文字)로 "민·형사상의 소송이나 그 밖의 어떠한 이의도 제기하지 아니한다."는 문구가 있다는 이유로 장해에 대한 보상을 해줄 수 없다고 합니다. 보험회사의 이러한 주장이 타당한지요?

➡ 「민법」 제105조에서 법률행위의 당사자가 법령중의 선량한 풍속 기타 사회질서에 관계없는 규정과 다른 의사를 표시한 때에는 그 의사에 의한다고 규정하고 있으므로, 위와 같은 합의서도 특별한 사정이 없는 한 그 계약문언대로 해석하여야 함이 원칙이나, 판례를 보면, 처분문서란 그에 의하여 증명하려고 하는 법률상의 행위가 그 문서에 의하여 이루어진 것을 의미하는데(대법원 1997. 5. 30. 선고 97다2986 판결), 처분문서의 기재내용이 부동문자로 인쇄되어 있다면 인쇄된 예문(例文; 그 본질은 계약의 초안)에 지나지 아니하여 그

기재를 합의의 내용이라고 볼 수 없는 경우도 있으므로 처분문서라 하여 곧바로 당사자의 합의의 내용이라고 단정할 수는 없고 구체적 사안에 따라 당사자의 의사를 고려하여 그 계약내용의 의미를 파악하고 그것이 예문에 불과한 것인지의 여부를 판단하여야 한다고 하였습니다(대법원 1997. 11. 28. 선고 97다36231 판결).

그리고 교통사고 피해자가 합의금을 수령하면서 민·형사상의 소송이나 그 밖의 어떠한 이의도 제기하지 아니한다는 내용의 부동문자로 인쇄된 합의서에 날인한 경우에 관한 판례를 보면, 사고로 인한 손해배상에 관한 합의에 있어 원고측이 원고의 후유증을 예기하고 그에 상당한 금액을 받기로 하고 일체의 손해배상청구권을 포기하기로 한 것이라면 그 합의서상의 권리포기조항이 예문에 불과한 것으로는 볼 수 없다고 하였으나(대법원 1979. 2. 13. 선고 78다2161 판결), 교통사고 피해자가 합의금을 수령하면서 민·형사상의 소송이나 그 밖의 어떠한 이의도 제기하지 아니한다는 내용의 부동문자로 인쇄된 합의서에 날인한 경우, 그 피해정도, 피해자의 학력, 피해자와 가해자의 관계, 합의에 이른 경위, 가해자가 다른 피해자와 합의한 내용 및 합의 후 단기간 내에 소송을 제기한 점 등 제반 사정에 비추어 위 합의서의 문구는 단순한 예문에 불과할 뿐 이를 손해전부에 대한 배상청구권의 포기나 부제소(不提訴)의 합의로는 볼 수 없다고 하였습니다(대법원 1999. 3. 23. 선고 98다64301 판결).

따라서 위 사안에서도 귀하는 보험회사에 대하여 부동문자로 인쇄된 합의문구가 단순한 예문임을 주장하여 장해에 대한 손해배상 등을 청구해 볼 수 있을 것으로 보입니다.

 참고로 불법행위로 인한 손해배상과 관련하여 당사자 사이에 피해자가 일정한 금액을 지급받고 나머지 청구를 포기하기로 하는 내용의 합의나 화해가 이루어진 경우, 그 목적이 된 사항에 관해서는 나중에 다시 배상을 청구할 수 없는 것이 원칙이므로, 합의나 화해당시의 여러 사정을 종합적으로 참작하여 이를 엄격하게 해석하여야 한다고 하였으며(대법원 2007. 3. 15. 선고 2004다64272 판결), 불법행위로 인한 손해배상에 관하여 가해자와 피해자 사이에 피해자가 일정한 금액을 지급받고 그 나머지 청구를 포기하기로 합의가 이루어진 때에는 그 후 그 이상의 손해가 발생하였더라도 그것이 그 합의당시 예상할 수 없었던 것이라는 등의 특별한 사정이 없는 한 다시 그 배상을 청구할 수 없다고 하였습니다(대법원 2010. 9. 9. 선고 2010다22439 판결). [법률구조공단자료. 참고만 하세요]

34. 자동차수리업자의 종업원이 시운 전 중 사고 낸 경우 운행책임자

A는 B가 경영하는 자동차수리센터에 자동차 수리를 의뢰하고서 자동차열쇠를 B에게 보관시킨 후 집으로 돌아왔습니다. 그런데 B의 종업원 C가 수리 후 시운전을 하던 중 교통사고를 내어 D를 사망하게 하였습니다. 이러한 경우 A와 B 중 누가 운행지배자로서 D의 사망으로 인한 손해를 배상하여야 하는지요?

➡ 「자동차손해배상 보장법」 제3조 본문은 "자기를 위하여 자동차를 운행하는 자는 그 운행으로 다른 사람을 사망하게 하거나 부상하게 한 경우에는 그 손해를 배상할 책임을 진다."라고 규정하고 있습니다. 이 조항에서 '자기를 위하여 자동차를 운행하는 자'란 사회통념상 당해 자동차에 대한 운행을 지배하여 그 이익을 향수(享受)하는 책임주체로서의 지위에 있다고 할 수 있는 자를 말하고, 이 경우 운행의 지배는 현실적인 지배에 한하지 아니하고 사회통념상 간접지배 내지는 지배가능성이 있다고 볼 수 있는 경우도 포함합니다(대법원 1998. 10. 27. 선고 98다36382 판결, 2002. 11. 26. 선고 2002다47181 판결).

그리고 「민법」 제756조는 "타인을 사용하여 어느 사무에 종사하게 한 자는 피용자가 그 사무집행에 관하여 제3자에게 가한 손해를 배상할 책임이 있다."라고 규정하고 있으므로, 자동차사고로 인한 손해배상청구에 있어 「자동차손해배상 보장법」과 「민법」과의 관계에 관하여 판례는 "자동차손해배상 보장법 제3조에 의하면 불법행위에 관한 민법규정의 특별규정이라고 할 것이므로 자동차사고로 인하여 손해를 입은 자가 자동차손해배상 보장법에 의하여 손해배상을 주장하지 않았다고 하더라도 법원은 민법에 우선하여 자동차손해배상 보장법을 적용하여야 한다."라고 하였으며(대법원 1997. 11. 28. 선고 95다29390 판결), "자동차사고로 인하여 손해를 입은 자가 자동차손해배상 보장법에 의하여 손해배상을 소구하는 주장을 하지 않았다 하더라도 법원이 민법에 우선하여 자동차손해배상 보장법을 적용하여야 하나, 그렇다고 하여 피해자가 민법상의 손해배상청구를 하지 못할 바는 아니며 더욱이 피해자가 자동차손해배상 보장법 제3조에서 말하는 '다른 사람'이 아닌 경우에는 그 법에 의한 손해배상청구의 길은 막히게 되므로 이때는 민법상의 손해배상청구를 할 수밖에 없다."라고 하였습니다(대법원 1987. 10. 28. 선고 87다카1388 판결).

그러므로 위 사안에서는 「자동차손해배상 보장법」이 「민법」에 우선하여 적용될 것인데, 위 사안과 관련하여 판례는 "자동차의 수리를 의뢰하는 것은 자동차수리업자에게 자동차의 수리와 관계되는 일체의 작업을 맡기는 것으로서, 여기에는 수리나 시운전에 필요한 범위 안에서의 운전행위도 포함되는 것이고, 자동차의 소유자는 수리를 의뢰하여 자동차를 수리업자에게 인도한 이상 수리완료 후 다시 인도 받을 때까지는 자동차에 대하여 관리지배권을 가지지 아니한다고 할 것이며, 수리하는 동안에도 자동차의 소유자가 사고 당시 자동차의 운행에 대한 운행지배와 운행이익을 완전히 상실하

지 아니하였다고 볼 특별한 사정이 없는 한 그 자동차
의 운행지배권은 수리업자에게만 있다.”라고 하였으나
(대법원 1999. 12. 28. 선고 99다50224 판결), “자
동차 소유자의 피용자가 수리업자에게 자동차의 수리를
맡기고서도 자리를 뜨지 않고 부품교체작업을 보조·간
섭하였을 뿐만 아니라, 위 교체작업의 마지막 단계에서
는 수리업자의 부탁으로 시동까지 걸어 준 경우, 자동
차 소유자는 수리작업 동안 수리업자와 공동으로 자동
차에 대한 운행지배를 하고 있다.”라고 한 사례가 있
습니다(대법원 2000. 4. 11. 선고 98다56645 판결).
 따라서 위 사안에서 C는 「민법」 제750조의 불법행
위자로서 D의 손해에 대한 배상책임이 있으며, B는 위
판례와 같이 「자동차손해배상 보장법」 제3조 ‘자기
를 위하여 자동차를 운행하는 자’로서 D에 대한 손해
를 배상할 책임이 있으나, A는 위 판례의 취지에 비추
어 볼 때 운행지배권, 운행이익을 상실한 상태였으므로
D에 대한 손해배상책임이 없을 것으로 보입니다.
 참고로 운행의 지배이익과 관련하여 판례는 “손님으
로부터 주점주차장에 주차시킨 승용차열쇠의 보관을 의
뢰 받은 주점경영주가 그 승용차열쇠를 주점 안에 있는
열쇠함에 넣어 두고 퇴근하면서 주점의 도급마담의 종
업원으로 일하며 주점기숙사에서 숙식하던 자에게 다음
날 아침 손님이 승용차를 찾으러 오면 열쇠를 돌려주라
고 말하고 그대로 퇴근하였는데, 그 종업원이 친구를
만나러 가기 위하여 함부로 열쇠함에서 그 승용차열쇠
를 꺼내어 승용차를 운전하다가 사고를 낸 사안에서,
주점의 경영주는 손님으로부터 승용차와 승용차열쇠를
맡아 보관하게 됨으로써 그 승용차에 대한 관리권을 가

지고 운행지배와 운행이익을 향유하게 되었으며, 비록 사고가 도급마담의 종업원이 그의 승낙 없이 무단으로 승용차를 운행하다가 발생했다고 하더라도 위와 같은 위 승용차열쇠의 보관 및 관리상태, 종업원이 승용차를 운행하게 된 경위, 주점경영주와 종업원과의 관계 등에 비추어 볼 때 위 사고에 있어서 주점경영주의 위 승용차에 대한 운행지배와 운행이익이 완전히 상실되었다고 볼 수 없다.” 라고 한 사례가 있습니다(대법원 1997. 12. 26. 선고 97다35115 판결). [법률구조공단자료. 참고만 하세요]

35. 자동차의 임차인이 자동차손해배상 보장법상의 운행자에 해당하는지

甲회사는 乙회사로부터 버스를 임차하여 회사의 직원 출퇴근용으로 운행하던 중 乙회사소속 운전자 丙의 운전부주의로 인하여 丁을 사망하게 하는 교통사고가 발생하였습니다. 그런데 위 버스는 무보험차량이었으며, 丙은 재산이 없고, 乙회사도 자동차이외에는 별다른 재산이 없으므로 이러한 경우 甲회사에게 丁의 사망으로 인한 손해배상청구가 가능한지요?

➡ 「자동차손해배상 보장법」 제3조 본문은 "자기를 위하여 자동차를 운행하는 자는 그 운행으로 다른 사람을 사망하게 하거나 부상하게 한 경우에는 그 손해를 배상할 책임을 진다."라고 규정하고 있습니다.

위 사안에 있어서 먼저 丙이 발생시킨 사고에 관하여 자동차임차인 甲회사가 '자기를 위하여 자동차를 운행하는 자'에 해당되는지에 관하여 판례는 "자동차손해배상 보장법 제3조에서 자동차 사고에 대한 손해배상책임을 지는 자로 규정하고 있는 '자기를 위하여 자동차를 운행하는 자'란 사회통념상 당해 자동차에 대한 운행을 지배하여 그 이익을 향수(享受)하는 책임주체로서의 지위에 있다고 할 수 있는 자를 말하고, 자동차의 임대차의 경우에는 특단의 사정이 없는 한 임차인이 임차한 자동차에 대하여 현실적으로 운행을 지배하여 그 운행이익을 향수하는 자이다."라고 하였습니다(대법원

1993. 6. 8. 선고 92다27782 판결, 1997. 4. 8. 선고 96다52724 판결, 2000. 7. 6. 선고 2000다560 판결).

그리고 자동차임대인 乙회사가 '자기를 위하여 자동차를 운행하는 자'에 해당되는지에 관하여는 "자동차손해배상 보장법 제3조에서 자동차사고에 대한 손해배상책임을 지는 자로 규정하고 있는 '자기를 위하여 자동차를 운행하는 자'란 사회통념상 당해 자동차에 대한 운행을 지배하여 그 이익을 향수(享受)하는 책임주체로서의 지위에 있다고 할 수 있는 자를 말하고, 이 경우 운행의 지배는 현실적인 지배에 한하지 아니하고 사회통념상 간접지배 내지는 지배가능성이 있다고 볼 수 있는 경우도 포함한다."라고 하였으므로(대법원 1998. 10. 27. 선고 98다36382 판결), 임대자동차의 운행이 배타적으로 임차인만을 위하여 이루어졌다고 하는 특별한 사정이 없는 한 임대인의 운행지배는 상실되지 않아 임대인에게 운행지배자책임을 지우는 것이 일반적입니다.

특히 렌트카업자의 경우에는 "자동차대여업체의 손수 자동차대여약정에 임차인이 자동차운전면허증소지자라야 하고 사용기간과 목적지를 밝혀서 임료를 선불시키고, 임대인은 자동차대여전에 정비를 해두고 인도해야 하고, 임차인은 사용기간 중 불량연료를 사용하지 말아야 함은 물론 계약기간을 엄수해야 하고 자동차를 양도하거나 질권, 저당권을 설정할 수 없을 뿐 아니라, 유상으로 운송에 사용하거나 전대할 수 없고, 제3자에게 운전시킬 수도 없게끔 되어 있다면, 대여업자는 임차인에 대한 인적관리와 임대목적 차량에 대한 물적 관리를 하고 있음을 부정할 수 없어 대여업자와 임차인간에는 임대목적차량에 대하여 대여업자의 운행지배관계가 직접적이고 현재적으로 존재한다.”라고 하였습니다(대법원 1991. 4. 12. 선고 91다3932 판결).

 따라서 위 사안에서 丁의 유족은 丙에게는 「민법」 제750조의 불법행위자로서의 책임을 물을 수 있고, 甲회사와 乙회사에게는 공동운행지배자로서의 책임을 물어 위 사고로 인한 손해배상을 청구할 수 있을 것인바, 丁의 유족은 위 모두를 상대로 부진정연대책임을 물어 청구할 수도 있을 것이고, 집행가능한 재산을 보유하고 있는 甲회사만을 상대로 손해배상을 청구할 수도 있을 것으로 보입니다. [법률구조공단자료. 참고만 하세요]

36. 자동차 대여업자로부터 소개받은 운전사가 사고 낸 경우 운행책임자

A는 자동차대여사업을 경영하는 B로부터 자동차 1대를 임차하기로 계약을 체결하였습니다. 그러나 A가 운전면허가 없으므로 B로부터 자동차를 운전할 운전사 C를 소개받았습니다. 그런데 C가 위 자동차를 운행하던 중 C의 과실로 인하여 발생된 교통사고로 인하여 A가 중상을 입었습니다. 그러나 C는 전혀 재산이 없습니다. 이 경우 A가 B에게 위 사고로 인한 손해배상을 청구할 수 있는지요?

➡ 「자동차손해배상 보장법」 제3조 본문은 "자기를 위하여 자동차를 운행하는 자는 그 운행으로 다른 사람을 사망하게 하거나 부상하게 한 경우에는 그 손해를 배상할 책임을 진다." 라고 규정하고 있습니다.

그런데 자동차 대여업자로부터 자동차를 임차하면서 그 운전사를 소개받아 운행 중 야기된 충돌사고로 자동차임차인과 그 처가 피해를 입게 된 경우에 있어 자동차 대여업자가 자동차 임차인과 공동운행자의 관계에 있다고 볼 수 있는지에 관하여 판례는 "자동차 대여업자로부터 자동차를 임차하면서 그 운전사를 소개받아 운행 중 야기된 충돌사고로 자동차 임차인과 그 처가 피해를 입게 된 경우에 있어 자동차 대여업자와 자동차 임차인이 그들 사이의 내부관계에 있어서는 비록 임차인이 자동차에 대한 현실적 지배를 하고 있었지만, 자동차의 운행경위, 운행의 목적, 자동차 대여업자가 임차인에게 운전사를 소개하여 자동차를 대여하게 된 사정, 자동차의 운행에 운전사를 통하여 자동차 대여업자가 간여한 정도 등 모든 정황을 종합하여 볼 때, 자동차의 운행지배 및 운행이익이 임차인에게 전부 이전된 관계가 아니라 서로 공유하는 공동운행자의 관계에 있어서, 대여업자는 여전히 운전사를 통하여 자동차를 직접적으로 지배한다.”라고 하여 자동차 임대인의 손해배상책임을 인정하였으나, 자동차 임차인과 그 처의 탑승경위, 자동차의 운행지배권의 이전정도 등에 비추어 손해부담의 공평성 및 형평과 신의칙(信義則)의 견지에서 피해를 입은 자동차 임차인 등에 대한 자동차 대여업자의 손해배상책임을 40% 감경한 원심의 조치를 수긍한 사례가 있습니다(대법원 1992. 2. 11. 선고 91다42388, 42395 판결).

 따라서 위 사안에서 A가 현실적인 운행지배를 가진 자로서 그의 과실이 상계됨은 별론으로 하고 B도 공동운행지배자로서 A의 위 사고로 인한 손해를 배상할 책임이 있다고 할 수 있을 듯합니다. [법률구조공단자료. 참고만 하세요]

37. 교통사고공동불법행위자의 구상권을 소멸시효를 이유로 거절할 수 있는지

乙은 야간에 甲을 그의 차량에 태우고 비가 내려 시계가 불량한 상태인 편도 2차선인 고속도로를 달리던 중 차도를 약 1미터 침범한 상태로 갓길에 정차한 트럭을 피하려다 가드레일에 충돌하는 교통사고를 일으켰습니다. 사고당시 정차되어 있던 트럭은 丙의 소유로 丙은 트럭이 고장나 운행을 할 수 없게 되자 전원장치의 고장으로 차폭등과 미등이 들어오지 않았음에도 불구하고 그 후방에 아무런 경고표지나 고장표지를 하지 않은 채 그대로 운전석에 앉아있던 상태였습니다. 甲은 위 교통사고로 인하여 노동력이 상실되는 장애를 입었으나, 丙에게는 전혀 배상청구를 한 사실이 없고, 乙이 가입한 丁보험회사를 상대로 손해배상청구소송을 제기하여 3년이 지난 후 승소하여 승소금을 지급 받았습니다. 그런데 丁보험회사에서는 3년이 지난 후에 甲의 손해배상금을 지급하고서 丙을 상대로 구상금청구소송을 제기해왔는바, 이 경우 丙은 소멸시효가 이미 경과되었다는 사실로 항변할 수 있는지요?

➡ 「민법」 제425조에서 어느 연대채무자가 변제 기타 자기의 출재로 공동면책이 된 때에는 다른 연대채무자의 부담부분에 대하여 구상권을 행사할 수 있고, 이 구상권은 면책된 날 이후의 법정이자 및 피할 수 없는 비용 기타 손해배상을 포함한다고 규정하고 있습니다.

그리고 공동불법행위자 상호간 부담부분 산정방법 및 구상권에 관한 판례를 보면, 공동불법행위자는 채권자에 대한 관계에서는 연대책임(부진정연대채무)을 지되, 공동불법행위자들 내부관계에서는 일정한 부담부분이 있고, 이 부담부분은 공동불법행위자의 과실정도에 따라 정하여지는 것으로서 공동불법행위자 중 1인이 자기의 부담부분 이상을 변제하여 공동의 면책을 얻게 하였을 때에는 다른 공동불법행위자에게 그 부담부분의 비율에 따라 구상권을 행사할 수 있다고 하였습니다(대법원 2002. 9. 24. 선고 2000다69712 판결).

따라서 위 사안에서 丙에게도 그의 차량의 왼쪽 바퀴부분이 위 차도를 약 1미터 침범한 상태로 갓길에 정차하면서 전원장치고장으로 차폭등과 미등이 들어오지 않았음에도 불구하고 그 후방에 아무런 경고표지나 고장표지를 하지 않은 채 그대로 운전석에 15분 동안이나 앉아 있었으므로, 그에 상응한 과실이 인정될 것으로 보여 乙과 丙은 공동불법행위자로서 부진정연대채무관계에 있다고 할 것인바, 丁보험회사가 甲의 손해를 전액 변제하였다면 丙의 부담부분에 대하여는 구상권을 행사할 수 있을 것입니다.

그런데 연대채무자간의 소멸시효의 효력에 관하여 「민법」 제421조에서는 어느 연대채무자에 대하여 소멸시효가 완성한 때에는 그 부담부분에 한하여 다른 연대채무자도 의무를 면한다고 규정하고 있으므로, 甲이 3년이 다 지나도록 丙에게는 전혀 손해배상을 청구한 사실이 없었고, 그로 인하여 甲의 丙에 대한 손해배상청구권은 소멸시효가 완성된 것으로 보이는데, 이러한 경우 丁보험회사가 甲의 丙에 대한 손해배상청구권이 소멸시효가 완성된 후 甲에게 배상을 하고서도 丙에게 그 부담부분에 대하여 구상을 할 수 있는지 문제됩니다.

그러나 공동불법행위자 중 1인의 손해배상채무가 시효로 소멸한 후 다른 공동불법행위자가 피해자에게 자기 부담부분을 넘는 손해를 배상했을 경우, 손해를 배상한 공동불법행위자는 손해배상채무가 시효소멸 한 다른 공동불법행위자에게 구상권을 행사할 수 있는지 판례를 보면, 공동불법행위자의 다른 공동불법행위자에 대한 구상권은 피해자의 다른 공동불법행위자에 대한 손해배상채권과는 그 발생원인 및 성질을 달리하는 별개의 권리이고, 연대채무에 있어서 소멸시효의 절대적 효력에 관한 「민법」 제421조의 규정은 공동불법행위자 상호간의 부진정연대채무에 대하여는 그 적용이 없으므로, 공동불법행위자 중 1인의 손해배상채무가 시효로 소멸한 후에 다른 공동불법행위자 1인이 피해자에게 자기의 부담부분을 넘는 손해를 배상하였을 경우에도, 그 공동불법행위자는 다른 공동불법행위자에게 구상권을 행사할 수 있다고 하였습니다(대법원 1997. 12. 23. 선고 97다42830 판결, 2010. 12. 23. 선고 2010다52225 판결). 이것은 소멸시효가 완성된 공동불법행위자에 대하여 피해자로부터 배상청구를 받고 이를 이행한 다른 공동불법행위자가 위와 같은 소멸시효완성을 이유로 내부분담비율에 따른 구상권을 행사할 수 없다고 한다면 공동불법행위자 상호간의 배상책임을 분담하고자 하는 구상관계 본래의 취지를 몰각시키는 결과가 될 것일 뿐만 아니라, 피해자가 공동불법행위자들 중의 누구를 상대로 소송을 제기하였는지의 우연한 사정에 의하여 소송을 제기 당한 당사자는 손해배상채무전부를 부담하는 반면, 소송을 제기 당하지 않은 당사자는 소멸시효완성을 이유로 그 채무전부를 면하게 한다는 것은 형평을 잃은 부당한 결과가 되어 타당하지 않으므로(소송을 제기 당한 당사자가 소송을 제기 당하지 않은 다른 공동불법행위자의 소멸시효완성을 제지할 수 있는 별다른 방법이 없는 점에 비추어 더욱 그러함) 허용될 수 없다는 취지로 보입니다.

따라서 위 사안에서도 丙은 丁보험회사에게 그의 과실에 따른 부담부분에 한해서는 책임을 면하지 못할 것으로 보입니다.

참고로 부진정연대채무자 중 1인이 한 상계 내지 상계계약이 다른 부진정연대채무자에 미치는 효력에 관해서는, 부진정연대채무자 중 1인이 자신의 채권자에 대한 반대채권으로 상계를 한 경우에도 채권은 변제, 대물변제, 또는 공탁이 행하여진 경우와 동일하게 현실적으로 만족을 얻어 그 목적을 달성하는 것이므로, 그 상계로 인한 채무소멸의 효력은 소멸한 채무전액에 관하여 다른 부진정연대채무자에 대하여도 미친다고 보아야 하고, 이는 부진정연대채무자 중 1인이 채권자와 상계계약을 체결한 경우에도 마찬가지이며, 나아가 이러한 법리는 채권자가 상계 내지 상계계약이 이루어질 당시 다른 부진정연대채무자의 존재를 알았는지 여부에 의하여 좌우되지 아니한다고 하였습니다(대법원 2010. 9. 16. 선고 2008다97218 전원합의체 판결).

[법률구조공단자료. 참고만 하세요]

신간 · 개정판 안내(법문북스·법률미디어)		
책　명	저　자	정　가
1. 수사형사조사총서 제1권 형법	김 정 수	150,000
2. 수사형사조사총서 제2권 형사특별법	김 정 수	150,000
3. 도산법 실제와 법리	김 영 한	90,000
4. 사이버수사 형벌총서	김창범 · 고홍남	160,000
5. 법률학 대사전	이 병 태	180,000
6. 수사해법과 형벌사례연구	이 창 헌	140,000
7. 형벌법요설과 수사기술	김 정 수	68,000
8. 조세의 정의와 실무이론	생활법률연구원	70,000
9. 자동차사고로 인한 손해배상의 책임과 보상	박 영 민	30,000
10. 형벌형법의 실제와 정해	이 상 범	140,000
11. 형벌형사특별법의 실제와 정해	이 상 범	140,000
12. 부동산제문제와 법률적 연구	대한부동산법률문제연구회	85,000
13. 민사소송실제와 법원유해(전2권)	김 만 길	340,000
14. 상거래시 수표 · 어음의 법률적 문제와 이해	김 창 범	65,000
15. 민사소송실제와 법원유해(전2권)	김 만 길	340,000
16. 채권 총론·각론의 조문분석과 법리	이 기 옥	85,000
17. 형사특별법 형벌문제분석과 조사기법	김 정 수	130,000
18. 형법 형사문제문제분석과 조사기법	김 정 수	130,000
19. 형벌의 이해와 실제연구	김 창 범	80,000
20. 법률학지식입문대사전	이 상 범 외	160,000
21. 실용법인등기요설	김 만 길	160,000
22. 토지건물소송과 법원처리절차	김 용 한	160,000
23. 가사(가족관계)소송과 실무정해	박 근 영 외	160,000
24. 민법주석대전(전3권)	경 수 근 외	450,000
25. 민사소송집행실무이론절차(전4권)	김 만 길 외	560,000
26. 법률종합서식	오 시 영 외	150,000
27. 최신계약실무이론총서(전2권)	박 종 훈 외	320,000
28. 민사집행 · 경매 실무이론	이 재 천	140,000
29. 법률학사전	이 병 태	180,000
30. 채무자 회생 파산 분석 요해	이 상 범	160,000
31. 가압류가처분경매총서	김 만 길 외	320,000
32. 법인등기실무이론	김 용 환 외	160,000
33. 법률법원규정특별연구(전2권)	이 상 범	320,000

대한민국 법률서적 최고의 인터넷 서점과
법률정보를 무료 제공하는

인터넷, 법률서적 종합 사이트
www.lawb.co.kr
모든 법률서적 특별공급

대표전화 (02) 2636 - 2911

■ 편저 이 상 범 ■

■전 각급 법원 민사가사형사 참여사무관
□전 서울고등법원 종합민원접수실장
■전 서울중앙지방법원 민사신청과장
□전 서울가정법원 가사과장
■전 인천가정법원 본원 집행관
□전 서울지방법원 민사조정위원

교통사고 대응방법과 정설	**定價 18,000원**

2013年 5月 10日 1판 인쇄
2013年 5月 15日 1판 발행
　편 저 : 이 상 범
　발행인 : 김 현 호
　발행처 : 법문 북스
　공급처 : 법률미디어

152-050
서울 구로구 구로동 636-62
TEL : 2636-2911～3, FAX : 2636～3012
등록 : 1979년 8월 27일 제5-22호
Home : www.lawbooks.co.kr

ǀISBN 978-89-7535-258-4　13360

ǀ파본은 교환해 드립니다.
ǀ본서의 무단 전재 · 복제행위는 저작권법에 의거, 3년 이하의
　징역 또는 3,000만원 이하의 벌금에 처해집니다.